陳瑞仁……著

執法所思

陳瑞仁檢察官的司改札記

出版緣起

陳瑞仁

台灣社會自解嚴以來，昔日威權不再，社會上每一事件發生，都是百家爭鳴，無所禁忌。可惜因藍綠對立，媒體嗜血，演變至今，大部議題的討論，都是只有立場，沒有是非。因此台灣目前所欠缺者，並不是放炮者，而是思考者；並不是丟出問題，而是解決問題。洞悉問題所在，提供解決方案，才是今天台灣知識份子的當務之急。

本書所集，包括筆者從一九九八年參與檢察官改革運動以來不定期在中國時報、自由時報、聯合報、蘋果日報與檢改會論壇、檢察官論壇、法官論壇等平面媒體與網站，以及二〇〇八年一月至二〇〇九年九月間定期在《非凡新聞周刊》專欄所發表之文章，因爲每篇都有其特定之時空背景，本書刻意保留原文不做修改，並註記原來發表日期，僅於必要時以「前言」或「後記」的方式做補充說明，以忠實記載筆者多年來對司法問題的思索與心得。

感謝商周編輯群長期鞭策維持我出書的意願，也感謝美國加州大學柏克萊分校東亞研究中心（Institute of East Asian Studies, UC Berkeley）前主任葉文心教授（Professor Wen-hsin Yeh）邀請我擔任訪問學者，讓我在進修之餘有時間整理舊文並增訂前言後記，此書之出版始有可能。

二〇一四年二月十六日於美國加州柏克萊

〈推薦序〉

他走了一條跟所有檢察官不一樣的路

王金壽

二〇〇二年十月三十一日，我來到台北市館前路的高檢署查緝黑金中心。它的大門就是一個一般的鐵門，沒有仔細注意的話，根本不會發現這個單位。當時的我正在為博士論文收集田野資料。我的博士論文其中一章討論司法改革對國民黨侍從體系的影響。對於司改這樣重要的題目，我原本以為應該有許多現成的研究，但那時候幾乎沒有任何關於司改的研究，我只好一一地去訪問司法改革的參與者。來查緝黑金中心之前，已經有多位受訪的法官跟檢察官跟我強調這位受訪者有多重要，但是他對我而言，幾乎是一張白紙。

跟這位受訪者碰面後，他簡單地先帶我逛一下查緝黑金中心。接著，我簡單地說明我的研究以及要訪問的重點。這位受訪者顯然不太願意講他自己的事，他一直重複講著哪些檢察體系前輩做出了什麼樣的努力和犧牲。這時候，已經到了吃晚飯的時間，他顯然沒有意思要請我吃飯，僅拿出了便宜的菜鋪餅請我吃。這些菜鋪餅無法填飽我的肚子，我只好告退。我要過了很久之後才知道，那一天的菜鋪餅可能就是他的晚餐，而當晚又是他經常整夜加班、睡在辦公室的其中一個夜晚而已。這位檢察官就是陳瑞仁。

陳瑞仁走了一條跟所有檢察官不一樣的路。當別人選擇大都會地檢署作爲司法官訓練所結訓之後分發的第一志願時，他自己選擇了到台東地檢署。當別人退出司法體制希望以政治改革爲優先目的，或是改當律師在民間進行司法改革時，他留下來繼續擔任檢察官。當別人被拔升爲主任檢察官時，他與一群年輕的檢察官成立了檢察官改革協會，對抗法務部，進行改革。當別人努力爭取當檢察長時，他婉拒了檢察長職位，從高檢署回到地檢署當一名檢察官。

或許很多人會認爲陳瑞仁最值得稱頌的事蹟是偵辦國務機要費案，起訴了當時的第一夫人吳淑珍女士。但我認爲他帶領基層年輕檢察官進行十幾年的司法改革與抗爭，遠比偵辦國務機要費案更來得重要。體制內改革者的處境，遠比體制外的改革者來得艱辛許多。在體制內當一名異議份子或改革者，經常得面對許多的打壓與質疑，來自統治者或占據檢察高階位置者的打壓，自不待言。由於這些異議份子經常揭露檢察體系內部的醜聞，更會因此遭到同事的排擠。而身爲司法體制的一員，他們同時也面臨了民間社會團體對於司法體制的質疑與攻擊。

陳瑞仁這一本文集代表著台灣基層有改革意識的檢察官，在過去十幾年來的改革運動的歷史與反省。它不僅記錄過去改革運動的歷史軌跡，也記錄著這些運動的挫折與失敗。這些理念堅持與改革歷史，讓我們看到了這群人的奮戰過程，反映了當時環境的光明與黑暗，也彰顯了他們對司法天職的承擔與盡責，以及改革運動所面臨的困境。他們曾為台灣的檢察改革做出了不少貢獻，也完成了一定程度的成果，同時他們也在困頓中迷惘，在失敗時落淚。這些文章沒有高調的理論，卻是有辦案第一線檢察官的掙扎與堅持。

在所有的掌聲、讚揚與謾罵、攻擊都過了之後，陳瑞仁實踐他的諾言，作為第一個自高檢署自願「降調」到地檢署的檢察官。二〇一二年三月八日，我因為國科會研究計畫與學生到新竹地檢署訪問陳鈺銘檢察官。新竹地檢署對於台灣的檢察改革有其歷史地位，高新武檢察官對於檢察改革所開的第一槍，就在新竹地檢署；檢改會當年成立時，也在新竹。陳鈺銘帶我們去跟他口中的陳老師打招呼，那時已經晚上七點多了，陳瑞仁還在加班尚未吃晚餐；等到我們訪問結束，九點多要離開時，我們去跟他告別，他已經回家用完餐再回到辦公室了。離開時，幾乎所有新竹地檢署的辦公室都是暗的。而對於陳瑞仁，這個夜晚才剛要開始。

本文作者為國立成功大學政治系暨政治經濟學研究所教授／國立中山大學社會系合聘教授

〈推薦序〉

福爾摩斯的搜索與問案

——兼序陳瑞仁檢察官的新書《執法所思》

詹宏志

年輕的時候，我們同樣理著平頭、穿著制服，看起來何等相似；四十年後回頭望去，我們的人生際遇又何其不同，如今已變得不同行也不同命。高中時期，我和一群同年紀的少年在台中一中就讀，那是個封閉苦悶的年代，我們又都是那個以理工或醫科爲主流的男校當中的「非主流」；也許因爲這種被忽視或歧視的邊緣地位，反倒造就了我們相濡以沫的親密友誼。不久之後我們面臨大考，考試結果難免有的人幸運，有的人不幸，我們就跟著考試結果和塡寫志願而勞燕分飛，從此人生際遇就分歧了。大學時有人讀商、有人讀法、有人選擇從史或從文，日後的出路卻各自不同；有人當了老師，有人當了警察，有人去辦雜誌，有人去種蘭花，有人入閣，有人入獄，有人成了總經理，有人就當了檢察官……

我的高中同學當中，就有一位終身辦案不懈，堅持自守，成了舉國知名的檢察官，也是我們同學當中最令人佩服、令人感到驕傲的人物，他就是那位偵辦國務機要費弊案的高等檢察署查黑中心的檢察官陳瑞仁，也就是他豎立了台灣的司法里程碑，破天荒當著國家元首的面說出以下的句子：「總統先生，您可能涉及僞造文書和貪污罪，您要不要在訊問時請辯護律師在場？」

辦案及於國家元首，並將第一夫人起訴，這可能是「王子犯法，與庶民同罪」的精神體現；但這不一定是最受歡迎的案子，因爲政治上的狂熱支持者有時反倒不相信司法上的獨立努力，他們總是更相信他們想相信的，不管你的最終判斷爲何，你都將得罪某一部分的國人，而「陰謀論者」自然也會把你歸類到另種詭異的情節當中。

所幸路遙知馬力，用更長的「時間度量衡」來看，我們終究會看到比較對的那個人；我的同學陳瑞仁也很爭氣，他沒有太多弱點或把柄可供他人抹黑或攻擊。他雖然屢次承辦世紀大案，卻未因此頻頻出現在媒體聚光燈前，大談他的英雄式辦案經過；相反的，大部分時候他都低調而沉默，除了在法律書狀與法學論述中表達看法，他不曾露臉於八卦式的談話節目中，也不曾出現在激情的政治運動現場。所以，當陳瑞仁把書稿推到我面前說，就由你來爲我寫篇序吧，我還眞的大感意外（原來他的沉默時光是用來讀書與寫作的）。

即使這是一本讓我讀得津津有味的有趣之書（你並不需要擁有法律專業知識才能閱讀），但一開始我還不肯就範，掙扎抗辯說：「爲什麼是我？我又不懂你們檢察官的專業。」陳瑞仁露出我們年輕時熟悉的頑皮笑容說：「因爲當今報考司法官的學生，有一半是讀你編輯的推理小說而來的。」這句話一方面是恭維之詞，一方面也可能是突破心防、技巧取供的「口頭耍詐」。但嚮往推理小說中神探打擊犯罪的正義得勝，因而願意投身司法調查工作的志業，聽起來似乎也是可信的邏輯。

這是一本看得出他平日用功的書，前半部討論的是辦案人員的技藝與分際，後半部討論的是台灣的司法改革。司法改革部分極可能是國人關注的題目，其中還包括了「立法院長司法關說風波案」的評議，讀來也很發人深省。但我更感興味的則是前半部，那是關於辦案者如何搜索、盤查與問案的各種討論，兼顧理論與實務，又要在有效破案與保障人權當中取得平衡，那都是非常有趣的知識，喜歡推理小說的讀者一定會找到對照的樂趣。

書中的討論從「什麼時候構成搜索」開始講起，辦案人員為了了解案情、取得證據，有時候必須做「積極的」取得事實或物證的行動，當這些行動或作為侵犯到人民「合理的隱私期待」時，那就構成了「搜索」，而這搜索行為就受到各種法律的約束與規範。你把私人物品放在辦公桌的抽屜中，放在居家的臥室裡，或者放在個人的皮包裡，這都說明了你對這些東西有「合理的隱私期待」，除非滿足一定條件（例如法官發的搜索票），否則不能強行侵犯；但如果你把物品放在招呼客人的茶几之上，把衣物晾在肉眼可見的陽台之上，或者佩帶在衣服外面，就不能主張這是「合理的隱私期待」（因為這種隱私期待在客觀上是不合理的）。

辦案人員從事搜索時，又有某些法律允許的無票搜索之例外情形，包括了附帶搜索、緊急搜索與同意搜索；即使是有票搜索，警察要如何進入搜索場所（如果嫌犯拒不應門）、如何處理屋外嫌犯或屋內其他在場之人、如何扣押證物等。作者從實務出發，討論各種可能情形，並舉出實例（不少是曾經轟動一時的司法案件），做成生動有趣的列舉與排比，讓讀者很快掌握其中執法與人權之間的微妙平衡。我不能再舉更多例子了，這樣也會破壞讀者閱讀本文的樂趣；這本書對司法人員當然是增進理論與實務知識的機會，但對一般讀者而言，不僅得到「防身」的法律知識，還將使你以後讀推理小說或觀賞警匪電影、電視片，都有全新的視野與眼光。

對我這位推理迷來說，我馬上想到在《福爾摩斯辦案記》（*Adventures of Sherlock Holmes*, 1892）裡的〈紅髮俱樂部〉（The Red-Headed League）一案，福爾摩斯和華生醫師搭乘地鐵來到愛德思門站（Aldersgate），福爾摩斯去敲店鋪的門佯裝問路，騙出了一位年輕人開門；隨後華生醫師說：「很明顯的……我確信你的問路目的只是想要看看他。」福爾摩斯出人意表地說：「不是看他。」

「那你看什麼？」

「看他長褲的膝蓋部位。」

現在我知道了，福爾摩斯爲了確定心中假設來到嫌犯所在之地，用「騙門」的方式誘使嫌犯打開門；當嫌犯「主動」打開大門之時，他的全身衣著都將暴露在世人眼前（包括他長褲的膝蓋部位），他已無「合理的隱私期待」，未來在法庭上，他或他的律師將無法主張辦案者進行「非法搜索」，不能作爲犯罪的證據。當然，私家偵探福爾摩斯並不具備公務員身分，而「私人所取得之證據，原則上無證據排除法則之適應」，不過這是另一個問題，你可以在本書的第一四八頁，讀到相關的討論。

本文作者為資深媒體人

自序

一九七〇年代對一個法律系學生來說，是一個展翅迎空的年代。高中之前只能在班上偷偷傳閱文星書店刊物，或在家裡靜靜聆聽長輩傳述二二八事件的少年，到了台北市羅斯福路博士書店就看到剛剛出版的台灣政論，所有禁忌話題全部展現眼前。不久又碰上台大校門口廣場康寧祥的政見發表會（一九七五年十二月第二屆增額立委選舉），內心澎湃不已，所嚮往的，是先執業律師，再投入黨外運動。

我在大一時加入「大學新聞社」當記者，開始與校園的「異議份子」有所接觸。大二上在剛復刊的《台大法言》當採訪主任，下學期再到大新社擔任編輯主任，其間經常跟著大新社的「老骨頭」周弘憲、黃毓秀等人，到處祕密拜訪黨外耆老。印象最深刻的是到花園新城探望作家楊逵時，碰到了失業中的陳鼓應。另在郭雨新出國前夕探望他時，在他家見到了陳菊、邱義仁、吳乃仁、林正杰、田秋堇等人。

大三時，民法老師黃茂榮應邀至律師團體「週一午餐會」演講，我跟著他去了兩次，負責把全程錄音譯成文字。我後來才知道，該團體就是美麗島大審辯護律師團的前身，當時在會場的律師我記得的有陳繼盛、張德銘、姚嘉文、郭吉仁、李勝雄等人。

一九八〇年四月美麗島大審期間，行政院新聞局罕見地動用出版法譴責三家報紙對八名被告進行不當之報紙審判。我當時念法律研究所一年級，在大新社擔任總主筆，即趁機寫了一篇社論〈爲行政院新聞局喝采〉，主張現代法治國家審判被告應是依據法律，而不是「專制時代殘餘下來的『愛國』、『大逆不道』等情緒性字眼」，該文竟獲校內刊物之審稿先生審查通過而刊出。不久後審稿先生申請退休，我與大新社社長粘榮發請他吃飯餞行，他才告訴我那篇社論害他被國民黨校園黨部嚴厲批判。

等到我研究所畢業當完兵，進司法官訓練所受訓被派任檢察官一年後，台灣解除戒嚴，我原認爲只要每位檢察官專心辦案，就能澄清天下，但幾年下來，檢方內部的惡質文化並未消退。一九九八年五月十六日，我與一群檢察官在北部一二審檢察官會議中搶麥克風宣布成立檢察官改革協會，引發波瀾壯闊的檢改運動。然而社會運動只是司法改革的起點，絕非終點。司法世界的黑暗勢力，在改革初期，或許是集結於一個特定集團，等到這些明顯目標消散時，公義的追求最後還是要回到個案，而個案眞實的發現，才是最大的挑戰。

台灣司法經十幾年來的大力改革，在審判獨立與司法官操守方面有長足進步，但由於社會長期壓制後突獲解放，卻也發生大幅度的鐘擺效應，刑事司法制度面的改革不斷向被告人權的保障傾斜，而忽視被害人與社會正義。如果我不是檢察官，我就不會深刻體認出被告人權與社會治安的深層衝突；如果我沒有進高檢署查黑中心特偵組，我就不會察覺到「愛台」與「愛國」，都有可能是被告最後的避風港。檢察官之難當，就在於如何在人權與治安中求得一平衡點，以及如何不受藍綠意識型態左右而忠於證據，忠於法律。

在這個公民社會領軍的時代，選擇當人權律師是光鮮亮麗，選擇當人權法官也是掌聲響起。但，刑事訴訟制度不可能永遠是統治者用來欺侮百姓打壓異己的工具，這個社會還是有犯罪被害人存在，還是有公共資源被官商淘空，還是要有人出來扮演黑臉追訴壞人，這是檢察官無所逃避的天職，隨之而來的嚴厲批判與反撲也必須勇敢面對。

從一位學生時代的校園異議份子，到長年與昔日黨外眼中之「抓耙仔」警調人員併肩作戰的檢察官，我始終提醒我自己，改革者只要一有私心，就會開始偏離眞理；改革者只要吝於犧牲，就會接受招降納順。一個永遠的在野黨，在人權與治安之間徬徨，在藍與綠之間拉扯，就是我這二十八年來檢察官生涯的寫照。

目次

目次

第七篇 被告人身自由之限制 125

第八篇 證據排除法則 143

目次

第三篇 司法不能成為無牙老虎

第四篇 對最高法院之批判

第五篇 公平法院之追求

第六篇 法律倫理

第一部

法律與秩序

導論

人類處於群居社會中，對秩序的渴望是當然之理，而維護秩序的最後手段就是法律，本書第一部從一位檢察官的角度來探討法律與秩序（Law and Order）間之微妙關係。法律可以用來做為維護秩序的高壓手段，但也可以用來拘束執法者的偵查與審判作為。亦即，法律可用來處罰罪犯，也可用來保障人權。檢察官每天面臨的最大挑戰，就是如何在維護秩序與保障人權間取得一平衡點。

檢察官不是警察，但時常帶隊搜索，甚至在第一時間即到達案發現場；檢察官不是法官，但在審判庭始終出庭親自詰問論告，最後當判決確定後，檢察官更須負責指揮執行徒刑。檢察官之職場是從犯罪調查原野，延伸到法庭地板，一直到監獄的牢房，所以檢察官是刑事偵審程序最佳的驗證者與思考者，當然，對其成敗也必須負最大責任。

從法律人觀點看刑事偵審程序，不能陷於法學理論至上的優越感中。刑事審判程序，或許某些部分是理論走在實務前面，但犯罪調查程序，則是實務走在理論前面。換句話說，只要有犯罪發生，就有犯罪調查的作為，警察（或者古時候的捕快）早在現代刑事訴訟法制訂前，即開始在現場抓人，在路上跟監，衝進屋內搜括證物，或躲在屋簷上竊聽。只是在文明進化後，社會大眾逐漸獲得共識，認為不能為達目的不擇手段，法律必須提早介入，對犯罪調查的作為做某些限制。所以刑事訴訟法的理論，只是用來把既存的偵查作為合理化或法制化，頂多是禁止某些偵查作為（例如刑求），並未創造偵查作為。當警察為了因應新的犯罪型態而發展出新的偵查作為時，刑訴理論才被動介入，對該新的偵查作為做法律上之評價。這些評價反應在立法與法院判例後，再回過頭來變成警察偵查作為的行動準則。所以偵查程序法則之產生，是犯罪人帶動警察，警察帶動檢察官，檢察官再帶動法官與立法者，然後形成法則後再經由檢察官傳達給警察，檢察官之所以被稱為刑事訴訟法之守護神，道理即在此。

美國聯邦最高法院一向以實用主義的態度去看待偵查作為，能解決問題最重要，只要不違法違憲，警察什麼都可以做。換言之，警察之犯罪調查作為，不用問有無法律依據，只問法律或憲法有無禁止，沒有禁止，就可以做。所以美國聯邦最高法院判決一再強調：「法院應體認警察是在瞬息萬變的情況下行動，因此法院不應沉迷在不切實際的事後聰明（second-guessing）當中」、「一個有想像力的法官，總能在事後評估警察行為時，構思出一個可以達到相同目的之替代方案。但有其他較小侵害方式之存在，並不應構成違法搜索之當然理由，問題不在於有無其他方式而已，而在於警察當時不知道有該其他方式，或知道而未採行該其他方式，是否合理」。這種「司法務實」，甚至「司法謙卑」的態度，是我二度赴美進修時對美國法制最深刻的體會。所以本書在面對問題時，時常引用美國法院判例做為參考依據。

第一篇

什麼時候構成搜索

〔前言〕

當辦案人員的作爲已侵犯到人民的合理隱私期待時，就已構成搜索。除非符合無票搜索的要件，原則上須有法官核發的搜索票，才是合法的搜索。而所謂合理的隱私期待，是指人民主觀上表現出對其隱私的期待，且其期待在客觀上是合理可以實現的。

合理的隱私期待

報載台北市消防局爲監測台北市火災情況，在台北市信義區一〇一大樓裝設超強監視器，能清楚攝錄三公里以外之人物動態，引起是否侵犯人民隱私權的疑慮。此問題牽涉到現代刑事訴訟偵查程序之核心：政府的作爲在什麼時候已構成對人民的搜索？

合理的隱私期待（reasonable expectation of privacy），是美國聯邦最高法院從諸多判例中演化出的檢視標準：「當政府之作爲已侵犯到人民的合理隱私期待時，即構成搜索，除非有例外情形，均需事先獲得法官的令狀許可，否則屬違法蒐證。」這個法律概念經過我國近年來的一些立法，已經是一個本土化的名詞了（散見於通訊保障監察法與警察職權行使法），本系列將嘗試從一些警察故事來介紹這個現代人權觀念。

首先，在*Katz v. U.S.*（1967）案中，美國警察在未經法官許可之情況下，從貼在公共電話亭玻璃外的竊聽器偷錄嫌犯在裡面打電話下賭的對話，做爲犯罪證據。聯邦最高法院認爲當嫌犯將電話亭之拉門拉上時，主觀上已顯現出「不願被聽到」的隱私期待，而且這種期待在客觀上是合理的（可能被實現的），所以警察此舉已侵犯到嫌犯之「合理的隱私期待」，而構成監聽（搜索之一種），因本案無監聽票，屬違法蒐證，而判定該錄音不能做爲被告有罪判決的依據（即所謂之毒樹果實理論）。此判決創設出「合理的隱私期待」這個憲法層次的觀念，並指出其內涵有二：（一）主觀上有隱私期待；（二）客觀上這種期待是合理的。

所謂主觀上有隱私期待，是指必須向外界宣示個人不想讓他人知悉其隱私，例如嫌犯打公共電話時若不將亭門關上，被站在後面假裝排隊的警察聽到簽賭六合彩而以現行犯逮捕，不能指警察違法竊聽。美國法院判例更發展出「棄包」與「否認所有」視同放棄主觀隱私期待的理論。前者例如一位嫌犯被警察合法盤查時逃逸，在被追逐中將手上之皮包丟棄，這時警察撿起來將拉鍊打開發現內有毒品，並不構成搜索，因爲嫌犯已「放棄」（abandon）其主觀上的隱私期待了。後者例如警察在車站拾起一個旅行袋，問在場民眾「這是誰的手提包？」時，沒人出面承認是所有人，警察即將拉鍊拉開而發現內有毒品，並從裡面的證件查出所有人就是在旁觀看的路人甲，而將之逮捕，這時某甲不能主張警察違法搜索，因其在否認是物主時，即已放棄主觀的隱私期待了。

至於隱私期待是在客觀上是合理的，是指依個案情況，該隱私期待在一般社會觀念上可以實現。例如嫌犯在住家後院種植大麻，因圍牆太低，被站在牆外的警察看到而拍照存證據，並不能主張警察違法蒐證。理由是任何人只要走過被告住宅，都會看到其後院之情形，所以這種隱私期待在客觀上根本是辦不到的。

（2008/1/13發表）

大麻種植與合理的隱私期待

構成搜索之前提是「已侵犯到人民合理的隱私期待」，亦即，人民主觀上有隱私期待，而且該期待在客觀上是合理的（可能實現的）。美國聯邦最高法院在一連串有關大麻種植的判例中告訴我們，什麼是「合理的隱私期待」

長久以來，美國法院一向認爲，當一位警察站在其有權站立之地點，依其目光所及（**plain view**）看到犯罪證據時，均有權蒐證。所以若有警察站在嫌犯家外面路旁，依肉眼看到其後院種有大麻，被告並不能主張警察違法蒐證。

但當一位嫌犯在其後院周圍築起高牆，在內種植大麻時，就一定能建構出「合理的隱私期待」嗎？在 *California v. Ciraolo*（1986）案中，嫌犯在後院種植大麻，並築起內外兩層高牆擋住他人視線。舊金山警探們租用一部小飛機以一千英呎的高度飛越被告住家，再用普通相機拍照存證。被告主張警方之拍照行爲本身就是搜索，因無搜索票而屬違法蒐證。但聯邦最高法院認爲任何駕駛小飛機飛越被告住宅的人，都可看到其後院之作物，所以被告之隱私期待在客觀上是不合理的，所以警方之空中拍照並未違法。

另一案例是 *Dow Chemical Co. v. U.S.*（1986），嫌犯在廣達兩千英畝的私人化學工廠廠區種植大麻。環保署的探員們租用一部小型飛機，並且使用航照技術拍攝嫌犯在農場所種植的大麻。雖然本案之警察已經使用到肉眼之輔助器（望遠鏡頭），但聯邦最高法院還是認爲被告對於「未種植在室內」之植物，並無合理的隱私期待。

接下來的案件 *Florida v. Riley*（1989）的嫌犯將大麻種植在溫室當中。佛羅里達的警察們租用一部直升機飛越嫌犯住處，在四百呎的高度從溫室屋頂的破洞以肉眼觀察到裡面種有大麻，並據此觀察報告向法院請得搜索票入內搜索。聯邦最高法院認爲任何人搭乘直升機飛越被告的溫室都可以從打開的屋頂看到裡面作物，所以被告對於該溫室內作物之隱私期待是不合理的。

以上這些案例迫使大麻之種植者開始往室內栽培發展，但幽室種植會面臨光線不足之困境，爲讓植物行光合作用，嫌犯們通常會在室內使用大型照明設備，而導致室內溫度的增加。因此在 *Kyllo v. U.S.*（2001）案中，美國內政部探員使用溫度顯像器（thermal imager）從屋外探測被告住處之室內溫度，查得被告住處之室溫遠高於其鄰居，再使用此溫度探測結果向法官聲請到搜索票而入內搜索。這次聯邦最高法院認爲警方使用溫度顯像器已探測到「屋內之情況」，且警察所使用之蒐證器材已非公眾所得使用（not in general public use）。因而判定本案屬違法蒐證。

由以上四個案例可以得知合理的隱私期待，在屋外情形是較不易成立，但住宅內情形則較易成立。而且，警方所使用之偵查作爲不能超過一般人所得爲之範圍，否則即構成搜索而須事先取得法院之許可（即搜索票）。

（2008/1/20發表）

信號發射器與合理的隱私期待

當政府的蒐證行爲已侵犯到人民「合理的隱私期待」（reasonable expectation of privacy）時，即已構成搜索，而需事先有法官的令狀許可。此「合理的隱私期待」之內涵爲何？汽車追蹤器的案例亦是供我們思索之典型案例。

如前文所述，人民對於其路上行蹤並無合理的隱私期待，故政府在一〇一大樓裝置強力監視器，攝錄三公里範圍以內之人車狀態並不違法。但，如果警方在嫌犯的座車裝置信號發射器以利跟監呢？是否已侵犯到人民合理的隱私期待？

美國聯邦最高法院有兩個判例足供參考。第一個案例是*U.S. v. Knotts*（1983），該案中美國警探爲了要探知安非他命地下工廠之所在，取得藥商之同意，在嫌犯所訂購之三氯甲烷（chloroform）原料桶內，裝置「無線電信號發射器」（radio transmitter，俗稱 beeper），並以肉眼及信號接收器，駕車尾隨跟蹤送貨車輛至一間偏僻獨棟木屋，再向法院聲請搜索票入屋，當場扣得安非他命之製造工具與成品。

被告在聯邦地方法院審理時，主張該號發射器的裝置未經法院許可，已構成違法搜索，但聯邦最高法院認爲當一個人開車在路上行駛時，對其暴露在外之行蹤並無合理的隱私期待，警察使用信號發射器與接收器，只不過是輔助肉眼跟蹤之不足，並不構成搜索，從而無庸有法院令狀之事先許可。

但到了隔年的 *U.S. v. Karo*（1984）案，警方即踩了紅線，而被聯邦最高法院判定違法蒐證。本案被告向線民購買乙醚（ether）做爲提煉古柯鹼之材料，警方在原料桶中裝置信號發射器再跟監至被告們合租的住家外，隔天警方從遠處窺知該屋在冷天中仍然門窗大開，研判乙醚已被打開使用，遂向法院聲請搜索票，入內扣得大批古柯鹼與製造工具。

聯邦最高法院認爲本案與前述 Knotts 案不同，Knotts 案之警探從信號發射器所得知者，係一個「區域」（area），即該木屋所在之區域，並非屋內情形。但在本案中，信號發射器無疑是被用來確定毒品原料是在那一棟特定房屋裡面，已侵犯屋主之合理隱私期待，所以必須事先獲得法官許可。

由 Knotts 案與 Karo 案可知，如果信號發射器僅是用來探知「路上行蹤」等視覺監視所得探知之資訊，並無庸有法院之事先許可；如果是用來探知特定物品是否存在於某棟房屋裡面等一般視覺監視所無從得知之資訊，則已構成搜索。

我國法律對於信號發射器之使用並無明文規範，故數年前彰化縣警察局有幾名員警因未經法院許可在贓車嫌犯的座車裝置追蹤器，遭對方告到監察院，當時作者應某位監委的要求，提供前述兩個美國判例做爲我的法律意見，後來該等員警並未被追究。在尚未立法前，美國判例應可供我國參考。

（2008/1/27發表）

後記

在嫌犯座車裝置信號發射器或GPS以利在路上跟監，本來在美國被認爲並不構成搜索，所以除非州法有特別規定，是不用向法院聲請搜索票。但美國聯邦最高法院在二〇一二年一月宣判的 Jones 案，卻突然不用「合理隱私期待」之標準去審酌此事，而改採古老的 trespass（相當於我國的侵入住宅）觀念，認爲警探們在毒販停在路旁之吉普車底盤裝置GPS時，即已對嫌犯之座車做「物理上之侵入」（physical intrusion）而構成搜索。此判決後，已有下級法院判決認爲在嫌犯座車裝置GPS須向法院聲請許可。

垃圾與合理的隱私期待

電影版《雙面遊龍》（*Dark Justice*）的頭一幕是一段法庭戲，一位警官接受被告律師詰問時，被問出來他在調查該案當中，在被告的垃圾尚未與他人垃圾混同前，即將之取出而搜獲毒品包裝袋，承審法官於是判定爲「違法蒐證」，被告因而被當庭釋放。但法官在白天雖依法放過該被告，在夜晚來臨後即變裝爲黑衣殺手，替天行道「制裁」了該名被告。

這段法庭戲中所描述的垃圾案，是眞有其案，背景是在美國加州。問題的爭點是，「人民對其所丟棄的垃圾，有無合理的隱私期待？」若有，警察即必須先向法官聲請搜索票才能「撿垃圾蒐證」。

所謂合理的隱私期待條件有二：（一）主觀上有隱私之期待；（二）客觀上該期待是合理的。一般民眾對自己所丟棄的垃圾，主觀上有隱私期待是可以理解的。因垃圾中有太多的祕密了：便當盒可讓我們推斷屋內人數、丟棄的保險套讓我們知道屋內男女有無性事、廢棄的針筒讓我們懷疑屋主是否有在施用毒品……但問題是，人民對其垃圾的隱私期待在客觀上是否合理（有無實現的可能）？

關鍵點在於，「該垃圾是擺在何處？」若該垃圾是擺在屋內，屋主對該垃圾之隱私期待應是合理的。但若該垃圾已經放在屋前之人行道旁等待清潔隊前來收集時呢？警察可否請清潔隊員每日將嫌犯放在路旁的垃圾交給警方翻搜？美國聯邦最高法院在有名的 *California v. Greenwood*（1988）案中指出：「眾所周知，放在路旁的塑膠垃圾袋，極有可能會被小孩、動物、流浪漢或其他人掀開，況且被告將其垃圾放在路旁之主要目的，就是要交給第三人，即收垃圾之清潔隊員，而清潔隊員當然可能將之打開做垃圾分類，或再交給他人（含本案之警察）。」因而判定被告對於放在路旁等待收集的垃圾，並無合理的隱私期待。（此項聯邦最高法院判例推翻了前述讓警察吃癟的加州最高法院的判決。）

我國在本月稍早其實也發生類似爭議：台北市刑大為了要追查寄明信片恐嚇第一家庭的嫌犯，每日派員跟隨郵務士在打開郵筒時檢視有無恐嚇明信片，以釐清嫌犯之地緣關係，此種作爲是否應向法官聲請搜索票？如果將此案與前述 Greenwood 案比較，答案應該是否定的。因爲：（一）明信片之內容本就是暴露於外，主觀上若有隱私期待，應以信封封緘。（二）任何打開郵筒之郵務士一定會看到所有明信片之內容，且任何轉交明信片給收件人之人（例如同事或親友），亦都有可能會看到內容，所以明信片發信人之隱私期待在客觀上是不可能做得到的（不合理）。可知我國警察這種「搭郵務士便車」之蒐證方式，與美國警察之「搭清潔隊員便車」方式，應均爲法所容許。

（2008/2/3發表）

後記

本文第一段所提電影《雙面遊龍》實爲《大執法》（*Star Chamber*）之誤，因兩部影片都是描述法官對司法制度喪失信心後私下「替天行道」，所以筆者記錯了。

《大執法》由邁克・道格拉斯（Michael Douglas）主演，劇情建基在美國民眾對「毒樹果實」理論之不滿心理：連法官們本身也看不下去，所以白天開庭判無罪（因爲證據被排除了，所以只好判無罪），晚上還會另外開一個祕密庭共同重新評議，若認被告應是有罪，即派殺手出去動私刑將被告「制裁處死」。片名直譯是「星座法庭」，英國十六世紀惡名昭彰的非公開法院。

但諷刺的是，Hardin 法官加入暗夜開庭的「星座法庭」後，該法庭所做出的處死判決仍然錯誤，他良心不安，只好趕在殺手下手之前跑去警告對方，而展開法官、殺手、惡棍與警探互鬥互助的精采劇情。

世界上沒有完美的司法制度，只能透過法官、檢察官與辯護人的共同努力，將錯誤降到最低。

跟監與合理的隱私期待

選舉期間，幾乎每位候選人都會宣稱：我被長期跟監。到底政府在何種條件下才能對人民進行跟監？此問題其實與「合理的隱私期待」有關。

「合理的隱私期待」雖是由美國聯邦最高法院從一九六○年代開始發展出來的憲法層次的法律概念，但它在我國其實已經本土化了，證據之一就是二○○三年六月二十五日公布之「警察職權行使法」有關「預防性跟監」的規定。

跟監（或稱「行動蒐證」）若是「在犯罪發生後」才執行，例如爲了要逮捕共犯或找出藏匿肉票之地點而對某嫌犯跟監，不論在美國或我國，都不用有任何條件，因爲它所進行的，是在公共場所或公眾得出入之場所，對一個已經有犯罪嫌疑之人進行「行蹤與接觸對象」之蒐證，換言之，是對「無合理隱私期待」的事項進行蒐證，並不構成搜索。但若是在「尚未發生犯罪前」就對一個人進行跟監（即「預防性跟監」）呢？

預防性跟監最典型者就是在白色恐怖時代對異議份子的跟監，這種跟監表面上是在「預防犯罪」，骨子裡卻是「鎮壓」、「讓你不敢亂來」，跟監者不但不怕被跟監者知道，甚至還故意讓被跟監者知道，以收「壓制實效」。直到近年，立法院才將預防性跟監法制化。

我國警察職權行使法第十一條第一項規定：「警察……爲防止犯罪，認有必要，得經由警察局長書面同意後，於一定期間內，對其無隱私或祕密合理期待之行爲或生活情形，以目視或科技工具，進行觀察及動態掌握等資料蒐集活動。」此規定對預防性跟監築了四道的人權保障防火牆。第一道是「罪名的限制」，即跟監對象限於有事實足認將要犯最輕本刑五年以上有期徒刑之罪（例如正要販賣海洛因之人）或參與職業性、習慣性、集團性或組織性犯罪之人（例如剛出獄之職業慣竊）。第二道是「嚴格內控」，即必須由高階之警察局長（而非僅「分局長」）以書面下令。第三道是「時間之限制」，即每次以一年爲限，必要時只能延一次。第四道是「地點的限制」，即限於「無隱私或祕密合理期待之行爲或生活情形」，亦即「在公共場所或公眾得出入場所」進行跟監。

但若牽涉到國家安全，預防性跟監之法定條件則仍相當模糊，我國在二〇〇五年二月五日公布之國家情報工作法第七條僅規定情報機關蒐集資訊，「必要時得採取祕密方式爲之，包括運用人員、電子偵測、通（資）訊截收、衛星偵蒐（照）、跟監、錄影……」，只以寬鬆之「必要時」做條件。加上同法對所謂「國家安全或利益」並未下明確定義，這種模糊難免導致「預防性跟監」淪爲蒐集政敵情資之工具，是有待國人共同努力改進之處。

（2008/2/24發表）

電話通聯與合理的隱私期待

日前台中市警察局爲追查洩露性侵害案情給媒體的洩密者身分，調取記者之電話通聯紀錄，被數家媒體爭相譴責「違憲違法」、「侵犯新聞自由」，市長胡志強也表示「期期以爲不可」，逼得警察局長葉坤福出面道歉，但，本件警方眞的是如此無法無天嗎？

電話通聯紀錄僅登載打出與打進之電話號碼、時間起迄以及手機基地台之位置，並不含「對話之內容」，所以與「監聽」並不相同。規範「監聽」的法律是「通訊保障監察法」，必須由法官核發「通訊監察書」（俗稱監聽票），而規範「電話通聯」的法律則是「電信法」，只要以公函調取即可，並不須向法院聲請許可。所以部分媒體指稱警方調取通聯紀錄須有監聽票，並無法律依據。

那麼，我國法律未將電話通聯紀錄與監聽同等看待，是否是野蠻國家的作法呢？答案應該是否定的。美國聯邦最高法院在 *Smith v. Maryland*（1979）案中指出，當一個人使用電話與人通訊時，其已自願將通電雙方之號碼與時間透露給電話公司以便計算費用，所以對該等電話號碼已喪失「合理的隱私期待」，故裝設通聯紀錄器（pen register）並非美國聯邦憲法第四增訂條款意義下之搜索，無須經法院許可。直到一九八六年，在人權團體遊說下，美國國會雖然在「電子通訊隱私法」中規定調取通聯紀錄須經法院許可，但其條件非常寬鬆，警方僅須釋明該通聯與犯罪調查有關，法官就「應」（shall）許可，與監聽票之聲請完全不同。這種寬鬆條件至九一一事件後二〇〇一年「愛國者法案」通過時，仍被維持（該法案將電話通聯擴張到電腦網路通訊）。

接下來的問題是，調取記者的電話通聯有無違反新聞自由？美國華盛頓特區聯邦上訴法院在一九七八年之 Reporters Committee 案中所給的答案是「沒有違憲」。該案中一群印第安原住民從一棟政府機關大廈強行取走一些文件並交給媒體，聯邦調查局探員以收受贓物罪名逮捕某雜誌記者，並調取該記者及其同仁之電話通聯以追查洩密者。後來記者協會出面，以電話公司違反憲法第一增訂條款有關新聞自由之規定爲由，聲請法院發出禁制令阻止警方調閱通聯。但聯邦上訴法院指出依據聯邦最高法院之判例 *Branzburg v. Hayes*（1972），記者在刑事案件本來就無拒絕做證之權利，亦即，直接傳喚記者做證本就不違憲，間接調取電話通聯紀錄更無違憲可言。

由上可知，依據我國法律，警方本就有權以公函向電話公司調取電話通聯紀錄，連崇尚人權與新聞自由的美國亦認爲只要與犯罪調查有相關性，調取新聞記者的電話通聯紀錄並不違憲。所以胡市長的指責與葉局長的道歉，動作均未免太快了吧？

（2008/2/10發表）

後記

「美國聯邦電子通訊隱私法」（Electronic Communications Privacy Act of 1986）是一個包裹立法，基本上對調取電話及網路通聯紀錄（不含通訊內容）之規定是：以 pen register 對現在進行之通訊截取者，須經法院許可；向電信業者調取既存之過去式紀錄者，僅須以「行政傳票」（administrative subpoena）即可調取（相當於我國之依法函調）。本文未做此區分，謹此修正。

將調電話通聯與監聽混爲一談，一直到二〇一三年十二月的黃世銘總長案時還在發生。該案中特偵組曾調取某律師所持用手機的電話通聯與申請信用卡資料，外界知道以後，即有人指責特偵組違法「監聽」該律師之電話。

通聯分析其實在辦案實務有其必要。例如報載關說案中，特偵組曾誤聽林秀濤檢察官女兒所持用之手機，原因是該手機雖然登記爲林檢察官名義，但實際使用人是其女兒。特偵組之所以會犯此錯誤，其實是因「未事先對電話通聯做分析」。一般有經驗的檢察官都知道，在向法官聲請監聽前之標準作業程序，就是先調取該被監聽電話號碼之通聯紀錄，分析是否確爲監聽對象所持用，例如基地台位置是否與該對象之日夜活動地點相符，或其通話之地面電話是否確實與該對象有關連性。未做此篩選即貿然行動，有時就會出錯。

當然，調通聯不能以「撒網方式」對不特定的多數人大量爲之。美國國家安全局在九一一事件後，依據愛國者法案透過電腦對境內電話大量做通聯分析，其合憲性多年來即遭受強烈質疑。到了二〇一三年十二月十六日，華盛頓特區聯邦地方法院 Leon 法官終於以違反美國聯邦憲法第四增訂條款爲由，首次發出禁制令禁止國家安全局做這種撒網式的通聯分析（惟因有鑑於事關國家安全，所以在上訴確定前先不執行）。但十一天之後，紐約聯邦地方法院 Pauley 法官又宣告該案是反恐所必需，並不違憲。在下級法院間見解不一致之情況下，該二案件將來應會上訴至聯邦最高法院，撒網式通聯分析是否合憲，面臨極大考驗。

我國立法院於二〇一四年一月十四日三讀通過通訊保障監察法（即俗稱之「監聽法」）之修正案，在該法之第十一條之一規定檢警在偵辦重大案件以外之案件時，調取通聯須經法院同意，而輕罪部分，只有警方聲請權，檢察官則否。筆者對此種規定之批評，請參閱本書第二部第七篇。

第二篇

無票搜索

〔前言〕

搜索以有票搜索爲原則，無票搜索爲例外。無票搜索之種類，法律明文規定者有附帶搜索（合法逮捕後對嫌犯身體，或其立即可觸及處所之搜索）、緊急搜索與同意搜索（經受搜索人或其共同管領力人之同意）三種，學理上有保護性掃描、盤點搜索兩種。

合法逮捕後的附帶搜索

一九九九年台北市政府警察局某員警在逮捕一名竊車現行犯後，將之帶上警車，不料該嫌犯竟從隨身攜帶的手提包中取出一支土造手槍，開槍打死身旁的員警後逃逸，當時社會各界除表示震驚與哀悼之外，最直接的反應是：「爲何帶上車前不搜索該手提包？」

從法律角度來看，或許是該名殉職的員警太遵守當時的刑事訴訟法了，舊刑訴第一百三十條僅授權警察在逮捕犯罪嫌疑人時「雖無搜索票，得逕行搜索其身體」，對於能否搜索嫌犯隨身所攜帶的「物件」，並未規定。一直到二〇〇一年修訂刑事訴訟法時，立法院才採邱太三委員版草案（檢改會提供），在舊條文後面加上「隨身攜帶之物件、所使用之交通工具及其立即可觸及之處所」等字。日後我在對警察同仁演講時，常常說這幾個字是用鮮血換來的。

這種在合法逮捕嫌犯後的無票（不用搜索票）搜身，法律上稱之為「附帶搜索」，是遠從英國的普通法（common law）時代即有之制度，其目的有二：（一）防止嫌犯在被捕時隨手抓起武器攻擊警察（保命）；（二）防止嫌犯在被捕時隨手抓起犯罪證據毀滅之（保案）。基本上，我國在二〇〇一年的修法是把美國聯邦法院數十年來的判例文字化。

美國法院本來對於警察之附帶搜索採非常寬鬆的態度，容許警察在屋內合法逮捕一位嫌犯時，可以搜索整間屋子。例如一九四七年的 Harris 案，警察持逮捕狀在嫌犯住處執行逮捕時，附帶搜索該屋之全部四個房間。另在一九五〇年的 Rabinowitz 案，警察持逮捕狀在辦公室逮捕一位嫌犯時，對該辦公室內所有桌子及櫥櫃徹底搜索，聯邦最高法院均判定合法。

但到了一九六九年的 Chimel 案，聯邦最高法院推翻前例，認爲附帶搜索之目的既然是爲了防止被逮捕人湮滅證據與攻擊警察，則其範圍應僅及於「受搜索人可立即控制之處」

（within his immediate control）。該案中，加州警探持「逮捕狀」進入屋內逮捕錢幣店搶劫嫌犯 Chimel 後，在嫌犯及其妻子之反對下，搜索整間屋子，包括三間臥室、閣樓與車庫等處，並打開所有櫥櫃與抽屜，結果扣得大量的錢幣、代幣與勳章等贓物。審判時被告 Chimel 主張該等證物是違法搜索所扣得者，應無證據能力（不能用來定罪）。加州的一、二、三級法院全部駁回被告之抗辯而判決被告有罪，但聯邦最高法院判定該次搜索違憲。

Chimel 案判決大大限縮了附帶搜索的範圍，其維護人權的努力讓該案成了美國自由主義的象徵之一。但隨著警察辦案的必要性，以及尼克森總統上任後保守主義的抬頭，附帶搜索又朝向較開放的方向前進，此段歷史正好可以檢視美國自由主義的興衰，頗值得我們細細回顧。

（2008/8/17發表）

附帶搜索的機械性

警察合法逮捕一位嫌犯時，可以在沒有搜索票的情況下，搜索其身體以及其立即可觸及之處所，法律上稱之爲「附帶搜索」。惟這種搜索是可以無條件機械式地執行，還是另須通過「有相當理由足認嫌犯有攻擊警察或湮滅證據之虞」的門檻呢？

美國聯邦最高法院在一九七三年的 Robinson 案判決中，對此問題的解答是「可以無條件機械式地執行」。該案中的警探以駕照被吊銷爲由逮捕一位汽車駕駛人後（依案發地華盛頓特區法律，屬犯罪行爲），附帶搜索其身體，從其口袋取出一包香菸盒，打開後發現內藏海洛因，即將之扣案，做爲煙毒罪之證據。聯邦地方法院與上訴法院都認爲一位無照駕駛者實在不太可能去攻擊警察，而且無照駕駛之證據亦不可能藏在香菸盒裡，因而判定該些海洛因是違法搜索所扣得，應無證據能力（不能用來定被告之煙毒罪）。但聯邦最高法院卻推翻下級法院判決，判定該搜索是合法的。

聯邦最高法院指出，附帶搜索之前提是合法逮捕，而合法逮捕的前提是有「相當理由」足認有犯罪嫌疑，所以執行附帶搜索時，其實早已通過「相當理由」的門檻，不用再個案逐一檢視有無相當理由足認有無襲警或滅證之可能。且其所得保全的證據，不限於本案所涉之罪，還包含所有可能的犯罪。

美國聯邦最高法院這種見解非常務實，因爲警察在逮捕人犯時所面臨的危險是難以預測的，一些激烈的警民衝突往往是在查緝微罪時發生，法院實不得以事後諸葛的態度要求警察「應選擇較少侵害的方式爲之」（即「不得以大砲打小鳥」），而應以警察執行時所面臨的不確定性做爲判斷基礎。

因附帶搜索有這種辦案上的方便性與「槓上開花」的期待性，有時會導致警察誤用。我國警察最常犯的錯誤，就是在屋外逮捕時，「附帶」搜索到數公里以外被告的住處，即所謂之「帶同起贓」。

例如我國最高法院二〇〇七年一件判決中，苗栗警方在苗栗縣「三義鄉」中正路一六二號門前，逮捕一名毒販後，在無搜索票之下，帶著該名嫌犯到苗栗縣「銅鑼鄉」之住處，搜扣尚未賣出的三十包安非他命。最高法院於撤銷台中高分院的有罪判決時指出，兩地相隔如此之遠，已非被告「立即可觸及之處所」，並不符合附帶搜索之要件。

事實上，所謂「帶同起贓」應是以「同意搜索」之方式爲之，始爲合法。亦即，本來應另外聲請搜索票，但被告既已被查獲，即認罪並願意自動交出犯罪證據，所以同意警方至其住處搜索起贓（依我國法律，同意搜索必須記載於筆錄）。如果警方未取得被告同意，即「附帶搜索」至遠地，就會成立違法搜索。

（2008/8/24發表）

附帶搜索與保護性掃描

警察合法逮捕嫌犯時，得在無搜索票之情況下附帶搜索嫌犯「隨身所攜帶之物件」，但若該物件是上鎖的容器時，仍可爲之嗎？

如前文所述，附帶搜索之立法目的，是防止嫌犯在被逮捕時隨手抓起武器攻擊警察或隨手湮滅證據，故其身旁之容器若已上鎖，應無立即取出武器或證據之可能，警察自不得逕行附帶搜索，此點美國與我國的判例均持相同看法。

例如一九七七年的 Chadwick 案，美國聖地牙哥的鐵路警察在火車站門口逮捕一位毒販後，在沒有搜索票之情況下，將其隨身攜帶上了兩道鎖的行李箱打開，而扣得大量的大麻，美國聯邦最高法院判定這種情況並不符合附帶搜索之要件。我國最高法院在二○○二年與二○○七年的兩件判決中，亦分別判定警察在屋內逮捕嫌犯後，無票搜索其住處上鎖之保險櫃，或撬開桌子後方的夾層，均屬超出範圍的附帶搜索。法院並指出，正確的做法應是另外聲請搜索票。

附帶搜索在空間上的另外一個限制，是「不能搜索到其他的房間或樓層」，這是美國聯邦最高法院在一九六九年的 Chimel 案判決所採見解，已如前文所述。而我國最高法院在二○○七年的一件判決中，亦採相同見解。該案中南投警方持檢察官所簽發的「拘票」（與搜索票不同），在屋內合法逮捕一名毒販時，命令屋內所有在場人打赤膊、著睡褲，趴臥地板，並對該屋內之所有房間徹底搜索，而扣得十二點四公克的海洛因。最高法院認爲這種搜索方式，已超出附帶搜索之範圍，應另外聲請搜索票，始爲合法。

雖然附帶搜索在屋內逮捕時有此空間上的限制，但美國聯邦最高法院在一九九○年的

Buie 案中創設了所謂的「保護性掃描」（protective sweep），而擺脫了若干束縛。

該案中馬里蘭州警方持逮捕狀進屋抓人前，所獲情資是屋內除嫌犯外至少另有一人，故在一樓逮捕嫌犯後，其中一名警探即進入該屋之地下室，依目光所及「掃描」有無其他共犯足以威脅警方的安全，在這過程當中，看到了一件疑似搶匪所穿著的紅色襯衫，遂將之扣案做爲銀行搶劫的犯罪證據。被告在審判中主張該件襯衫是「超出範圍」的違法附帶搜索所扣得之物，應無證據能力。

美國聯邦最高法院判定，此種「保護性掃描」僅是容許警察在屋內逮捕時，對「有可能找到人之空間做一短暫之檢視」，以確定該區域有無藏匿其他足以威脅在場人安全之人，與徹底之翻箱倒櫃的搜索不同，對人民隱私之侵犯尚屬輕微，而肯定保護性掃描的合憲性。從而在掃描過程中看到犯罪證據，均得合法扣押之。

我國法律對「保護性掃描」並未明文規定，警察得否爲之，有待法院判例之澄清。

（2008/9/7發表）

盤點搜索

當警察合法逮捕一位嫌犯時，可以在沒有搜索票的情況下，無條件機械式搜索其身體，以及其伸手可及之處。問題是，逮捕與搜索之間能間隔多久呢？

理論上，附帶搜索既然是爲了保護警察與保全證據，其搜索之執行，時間上應緊接在逮捕之後。但在一九七四年的 Edwards 案判決，美國聯邦最高法院容許逮捕與搜身間之間隔時間長達十小時之久。

該案中，一名竊盜嫌犯在夜間十一時遭警察逮捕後，被帶進去警察局留置，至第二天早上，警察才對其進行搜身，並將其身上所穿T恤扣押送驗，結果在該件T恤上驗得竊案現場窗戶被破壞時所遺之油漆碎片。審判時被告辯稱警察在時隔十小時之後才對其搜身，應已不符合附帶搜索之要件，而主張該件襯衫係違法扣押所得。

然聯邦最高法院認爲警察本來就可即時對嫌犯搜身，不因時間上有所遲延即成爲「不合理之搜索」，而維持地方法院之有罪判決。後來幾個判例對這種時間上之間隔均予以放寬，尤其是對「身上所攜物品」與「逮捕時被告所駕車」之附帶搜索，時間上更放寬到兩、三天以上。由於這種間隔多時的搜索大都在警察對被告物品進行盤點時所進行，學理上遂稱之爲「盤點搜索」（inventory search）。

我國最高法院至目前爲止，並未承認「盤點搜索」屬「附帶搜索」之一種，而認係「違背程序之搜索」，但在審酌人權保障及公共利益之均衡維護之後，仍接受其證據能力，與美國聯邦最高法院之結論相同，只是理由不同而已。

例如我國最高法院二〇〇五年的一項判決中，警察在桃園市民族路一家舞廳廁所內逮捕被告，至帶回警局後始在被告之雙腳襪子內起出愷他命七瓶、右腳襪子內起出MDMA十顆及殘留少許綠色碎屑之MDMA一包。最高法院認爲此種扣押「雖與刑事訴訟法之附帶搜索規定有間，然……上訴人所涉販賣第二、三級毒品罪行……於社會所生危害至鉅……認以容許作爲認定事實之依據，始符合審判之公平正義，故不予排除」，而認仍有證據能力。

另外在二〇〇六年我國最高法院的一項判決中，警方在台北市建國南路逮捕被告後，將其所駕計程車帶回基隆市警察局再進行搜索，在車上扣得手槍一支及子彈四顆。最高法院也是認爲雖然不符合附帶搜索之要件（時間間隔過久），但仍在利益衡量之後，承認該等扣押物之證據能力。

事實上，盤點搜索在我國二〇〇一年刑事訴訟法修法時，邱太三委員版草案（檢改會提供）即有其相關規定，但後來未獲三讀通過。幸好最高法院已以判決承認其證據能力，惟因盤點搜索每日都在全國各地發生，根本解決之道，仍應是將之明文合法化。

（2008/8/31發表）

後記

一九九七年我還在士林地檢署當檢察時，承辦一件金山分局移送來的殺人案件（義子涉嫌勾結後母謀殺繼子奪財），當我訊問完被告（義子）並當庭收押後（當時檢察官還有羈押權），法警將被告解送看守所前，依例搜身並清點被告身上所有物品（即執行所謂「盤點搜索」），其中一項物件是一張便利商店的收據，我發現該收據列印時間剛好是被告開車載被害人前往殺人現場石門鄉海邊之前，上面打的是「三瓶啤酒」，心中即警覺到下手殺人者極可能另有一名共犯（後母在家未出門）。我當下不動聲色，分案後立即著手調取被告手機之電話通聯紀錄，經過數日分析後，終於查出被告在出門之前有打給某一葬儀社友人，並研判出兩人應有會合。我調出該人之口卡照片，提示給在押被告，間接問他：「這個人當晚有跟你在一起吧。」被告點頭默認，我立即簽發一張拘票打電話給金山分局陳小隊長請他們前往抓人。結果當他們將該友人帶上警車之後，根本還沒問話，該友人立即承認「我也有用木棒打人」。後來我繼續再由該友人與義子查出報酬來源是後母，再從郵局調到後母領錢的錄影畫面，終於全案偵破。該案被告三人全部坦承犯罪，法院對三人亦均判決有罪確定。

由本案可知「附帶搜索」與「盤點搜索」不僅能夠「保命」，也能夠「保案」。

緊急搜索

搜索以有搜索票爲原則，其例外情形之一就是「緊急搜索」。

緊急搜索之理論基礎是：情況急迫時，若再去向法官聲請搜索票，嫌犯會跑掉，或者證據會被湮滅掉，所以應該容許警察在無搜索票下執行搜索。其觀念之發展，則是從「抓人」演進到「找物」。

電影情節中最常見的警匪追逐畫面是，嫌犯逃逸時翻牆進入路旁住家的院子，警察跟著翻牆進入追捕，這時候警察事實上已經「侵入住宅搜索」，但如果要求警察應該聲請搜索票，豈不荒謬？這種無票搜索英美法稱之爲「熱追」（hot pursuit，我國法條用語爲「追躡人犯」），是最早產生的緊急搜索類型。

「熱追」這種「抓人」的必要性，後來被推進到「找物」。美國聯邦最高法院是在一九七〇年的 Vale 案正式提到「單純保全證據亦得無票搜索」之觀念，該案的警察在門口逮捕嫌犯，隨即進入屋內無票搜索而扣得毒品。聯邦最高法院雖判定該次搜索違法（只能在門口搜身，不能進入屋內搜索），不過，在判決文中指出若應扣押之物「正在被銷燬」（in the process of destruction），警方應得無票入內搜索。

三年後的 Cupp 案適巧提供了「保全證據」的案例：涉嫌勒死太太的嫌犯自願到警局說明，詢問當中聽到警探要採取其指甲垢化驗後，馬上將手伸進口袋試圖清除指甲，警探見狀立即抓住嫌犯之手強迫採樣，結果發現死者之帶血皮屑。審判時被告主張該指甲垢是違法搜索所扣得，但聯邦最高法院判定是合法的緊急搜索。

除「熱追」外，「入內救人」亦經由美國下級法院之判例成為緊急搜索之類型，聯邦最高法院也在二〇〇六年的 Stuart 案正式肯定此類型的合法性。該案中警方接受民眾之噪音申訴，到現場後，從廚房的玻璃窗看到屋內有數人正在圍毆一人，即無票入內逮捕施暴者，聯邦最高法院判定符合緊急搜索之條件。

我國的緊急搜索是規定在刑事訴訟法第一百三十一條，有兩個與美國不同之特色：（一）司法警察僅有「找人」，並無「找物」的無票搜索權，後者限於檢察官才有。所以我國警察在緊急進入屋內保全犯罪證據（而非抓人）前，必須先聯絡檢察官取得授權後才可執行。（二）事後必須陳報法院准許，如果漏未陳報或未獲准許，所扣得之物不得作為證據。

我本人在二〇〇一年修法後第一次行使檢察官的緊急搜索權，是在持票搜索某立委的居所時發生。當時無人應門，我在請鎖匠強制開門前，為再次確定該處之現住戶身分（與扣押物持有人之證明有關），遂先到社區管理委員會要求調閱住戶登記簿。但主任委員表示他得罪不起民代，不敢主動交出，我只得動用緊急搜索權扣押之，事後陳報時並獲得法官准許。

（2008/11/23發表）

後記

本文中所提「某立委」就是前立委何智輝，筆者當時（二〇〇四年）任職於高檢署查緝黑金行動中心特偵組，與數位檢察官協同偵辦銅鑼案。該案起訴後，一審與二審法院都判有罪，但更一審改判無罪（二〇一〇年），不久後即爆發出三位法官與一位檢察官涉嫌受賄幫何智輝脱罪之案外案。

緊急搜索之緊急狀況，如果是由警察自己造成，是否仍是合法的緊急搜索？例如警察在民宅外按門鈴稱「我是警察」，結果屋內傳出聲音「趕快丟進馬桶」（著手湮滅毒品證據），此時警察能否在無搜索票下，衝進屋內緊急搜索？

美國聯邦最高法院對此問題本來傾向否定說（即緊急狀況不能由警察創造），但近年改採肯定説。在一九四八年的 Johnson 案中，警察獲報有人在旅社房間內違法抽鴉片，到房間門口時聞到強烈的鴉片煙味道從內傳出，敲門後強行入內搜索（未持搜索票），聯邦最高法院判定警察違法搜索。從此學界即有所謂之「禁止創造説」，認爲情況之所以「急迫」若是因爲警察的行爲所造成，即不得緊急搜索，仍應向法院聲請搜索票才能進入。

但到了二〇一一年的 King 案，聯邦最高法院似乎改變見解。該案中，在屋前盯梢的警探於嫌犯剛完成毒品交易後，欲上前攔阻，嫌犯見狀跑進屋內關門，在外之警探隨即聞到屋內傳出燒燬大麻的味道，即破門而入逮捕嫌犯並扣得毒品。聯邦法院判定此案符合緊急搜索，「禁止創造説」顯然已遭修正。

我國刑事訴訟法規定警察僅能對人（逮捕嫌犯）緊急搜索，對物（保全證據）時須另經檢察官授權。其中對人緊急搜索之門檻本來是規定「有事實足信」有人在內犯罪而情形急迫，後來在二〇〇二年修法時，「有事實」改爲「有明顯事實」，條件由鬆變緊。反觀美國則是從緊變鬆，但若仔細看King案之判決文，其精神其實就在於「有明顯事實足信」，我國法律比美國聯邦最高法院早九年達到此種「社會治安」與「人權維護」之微妙平衡點，可說是智慧不輸美國人呀！

同意搜索的要件

二〇〇一年我國新修訂的刑事訴訟法第一百三十一條之一規定：「搜索，經受搜索人出於自願性同意者，得不使用搜索票。但執行人員應出示證件，並將其同意之意旨記載於筆錄。」這就是所謂的「同意搜索」（consent search）。

同意搜索時，執行人員手上根本沒有搜索票，屬「無票搜索」（warrantless search）之一種。如果有搜索票，但受搜索人在執行人員出示搜索票後，自己主動將應扣押之物交出來，而省略掉翻箱倒櫃的動作，則仍是「有票搜索」，並非同意搜索。另有第三種情況是，檢警手上沒有搜索票，而直接向願意配合的機關或當事人說明應扣押之物爲何，而由對方主動交出，則屬於刑事訴訟法第一百二十六條及第一百三十三條第二項之「請求交付」或「命提出」，亦與同意搜索不同。

一般搜索的門檻是「有相當理由足信」得找到應扣押物，但同意搜索並無此門檻，只要受搜索人同意即可執行。「請求交付」、「命提出」或「同意搜索」遭拒絕時，均不能逕行強制搜索，只能向法官聲請搜索票。

同意搜索引進我國法制時，在立法院遭受最大的質疑是：「天底下哪有犯罪者會笨到同意被別人搜索？所有的同意都是被迫的。」但在現實的辦案情境中，同意搜索確有可能出於自願：（一）當嫌犯（受搜索人）知道大勢已去時，例如竊車賊當場被警逮捕，而帶同警察回住處起出先前竊得之贓物（所謂之「帶同起贓」）；（二）當受搜索人認爲自己絕對無辜時，例如一部公車有人遭扒竊後，司機立即將車子開到警察局，大部分乘客均會同意警察搜身以便及早離去；（三）當受搜索人存有僥倖之心，認爲執法人員並不能搜到東西時；（四）有票搜索時範圍之擴張，例如出示搜索票後始知悉受搜索人在數條街外另有一間辦公室，此時本應向法官另外聲請一張搜索票，但因這種聲請一定會獲准，所以受搜索人通常會同意搜索該間辦公室。

同意是否出於自願（voluntariness），檢方必須負舉證責任。美國判例中被判定爲「非自願」之情況有：警方向嫌犯謊稱已拿到搜索票、半夜中動用多名警察以大軍壓境方式取得同意、警方隱瞞搜索之眞正目的（佯稱找輕罪證物，其實要找重罪證物）。

至於自願性的正面（加分）因素則有：警察有明確表明身分及目的、請求同意時使用疑問句而非命令句、徵求同意之地點是在戶外或有第三人在場、受搜索人有配合之動作（例如主動幫忙警察搬動物品或打開門鎖）、受搜索人坦承犯罪。

我國立法院將同意搜索引進時，特別在條文上加列「出於自願性同意」與「並將其同意之意旨記載於筆錄」等字，就是要確保同意搜索之自願性。

（2008/10/26發表）

搜索同意權的行使

搜索，經受搜索人同意者，得不使用搜索票。此「有同意權限」的人，是限於嫌犯本人？還是包括其他人？

二○○四年十二月間，台北市警方逮捕一位非法持槍者後，依其供述得悉販槍人的住處，便通知該處之房東到場，取得其同意後，開門入內搜索，並扣得槍械一批。最高法院後來判定本次搜索違法，理由是房東在出租房屋後，已非「對該屋有管領權之人」，應無權同意警察進行搜索。

二〇〇六年六月間，桃園警方在某大廈的一樓逮捕一位剛買完毒品坐電梯下樓的吸毒者，接著又在一樓電梯口逮捕搭另一部電梯下樓的販毒者，並在他身上起出樓上住家的鑰匙。然後警方拿著該串鑰匙，帶同該吸毒者到樓上去，取得其同意，使用鑰匙打開販毒者住處的大門，入內搜索而扣得毒品一批。最高法院後來判定本次「同意搜索」爲違法搜索，理由是該吸毒者對該處所「並無支配使用權」，所以並沒有同意權限。

我國最高法院以「有無管領權」、「有無支配使用權」來界定無票搜索之同意權人，與美國聯邦最高法院之見解相同。美國聯邦最高法院係使用「共同管領力」（common authority）這個名詞，換言之，對該處所與嫌犯本人共享「聯合或互相接近權」（joint or mutual access）與「共同使用權」（common usage）之人，才有權同意搜索。例如受雇在家中清潔之工人，對主人之住處雖有「接近權」，但並無「使用權」，所以並無權同意警方搜索主人之住處。

美國聯邦最高法院是在一九六九年的 Frazier 案率先提出「聯合使用人」（joint user）這個觀念。該案中，涉嫌謀殺案的凶嫌 Rawls 經警逮捕後，同意警方至其家中搜索其堂兄所有的一個帆布袋，該帆布袋在該段日子是由 Rawls 與其堂兄在外出時共同使用，後來警方在該帆布袋中扣得其堂兄共同謀殺之證物（衣服）。其堂兄在審判時主張 Rawls 並非所有權人，應無同意權，但聯邦最高法院認爲有共同管領力即已足夠，不採被告之抗辯。

嗣後美國各級法院判定有搜索同意權之人包括：未成年子女之父母、夫妻之間（但不及於私人物品）、汽車之現在使用人或修理人、退房後之旅社職員、處所主人對過夜客人之房間、工廠老闆對於工作檯或辦公處所、雅房分租之各承租人對共用空間。

我國立法院在二〇〇一年引進同意搜索時，條文上不使用「經被告或嫌犯」，而使用「經受搜索人」同意，用意亦是在表明同意權人不限於嫌犯或被告本人，而擴及「有共同管領力」之人。

至於共同管領力人同意警方搜索，而嫌犯本人在場反對時，得否搜索？本來美國法院間有不同見解，但聯邦最高法院在二〇〇六年的 **Randolph** 案所給的統一答案是：「不得搜索。」

（2008/11/2發表）

第三篇

有票搜索

〔前言〕

警察拿到搜索票時，仍應注意執行時之合法性，包括如何進入搜索處所、如何處理屋外嫌犯及屋內其他在場人、能否帶同記者報導、如何扣押證物等，如有差錯，仍會影響到搜索之合法性。

破門與騙門（上）

日前台北地檢署檢察官帶隊搜索前外交部長黃志芳之住處時，按鈴後無人應門，在外枯等近一個小時，不少人心中有一疑惑：除了等待應門外，有無他法進入搜索場所？

檢警調人員拿到搜索票後，對於如何進入住宅一般有四種選擇：（一）在外埋伏等候，俟有人進出門時，箭步上前入內搜索，是謂「等門」。（二）直接破壞門鎖、撞門或翻牆、穿窗而入，是謂「破門」。（三）僞裝成郵差或送貨員，騙使屋內人開門，是謂「騙門」。（四）透過對講機或電話勸導屋內之人開門，是謂「勸門」。

「等門」對宅門的開啓未做任何加工，所以沒有法律爭議，僅有技術問題，例如同步搜索多處地點時，即無法以等門的方式爲之。「勸門」亦無法律爭議，檢警所須考慮的技術問題是「犯罪證據有無可能在勸門過程中被湮滅」。但「破門」與「騙門」在美國則有憲法層次的爭議。

英美普通法（common law）長久以來即有所謂的「敲門與宣示」（knock and announce）原則，即爲顧及受搜索人之尊嚴，執行搜索人員在進入搜索場所之前，原則上應先敲門並表明身分與來意，以便讓受搜索人有整肅儀容或收拾隱私物品的機會。美國聯邦最高法院在一九九五年的 Wilson 案判決中，判定此原則亦是美國聯邦憲法第四增訂條款「人民有免受不合理搜索之權」之內涵之一。但該判決同時指出，「敲門與宣示」原則容有例外，例如執行人員有安全顧慮，或一旦敲門證據會被立即湮滅等情形。

至今美國大約有三十四州立法將「敲門與宣示」明文化，但均規定有例外情形，且有部分州法授權法官得核發「不用敲門的搜索票」（no-knock search warrant）。

至於「騙門」是否合憲？加州法院從一九八〇年代開始即有不少判決肯定騙門的合憲性，理由是騙門時警察雖然掩飾身分，但同樣有時間讓屋內之人處理儀容或隱私再來應門。

美國聯邦最高法院則在一九九七年的 Richard 案判決中，間接肯定騙門的合憲性，該案之警察聲請到的是「要敲門的搜索票」，但在執行前判斷如果在敲門後老實表明身分，嫌犯一定會將手上的毒品沖進馬桶，所以就佯裝服務生敲門，嫌犯雖然受騙開門，但開門後看到便衣警探後還站有一位制服警察，便馬上關門轉身就跑，警探們於是踢門入室搜索。聯邦最高法院雖然不願判定「所有毒品搜索都可以不用敲門」，但認爲該案在嫌犯關門之後，已產生一個足以正當化警方破門之緊急狀況，所以警探並未違反敲門與宣示原則。

（2008/6/1發表）

破門與騙門（下）

我國刑事訴訟法第一三二條規定「抗拒搜索者，得用強制力搜索之」，故破門應爲法所容許，但，究竟按鈴多久以後沒人應門，才可破門而入？

我國法院對此尚無案例，但美國聯邦最高法院二〇〇三年 Bank 案之爭點就是此問題。該案之警探手執搜索票，於白晝下午二時許，在販毒嫌犯所住兩房公寓的前門大喊：「警察，搜索票！」並用力連續敲門，其聲音大到連站在後門的警探都聽得到，等待約十五秒至二十秒後無人應門，警方即使用撞錘破門而入，並扣得槍械與毒品。該案嫌犯辯稱警察敲門時其正在洗澡，根本沒聽到警察之喊話與敲門聲，而主張警察之破門是違法搜索，扣案之槍毒應無證據能力。

聯邦最高法院判定本案警察之破門應屬合法，理由是有鑑於毒品之極易被湮滅性（沖進馬桶即可），本案警察在敲門並宣示身分後十五至二十秒間無人應門，已有「證據會被湮滅」之合理懷疑（reasonable suspicion），被告客觀上是否正在洗澡以及是否有聽到警方之喊話並非重點，警察在執行時之主觀認識才是判斷搜索手段是否合理之基準。

接下來的問題是，破門是否僅限於「被抗拒時」才能爲之？執行人員能否在完全未給予受搜索人考慮是否配合之機會下（即不敲門也不喊話）直接破門？我國刑事訴訟法第一三二條規定「抗拒搜索者，得用強制力搜索之」，從文字表面看來，好像只有在被告抗拒時才可以破門。不過，美國聯邦法 18 U.S. §3109 之規定與我國類似，其條文爲：「警察在宣示其職權與目的後，若遭拒絕，得破壞……門窗……入內搜索。」而美國聯邦最高法院在一九九八年的 Ramirez 案判決指出，這種條文之眞義並非在規定破門之惟一條件，僅是規定得破門之情形之一。此種見解應可供我國參考，因爲在某些情況下，例如爲了要搶救被屋內歹徒綁架的肉票，或屋內被告持有強大武力時，確實應讓警方不用敲門而直接破門入內搜索。

當然，最好的解決方式是警方在聲請搜索票時，請求法官在搜索票特別註明「得直接破門進入」。我國刑事訴訟法於二〇〇一年修訂時，在第一二八條增加「法官並得於搜索票上，對執行人員爲適當之指示」之文字，故法官本得在搜索票上對執行方式做適當的授權，破門即是情況之一。

最後，如果警探們違反敲門與宣示原則，所扣得的證據是否會被依據「毒樹果實理論」而排除？本來美國許多州與聯邦下級法院係採肯定說，但美國聯邦最高法院在二〇〇六年的Hudson案判決中所給的答案卻是「否定」，即搜索扣得的證據仍然可以用來定被告之罪。該判決認爲警察違反「敲門與宣示」原則之救濟途徑，應是由受搜索人訴請警察損害賠償，而非將證據排除。

（2008/6/8發表）

搜索時之門外留置

二〇〇三年三月間，數名我國航警局探員持法官核發的搜索票，至林口地區一處倉庫查緝色情光碟時，因嫌犯不願配合開門，便在門外強制從嫌犯身上取走鑰匙，再開門入內搜索。被告的辯護人後來在審判中指稱警察強取鑰匙係違法搜身，所以扣案之色情光碟應無證據能力（不能用來當做定罪證據）。

辯方做這種主張並非毫無依據，因爲本件被告並非現行犯，理論上在尚未搜索前警察無權加以逮捕或搜身，而且本件之搜索票僅准予搜索「處所」，並未准許搜索「身體」。（搜索票對於「搜索範圍」設有四欄：處所、身體、物件與電磁紀錄，檢警在聲請搜索票時須指明範圍，得多重選擇，再由法官勾取准許之範圍。）

不過，我國最高法院在二〇〇七年八月判定本件扣案之光碟仍有證據能力。理由是：依據我國刑事訴訟法第一百四十四條第一項「因搜索及扣押，得開啓門鎖、封緘或爲其他必要之處分」之規定，搜索時警方本得請鎖匠來破壞門鎖開門入內。故本件警察以強取鑰匙之方法來開門，程序上雖有瑕疵，然因本件證物於鎖匠到場開門後仍「必然終將被發現」，所以無庸排除其證據能力。

最高法院此項判決在「人權保障」與「治安維護」間取得一巧妙的平衡點，實爲高度智慧的表現。事實上，美國聯邦最高法院一九八一年 Summers 案，亦採相同見解。

該案之密西根州底特律市警探持搜索票（應扣押之物爲麻醉藥品 narcotics）到達現場時，嫌犯剛好開門從台階走下來（已走出屋外），警探們即將其留置並命其開門入內會同搜索，結果在該處地下室發現麻醉藥品，進而當場逮捕嫌犯，並在其身上搜出一包海洛因（heroin）。後來辯護人在審判中主張警察在門外留置被告是違法的，故該海洛因是基於違法搜索才扣得，應無證據能力。

美國聯邦最高法院判定本案警察在門口對嫌犯所爲之「留置」，雖已構成「對人之扣押」（seizure of a person），惟這種對人身之侵犯相較於逮捕（arrest）尚屬輕微，且警察只能從「搜索」來蒐集證據，並不能從「留置」來獲得證據，故應無濫用職限之惡意存在。再者，本件留置之正當理由至少有：（一）防止嫌犯在不利證據被尋獲時逃跑；（二）防範警方被嫌犯攻擊；（三）使搜索程序得以順利進行（若嫌犯不在，光是破壞門鎖即會花費許多時間）。況本件既屬有票搜索，該嫌犯業經法官初步認定有相當理由（probable cause）足信已經犯罪，警方對嫌犯之留置自有其合理依據。

由上可知，執行搜索前在門口遭遇嫌犯時，對其短暫留置，應爲法所容許。至於開始執行後，對在場人之強制留置，則屬「搜索現場的封鎖」，此問題留待下文再討論。

（2008/6/15發表）

後記

本文所述情形爲警方到達嫌犯家門口時，手上已持有法官核發的搜索票，但若本來沒有搜索票，在門口遇到嫌犯，能否在門口禁止嫌犯進入屋內，再向法官聲請搜索票？這種現場與人身管制合法嗎？

美國聯邦最高法院在二〇〇一年的 MacArthur 案持肯定看法。該案嫌犯的太太向獲報前來的警察指稱其丈夫的毒品藏在車屋內的沙發椅下，一名警察在門口攔住被告，禁止其入內，並要求進屋時要有警察同行。另一名警察則離開向法官聲請搜索票，兩小時後回來持搜索票扣得毒品。被告主張警方「阻止嫌犯進入自己住宅」，是不合法的「警察扣押」。但聯邦最高法院判定未違憲，認爲這種管制是合理的，並不會影響到搜索票之合法性。

至於嫌犯若未要求進去屋內，而是主張要離去（逃逸），警方能否強制留置嫌犯等待搜索票之核發？聯邦最高法院對此並未表示意見。筆者認爲在此情況下，若符合要件，警察應可行使「盤查」下之「攔停」，以查驗身分爲由留置嫌犯（至多三小時），再趕快聲請搜索票，否則縱使扣到證物，身分不明的嫌犯又跑掉了，豈不白做工？

搜索現場的封鎖

一九八八年我還是一位青澀的檢察官時，與台東縣調查站共同偵辦池上大橋集體吃票案。動手搜索當天，我帶頭的隊伍衝進收票員辦公室，剛好有一位郵差在該處送信。我馬上面臨的問題是：能否強制留置該位郵差，等到搜索告一段落後才讓他離開？

此問題牽涉到「搜索現場封鎖權」，當時我國法律對此並無明文規範。後來我們的解決方式是：「好言相勸」，請郵差先生留步。幸好他很配合，一直到同步搜索的四個隊伍均已進入現場並掌控局勢後，他才離開，時間已過了將近兩個小時。

十三年後，我在立法院的刑事訴訟法修法的公聽會上報告這段故事。嗣後該次修法在刑事訴訟法第一百四十四條增訂第二項與第三項：「執行扣押或搜索時，得封鎖現場，禁止在場人員離去，或禁止前條所定之被告、犯罪嫌疑人或第三人以外之人進入該處所。」「對於違反前項禁止命令者，得命其離開或交由適當之人看守至執行終了。」

這種搜索現場封鎖下的「禁止離去」對象，包括「偶然在場的第三者」，理由是搜索時若有人得任意離去，極有可能導致證據湮滅或共犯逃匿。美國聯邦最高法院在一九八一年Summers 案的判決，亦有相同結論：「因此，依據憲法第四增訂條款之意旨，我們判定基於相當理由所核發之違禁物搜索票，本身就意涵著在適當執行搜索時得留置屋內占有人之若干權限（the limited authority to detain the occupants of the premises）」。

值得一提者，此得「禁止進入」之人員，包括被告的律師在內。我國曾經發生過數件新聞性頗高的案件在搜索時，律師獲報趕到現場，執意要進入搜索處所，遭拒絕後在外向媒體大喊「檢察官妨害我的辯護權」，雖然在視覺上造成震撼效果，但在法律上卻毫無理由。

因爲我國刑事訴訟法第一百五十條第一項明文規定：「當事人及審判中之辯護人得於搜索或扣押時在場。但被告受拘禁，或認其在場於搜索或扣押有妨害者，不在此限。」被告律師僅是在「審判中」經過法官或執行人員之許可後，始得於搜索時在場，但在「偵查中」卻無此在場權。此在美國亦然，美國之被告律師於偵查中亦惟有在被告接受「拘禁狀態下之訊問時」，才有在場權，並不包括搜索時。

反過來講，執行搜索之人員，於必要時，得容許場所主人以外之人進入搜索現場，例如請「被害人」到場指認贓物，或者請「專業人士」（例如電腦工程師或賦稅財經人員）到場協助執行扣押。惟因該等人未具司法警察身分，有時受搜索人會有意見，故最妥當的做法是請法官在搜索票上註明檢警得偕同哪些人在場（例如「得帶同被害人到場協助辨識證物」），以杜爭議。

（2008/6/22發表）

後記

二〇〇二年一月七日高檢署查黑中心特偵組持法官所核發的搜索票搜索羅福助立委之公司時，有賦稅署與金檢局人員共同參與行動。當天即有其他立委在立法院質詢何以有非司法警察人員在場。我當時爲法務部擬了一份說明，就指出搜索時檢警本得帶同被害人指贓或專業人士在場辨識應扣押之物。事實上，美國法律爲了防止檢警執行搜索時扣押太過廣泛，反而明文規定在搜索某些特定場所時（例如律師事務所或醫院）「應」帶同專業人士在場，此種專家稱爲 special master，例如加州 Penal Code §1524 就有這種規定。

我國偵查實務在偵辦醫師法、食品衛生法、環保案件時，也經常與衛生署或環保局人士合作，並沒有違反偵查不公開之虞。

搜索時記者得否隨行採訪

我國刑事訴訟法第一百四十四條第二項規定：「執行扣押或搜索時，得……禁止……被告、犯罪嫌疑人……以外之人進入該處所。」但如前文所述，執行人員於必要時，得容許「被害人」到場指認贓物，或請專業人士到場協助執行扣押。然若警方所邀同進入的人是新聞記者時，其合法性如何呢？

我國電子媒體偶而會有搜索現場隨行採訪之鏡頭出現，雖然大部分有經馬賽克處理，但如此即可避免違法爭議嗎？

一九九二年年初，美國司法部長（the Attorney General of the United States，與檢察總長爲同一人）批可一項逮捕全國要犯的「槍煙行動」（Operation Gun Smoke），馬利蘭州的聯邦警探爲配合此項政策，並提高警方聲譽，即在一次逮捕一名違反假釋條件的搶劫犯 Wilson 的行動中，邀請華盛頓郵報的文字記者與攝影記者各一名隨行採訪（media ride-along）。

搜索當天警方進入屋內時，Wilson 本人並不在場，僅其父母在家，身上分別穿著內褲與睡袍，男主人還因大聲叫喊被警方壓倒在地。該名攝影記者一進門即猛拍照片，文字記者亦全程在旁觀察。但後來因查無 Wilson 本人，所以該次搜索並無所獲，華盛頓郵報亦全然無相關報導。

嗣後 Wilson 老夫婦以聯邦警探違法搜索爲由，訴請損害賠償（侵犯美國聯邦憲法第四修訂條款所保障之「人民有不受不合理搜索」之權利）。本件爭點爲：警方容許新聞記者隨行採訪，是否會使此次搜索成爲「不合理之搜索」。

聯邦警探提出五大理由來正當化記者之隨行採訪：（一）促進執行法律之職責；（二）適時公布政府整治治安之努力，以獲大眾支持；（三）達到正確報導警政新聞之目的；（四）監督警察執法過程，防止濫權；（五）保護警察與嫌犯之安全。

聯邦最高法院於一九九九年判決時首先指出，有票搜索雖經法官核准，但其執行方式若不合法，仍會導致該次搜索成爲不合理搜索，乃英美普通法多年不變之基本原則。繼而指出：（一）本件記者隨行之目的，並非在幫助警方執行搜索（與被害人之到場指認贓物不同），全然是爲了本身的報導目的；（二）警方之前述五大主張縱使成立，但在利益衡量後，住宅隱私應受較大之尊重，故判定警方容許與搜索目的不相關之第三人進入屋內，已使本件成爲非法（不合理）搜索。

不過，聯邦最高法院認爲本件案發時，美國法界對隨行採訪是否違憲尚未有定論，故本案警察應非明知故犯，所以雖屬違法，但得免除賠償責任。

從 Wilson 案判決可知，隨行採訪對隱私權的侵犯，是在進入屋內時即已發生，而非在播出時才發生，故事後之畫面馬賽克處理已是於事無補，我國警方與媒體實應審慎評估搜索現場隨行採訪的合法性與妥適性。

（2008/8/3發表）

搜索時得否對在場人上手銬

我國刑事訴訟法第一百四十四條規定搜索時得封鎖現場，對於違反命令者，得「交由適當之人看守至執行終了」，同法第一百三十二條又規定「抗拒搜索者，得用強制力搜索之。但不得逾必要之程度」，問題是，這種強制力之強度能達到何種程度？

一九九七年一月間，三名桃園縣警察局刑事偵查員持搜索票前往毒品嫌犯住家搜索時，適巧嫌犯之父親開門正欲外出，警方遂趁機推門進入屋內出示搜索票並表明身分與來意，嫌犯父親見狀馬上向樓上喊話「警察來了快跑」，這時一名偵查員留在樓下壓制嫌犯父親並上手銬，另兩名偵查員衝上樓與嫌犯本人及其女友發生扭打，最後嫌犯及其女友在警方拔槍相向的情況下均被制伏銬上手銬，並當場扣得安非他命吸食器等物。事後嫌犯及其父親與女友出面控告（自訴）該三名偵查員妨害自由與傷害等罪。

本案第一審法院判無罪，理由是「被告等三人依法執行搜索，遭抗拒或反擊，自得以強制力爲之，而實施強制力之過程中因自訴人之激烈反應，致自訴人受傷，在當時之情況下，尚屬未逾必要之程度，是自無妨害自由、傷害及重傷害之問題」，後來高等法院與最高法院均維持無罪判決。可見我國法律所容許之搜索現場強制力，並不亞於逮捕。

類似判決在美國聯邦最高法院亦有之，即二〇〇五年的 Mena 案。該案之警察執搜索票前往一處民宅搜索幫派犯罪（街頭飛車掃射）之嫌犯與證據，其所獲情資顯示屋內嫌犯人數至少一人，且擁有強大火力。因此警方進入時是以「霹靂小組」（SWAT）攻堅方式直接破門而入，且立即以槍抵住屋內四名在場人並上手銬，再押至車庫集中由兩名警探看管，直到搜索結束爲時約兩個小時。後來警方在離去之前，其中一位名爲 Mena 的女子因罪嫌不足，當場被釋放。該搜索結果查扣手槍、子彈、刻有幫派標誌的球棒與大痲等物。

Mena 後來主張本次搜索中對其本人之留置與上手銬係不合理（過當），而訴請執行搜索之警探們損害賠償，聯邦地方法院判定確屬過當，而由陪審團判賠六萬美元。但聯邦最高法院推翻原判決，認爲警方這些作爲並未過當。

聯邦最高法院的理由是，依據前文所述之 Summers 案，警方在搜索中本得留置嫌犯，且此種留置是「範疇性的」（categorical，無條件的），而不用去追究有多少證據足以證明在場人之罪嫌。其次，本案因有相當理由足信屋內藏有擁槍自重的幫派份子，故警方之使用手銬並未過當。

由上可知，搜索時強制留置在場人雖有可能傷及無辜，但爲了確保執法者之安全與搜索之順遂，人民惟有忍受之義務。當然，執法者所用之強制力不能過當，否則仍會有違法之嫌。

（2008/7/27發表）

搜索票之執行

報載台北縣新店分局警員日前持搜索票入屋搜索毒品時，僅嫌犯之十七歲弟弟在家，警方仍執行搜索，其間曾有里長前來關切，卻被警員趕走。警方搜完無所獲後又將該少年帶往警局，途中一名警員先下車帶著嫌犯家中的鑰匙單獨離去，約十分鐘後返回，再將該少年放走。事後家屬指稱家中有百萬名錶失竊，而引起警民糾紛。

本件所涉的第一個法律問題是「嫌犯不在家時，得否執行搜索」。我國刑事訴訟法第一百四十八條規定搜索住宅時，「應命住居人、看守人或可為其代表之人在場；如無此等人在場時，得命鄰居之人或就近自治團體之職員在場」，所以，本件雖然嫌犯不在家，但其弟弟屬「住居人、看守人」，所以應仍得搜索。至於里長雖屬「自治團體職員」，但因警方認為已有住居人在場，所以拒絕其進入現場，應屬合法。

第二個問題是「搜索無所獲後，得否將在場人強行帶往警局」。本件如果搜獲毒品，或許可認定該名少年是「持有毒品的現行犯」，警方可將之逮捕帶往警局，但若無任何違禁品，即不得爲之。本件警方可能事後發現並無逮捕之相當理由，所以在途中趕緊將少年放走，故是否有妨害自由的故意，尚有爭執空間。

第三個問題是「本件警員帶著該名少年所交出的住家鑰匙下車後，若是持票重返現場搜索，是否合法」。按通常搜索票的有效期間是二到十天，所以如果一時無法完成搜索，警方可先封鎖現場，於隔日再續行搜索（我國刑事訴訟法稱此爲「中止搜索」）。但一旦警方宣布搜索結束（即製作扣押物清單或未扣押證明書交給受搜索人）而離去後，縱使搜索票尚未過期，仍不得再進入現場。所以法界常稱搜索票是「用完即丟」（disposable），不得重複使用（no recycle）。

本件警員如果下車後有重返現場搜索，就必須查明警方先前離開嫌犯住家時，是「中止」搜索，還是「終止」搜索，若是後者，雖然手上還有搜索票，仍屬違法。當然，如果警員非但重返現場搜索而且下手行竊，那可就是嚴重的貪污犯罪了。

另外常見的搜索現場警民糾紛，就是搜索票所記載的「受搜索人」通常是「嫌犯」，而嫌犯如果與場所主人不是同一個人時（例如男性嫌犯住在女友家），場所主人時常會主張「受搜索人不是我」而拒絕配合。但我國法院判決已一再指出，搜索票所著重的是「處所」，不是「人別」，所以只要處所沒錯誤，搜索票所記載的受搜索人是誰，並不重要。

我國最高法院二〇〇六年一件判決還進一步指出，警方搜索時出示搜索票給現場人看時，只要該人是住居人、看守人或可爲其代表之人，縱使未出示給同時在場的嫌犯，仍屬合法。

（2009/4/12發表）

有票搜索的扣押

刑事訴訟法上的扣押（seizure），是指國家爲行使犯罪調查權，以公權力接管人民物品之一種強制處分，性質上屬「占有利益」（possessory interest）的限制，而非「所有權」（ownership）的剝奪。

在有票搜索時，應扣押之物（含「得沒收」與「可爲證據」之物」）之清單會記載在搜索票或其附表上，此時應扣押之物的體積大小，會限制到「得搜索之空間」範圍。例如應扣押之物只記載「贓車」時，執行搜索的警察並不能直接打開現場的抽屜，因爲抽屜內不可能藏有「車輛」，但如果應扣押物是記載「贓車及僞造來源證件之證據」時，警察即可打開抽屜。

扣押時執行人員依法必須交付詳細記載「名目」之收據給被搜索人，但在某些犯罪類型，因現場文件繁多，「應扣押之物」與「非應扣押之物」會混在一起，很難在搜索票的有效期間內當場加以分類，此時執法人員得否將現場所有物品全部搬回再慢慢加以消化？

此問題在美國尤其嚴重，因爲聯邦憲法有所謂「概括搜索票（general warrant）禁止原則」，即搜索票應明確記載罪名與應扣押之物，不得授權執法人員扣押「現場所有物品」或「蒐集任何罪名的犯罪證據」。故如扣押物品過於廣泛，大到可被視爲「釣魚式」搜索時，即有可能被判定違憲。

例如美國聯邦第九上訴法院一九八二年Tamura案中的聯邦探員在搜索一家涉嫌行賄的日本商社時，發現他們必須從數以萬計的電腦列印報表找出支出記載，再找出對應的會計憑證，最後再找出付款的支票存根，由於這種工作太過繁瑣，根本無法在現場完成，聯邦探員們只好搬走十三箱的報表、三十四個抽屜的會計憑證與十七個抽屜的支票存根。上訴法院後來認爲此種一網打盡式的扣押（the wholesale seizure）太過廣泛，而判定爲違法扣押，並指出聯邦探員應有的做法是先將所有資料封緘，搬回局裡後再聲請一張搜索票分析所有文件。

不過聯邦第四上訴法院在一九八七年的Shilling案則採較寬鬆的看法，該案中美國財政部國稅局探員將整個文件櫃（file cabinet）搬回局裡，再慢慢整理出「應扣押」的文件，法院判定並未違法，並指出如果執法人員只是基於執行技術上的考量而如此做，並不能因爲扣押物夾雜有「非應扣押之物」，即變成違法扣押。

美國法院所指示「先封緘再啓封」的應有作爲，事實上在我國已由調查局行之多年。即先將所有扣押物裝箱加以封緘，會同被搜索人在封條上簽名（臨時收據記載爲「文件幾箱」），事後再請被搜索人到場會同開箱，而製作所謂之「啓封筆錄」並交付正式的收據。此種作法的合法性已爲我國最高法院所接受，可見我國執法人員之智慧，較諸美國聯邦警探並不遜色。

（2009/5/10發表）

第四篇

警察盤查

〔前言〕

警察盤查就是俗稱的路檢或臨檢，可分解動作爲攔停、詢問（含身分查證）、搜身（檢查身體與所攜物件），其執行的法定門檻是「合理懷疑」（嫌疑程度高於「單純臆測」而低於「相當理由」）。其強制力之強度雖不若搜索，但由於盤查對警察之危險度不低於搜索，所以甚至會演變成拔槍或開槍之情況。

相當理由與合理懷疑

「相當理由」與「合理懷疑」，是刑事偵查中最重要的兩個門檻，幾乎所有的偵查作爲都必須面臨此二者的考驗。

犯嫌程度在偵查中從低到高可區別爲：單純懷疑（mere suspicion）、合理懷疑（reasonable suspicion）與相當理由（probable cause）。跨過「合理懷疑」的門檻，所能做的典型偵查作爲是「警察盤查」；跨過「相當理由」的門檻，典型的偵查作爲則是「搜索」與「逮捕」。僅有「單純懷疑」時，能做的頂多是查查前科或跟監埋伏。若辦案人員在僅有「單純懷疑」或「合理懷疑」時即動手抓人，就會構成違法逮捕。

相當理由講得淺顯一點，就是「有相當的概然率」（a fair probability），但其概然率到底是百分之幾？美國聯邦最高法院多年來一直不願在判決中直接將之數量化。不過，在一九五七年的 Mallory 案中，性侵害嫌犯爲一蒙面黑人，警方「地毯式」地逮捕三名黑人供被害人指認，雖然事後證明其中一人確爲犯罪人，該逮捕仍被判定違憲。另在一九六三年的 Wong Sun 案中，販毒嫌犯係一綽號「小黑」之洗衣店老闆，然在同一條街上有數名相同綽號及職業之人，警方於是押寶式地逮捕其中一名，雖然事後確實查獲毒品，聯邦最高法院仍然判定該逮捕爲非法。由以上兩案，美國法院實務通說認爲「相當理由」之概然率至少須高到「接近百分之五十」。

然從零到百分之五十仍有廣大空間，這當中難道辦案人員對嫌犯束手無策嗎？美國聯邦最高法院在一九六八年的 Terry 案判定警察雖尚無「相當理由」逮捕嫌犯，但如「合理懷疑」某人已經犯罪或即將犯罪時，得將其攔阻，並做必要之盤問與檢查（stop and frisk）。此判例在「單純懷疑」與「相當理由」之間開創出一個新的門檻：合理懷疑。

至於合理懷疑與相當理由如何區別？其概然率是百分之多少呢？有一案可供參考：一九八八年聯邦上訴法院 Winsor 案中，銀行搶犯做案後躲進一家旅社內，該旅社總共有四十間房間，警方不知嫌犯躲在哪間客房，便向法官聲請搜索票打算搜索全部四十間之客房，後來法官拒絕核發，理由是四十分之一之概率不足以構成「相當理由」。但該判決指出本案其實有「合理懷疑」，所以正確的做法應是警察逐間敲門請求房客配合做「警察盤查」，當剩下二至三間客房未經查訪時，再來聲請搜索票搜索該二至三間客房即可獲准。可見有時候四十分之一之概然率也足以構成合理懷疑，法律問題並不是單純之數學問題。

我國刑事訴訟法第一百二十二條第二項與警察職權行使法第六條規定搜索與警察盤查之門檻時，分別使用「相當理由」與「合理懷疑」之名詞，可見此二法律概念在我國已經本土化。

（2008/4/27發表）

警察盤查時的身分查驗

九一一事件以後，保守主義在美國聯邦最高法院高漲的表徵之一，是對於警察盤查時能否查驗人民身分之見解，從否定改變爲肯定。

美國有不少州立法授權警察在盤查時得查驗人民的身分（統稱爲「攔阻與查驗身分法」，stop and identify statutes），但美國聯邦最高法院曾經判定這種法律違憲無效。

加州刑事法（California Penal Code）原有一規定：遊手好閒者（loitering），經警察盤查而拒絕表明身分或拒絕說明在場原因時，成立犯罪，警察得當場逮捕。不過，美國聯邦最高法院在一九八三年的 Kolender 案判決中，宣告該法條因違反聯邦憲法增訂條款第十四條「正當程序」而無效，理由是條文中「表明身分」（identify himself）的要求，語意過於模糊（vagueness），讓人民無所適從，且讓執法者有太多的裁量空間。

但到了九一一事件後的二○○四年 Hiibel 案，聯邦最高法院卻判定內華達州之類似立法合憲，第一個理由是內華達州的規定比加州多了一句「但不得被迫回答其他的問題」，只要被盤查人說出姓名即不會成立犯罪，並無「模糊」之處，所以並未違反增訂條款第十四條之正當程序原則。第二個理由是，盤查時讓警察獲得相對人之身分資訊，對於調查已發生的犯罪，或嚇阻即將發生的犯罪，均有莫大功能，所以應是「合理的」，故也沒有違反第四增訂條款「人民有不受不合理搜索權利」之規定。最後，聯邦最高法院認爲「姓名」並非「對己不利之陳述」，故強迫人民說出「姓名」，亦未違反第五增訂條款之「不自證己罪」原則。

平心而論，警察盤查時若欲排除心中的合理懷疑，並不一定要問及人民的身分。例如警察於深夜巡邏時，看到一名男子在某棟豪宅外徘徊，合理懷疑其正要行竊，即上前盤查，此時有兩種詢問方式：（一）請對方表明身分；（二）請對方說明在場原因。如果對方已說明其正在等女友，且後來果眞有一女子出現，警察之合理懷疑即已排除，並不一定要採第（一）方式追問其身分。所以從必要性而言，法律並不一定要授權警察有絕對的身分查驗權。

不過，在非法外勞或偷渡客盛行的國家，都將身分查驗列爲警察盤查時當然的作爲（例如德國）。因我國亦有相同的社會背景，所以在警察職權行使法明訂盤查時得「詢問姓名、出生年月日、出生地、國籍、住居所及身分證統一編號等」，或「令出示身分證明文件」，無法當場查明時，並得將相對人強制帶往警察局查驗，留置期間最長可達三小時。對於拒絕或不實陳述身分者，並得依社會秩序維護法處三日以下拘留或新台幣一萬兩千元以下罰鍰（行政罰，非刑事犯罪）。我國這些法律規定之合憲性，至今尚未受到挑戰。

（2008/9/28發表）

搜索現場的警察盤查

依我國法律，警察在執行搜索時得封鎖現場，限制所有在場人（包括事後證明爲無辜之第三者）的行動自由。但，警察能否進一步對在場人盤問身分，甚至搜身呢？

二〇〇二年一月，我任職台灣高等法院檢察署查緝黑金行動中心特偵組時，帶隊搜索某位立法委員所營公司，當我們進入現場出示搜索票後，該公司有兩名身分不詳的女性職員對執行人員充滿敵意，當場大吵大鬧，雖其程度還未到達刑事犯罪「妨害公務」之地步（亦即，我們並不能以現行犯逮捕之），但已讓整個行動受阻。

這時一位老練的制服警察出面，沉著地以堅定的語氣向該兩名女性職員說：「對不起，我是管區，我有必要臨檢，能否看一下妳們的身分證。」該兩名職員於出示身分證件後，可能因爲身分曝光，態度立即轉向和緩，加上執行人員以禮相待，後來整個搜索行動終於順利完成。

當天我除了佩服該名老練警察的精明能幹，內心一直在思索一個問題，在我國，搜索現場中，能否對在場人執行警察盤查？（要求查驗身分，是警察盤查，並非搜索。）

事實上，美國聯邦最高法院在一九七九年的 Ybarra 案判例就是探討此問題。該案中伊利諾州警探搜索一家酒吧，搜索票上記載的「應搜索之人」限於「名爲 Greg 之酒保」，並未及於「其他在場人」。但因當時的伊利諾州州法明文規定搜索時，得合理地「留置並搜索」所有之在場人（may reasonably detain to search any person in the place at the time）。所以警探們即當場對十幾名客人全部搜身，而在名爲 Ybarra 者之身上扣得毒品。

美國聯邦最高法院後來判定伊利諾州該條規定違憲無效，理由是搜索現場執行人員僅能暫時限制所有在場人的行動自由，但若要進一步進行搜身（frisk）時，則須對該相對人另有獨立的合理懷疑（a particularized and individualized suspicion），而不能機械式的對所有在場人爲之。

這個判例提醒我們，如果在場人並不是搜索票上記載的「應受搜索之身體」，其人身是憲法所保障的獨立空間，除非另有理由，不能在留置之後進一步加以盤查搜身。而前述立委辦公室案例，該兩名女性職員雖尚無「相當理由」足認有犯罪，但已有獨立的「合理懷疑」足認有妨害公務之虞，自得加以盤查。

二〇〇三年我國立法院在制訂警察職權行使法時，本來草案之第六條規定警察執行盤查的地點僅及於「公共場所」。在公聽會時，我舉出前述兩個中外案例，說服立法委員在「公共場所」後面加上「合法進入之場所」。如此警察始可在搜索現場，或配合其他公務員進入民宅、辦公室、工廠依法實施消防衛生等行政檢查之場合（均非屬公共場所），對「鬧場者」實施盤查。

（2008/8/10發表）

盤查時的警犬使用

警察在路檢盤查時，能否使用警犬嗅聞車輛有無違禁品？換言之，警察除使用自己的感官以外，能否借用犬隻的鼻子來查案？

首先，狗嗅（canine sniff）是否構成搜索？嗅聞行李是否等同於打開行李？如前文所述，是否構成搜索之關鍵點在於「有無侵犯到人民之合理的隱私期待」，狗嗅所得到的資訊會侵犯到隱私嗎？美國聯邦最高法院在一九八三年的 Place 案所給的答案是「不會」。

聯邦最高法院的理由是，受過良好訓練的犬隻，只會在行李中藏有毒品或爆裂物等違禁物時發出警訊，亦即，只會透露行李箱中「有法律所禁止的特定物品」，而不會說出「還有哪些東西」，所以並不等同於打開行李，亦即，並不會一併發現令人尷尬的其他隱私物品（例如色情期刊或保險套）。因此，聯邦最高法院的結論是「狗嗅並不構成搜索」。

雖然狗嗅並非搜索，但警察要對行李或車輛實施狗嗅時，一定要先將人民攔阻下來，而這種攔阻的前提要件就是要有「合理懷疑」（reasonable suspicion），所以警察並不得在無合理懷疑有人犯罪時，隨心所欲牽著警犬到處嗅聞人民的物品，以期有所獲。

但如果狗嗅與交通路檢結合呢？警察能否在交通路檢時，以「搭便車」的方式使用警犬嗅聞違規駕車人的車上有無毒品？美國聯邦最高法院二〇〇五年 Caballes 案判決所給的答案是「可以」。

該案中的伊利諾州警察將超速違規的駕駛人攔阻到路邊，另一名緝毒組警察聽到無線電通報，即帶著一隻警犬趕到現場。到達時該駕駛人已在警車內，先前的州警正在開警告單（warning ticket），緝毒警探即利用該空檔牽著警犬繞行該違規車輛，結果警犬對著後車廂發出內有毒品的警訊，警察於是搜索該車，並起出一批大麻。該名駕駛因而在第一審被判處有期徒刑十二年，併科二十五萬六千一百三十六元美金之罰金（即該批大麻之市價）。

被告上訴主張警察在無合理懷疑之情形下，即使用警犬嗅聞其車輛，是「不合理的搜索」。但聯邦最高法院指出本件交通違規攔阻部分是合法的，且警察是趁開立罰單的時間來實施狗嗅，並未刻意延長留置時間（前後不到十分鐘），加上狗嗅本身並不構成搜索，因此該批大麻應是合法扣押，可以用來定被告之罪。

本件判決被視爲九一一事件後保守主義在美國聯邦最高法院抬頭的表徵之一，有學者預測該法院將來會進一步容許警察盤查時使用警犬嗅聞人的身體（而不僅是車輛或物品）。所以讀者們如果在美國機場或路旁遭警犬嗅聞身體，也只能抱怨：「都是九一一惹的禍。」當然，就如 Caballes 案宣判後新聞報導所戲稱的：「如果您要在美國運毒，千萬不要違反交通規則。」

（2008/10/5發表）

後記

雖然美國聯邦最高法院對路檢時之狗嗅採高度之容忍性，但對於住宅之狗嗅，則有不同態度。此案例是二〇一三年三月二十六日宣判的 *Florida v. Jardines*，該案中警察依據線報到一民宅查訪是否屋內種有大麻，在僅有合理懷疑而沒有相當理由（probable cause）之情形下，警察即牽一隻受過毒品訓練的警犬在該屋之大門門廊（porch）嗅聞，結果警犬發出內有大麻之反應。警方即依據該警犬之反應加上線民之通報，向法院聲請搜索票獲准，入內搜索而扣得大麻。但聯邦最高法院判定警方在沒有相當理由之情況下即在住宅範圍內做狗嗅之蒐證，本身就是違法搜索，所以所獲取之資訊已受污染，並不得做爲聲請搜索票之依據，而判定該搜索票無效。該判決認爲住宅與機場行李或路檢時之車輛不同，必須受到更嚴格的保護。所以狗嗅是否構成搜索，依美國聯邦最高法院之新見解，須看場所與標的而定，這就是英美判例活潑的一面。

警察盤查時能否拔槍

二〇〇八年八月二十一日凌晨，彰化縣警察局田中分局兩名員警獲報有人偷車，前往現場盤查時，被一名男子持槍掃射，其中一名員警中彈受傷，至今尚未脫離險境。此案再度證實警察盤查具有潛在性的生死危機，不容有絲毫輕忽。

事後檢討，本件如果員警在走近嫌犯座車時，能先拔槍對準車內之人，或許就能保護自己。問題是，法律上警察盤查時能拔槍嗎？這種動作是否就等同於「大軍壓境」？

警察盤查與逮捕並不相同，逮捕的門檻是「有相當理由足認有犯罪嫌疑」，但盤查則僅是「合理懷疑已經有人犯罪或即將犯罪」，門檻較低，所能做的作為原本較受限制。

警察盤查的合法標準作為有三：（一）攔阻（stop），即阻止相對人前進，但其強度尚不及於逮捕（arrest）。（二）詢問（question），即問一些排除合理懷疑所必要的問題，但其範圍不如偵訊（interrogate）廣泛。（三）搜身（frisk），即隔衣由上至下輕拍相對人身體以查明有無攜帶武器，其程度不如搜索（search）。簡單的說，警察盤查是「次級逮捕」加上「次級搜索」。

雖然盤查時警察所能做的動作，其強度不如逮捕與搜索，但其危險度卻相同，這也就是盤查之員警傷亡率高於逮捕與搜索之原因。

依據我國於二〇〇三年制訂的警察職權行使法，警察在盤查時得使用強制力之情況僅有兩種：（一）將被盤查人帶往勤務處所查驗身分遭抵抗時；（二）命駕駛下車而不從時。彰化員警所面臨之情況顯然尚未達到此二情況，好像不能拔槍。但其實在二〇〇二年制訂的警械使用條例第五條已明文規定：「警察人員依法令執行取締、盤查等勤務時，如有必要得命其停止舉動或高舉雙手，並檢查是否持有凶器。如遭抗拒，而有受到突擊之虞時，得依本條例規定使用警械。」

所以本件彰化員警在接近嫌犯座車時，應可以先喊話命車內之人將雙手伸出車外，如果不從，即可拔槍對準車內之人。

美國聯邦最高法院對盤查時警察得否拔槍並未直接討論過，但在一九八五年的 Hensley 案中，俄亥俄州警察接獲通報有疑似搶案要犯駕車出現時，在未遭任何抗拒前即「拔出其配置的左輪手槍對空」（with his service revolver drawn and pointed into the air）走近嫌犯的座車，再命車上之人下車，聯邦最高法法院最後判定該次盤查合法。

我國最高法院在二〇〇七年的一件判決中，容許警察在被盤查人駕車衝撞逃逸時對空鳴槍，但對於人民尚未有抗拒行爲時能否拔槍，則尚未表示見解。

依筆者淺見，人民於路檢時遭到警察拔槍相向，難免會有受辱之感。但對於警械使用過苛的限制，將使員警面對突襲時來不及反應。故人民實應容忍一時不便，以換取執法人員之生命安全。

（2008/9/14發表）

盤查時能否對逃逸者開槍

二〇〇八年九月二十九日薔蜜颱風來襲當天凌晨五時許，台北縣蘆州警方駕車在三重市追逐一部經盤查而逃逸的機車時，由後連開六槍，其中一發命中坐在後座的機車乘客後腦致其死亡，引發外界強烈質疑警方是否濫權執法。

我國刑事訴訟法第八十八條之一規定「經被盤查而逃逸」且情況急迫者，得逕行拘提之。同法第九十條並規定拘提時「得用強制力，但不得逾必要之程度」。故本件警方在被盤查人逃逸時加以追捕，應是於法有據，但，問題是「拒捕者僅是單純逃逸而未攻擊警察時，能使用何種程度的強制力」？

對此，美國聯邦最高法院二〇〇七年的 Scott 案值得我們參考。該案中喬治亞州州警測得一部汽車超速，即鳴笛尾隨命其停車，惟該車駕駛不從加速逃逸，數部警車獲報後加入追逐，並在一家大賣場的停車場進行包抄，但該車擦撞一部警車後續逃，經過前後六分鐘約十英哩之追逐後，其中一名警察 Scott 決定採取強制力終止該場追逐，即駕車用前方保險桿由後撞擊該車，不料該車竟因而失去重心翻覆路旁，致該名駕駛受有四肢麻痺的重傷害，因而對該名警察提出民事賠償訴訟。

本案爭點在於 Scott 警官之作爲，有無違反聯邦憲法第四增訂條款「人民有不受不合理搜索扣押的權利」之規定（按：追逐屬「對人的扣押」）。

聯邦最高法院在詳細檢視所有警車拍攝的追逐過程錄影帶後，做出「警方作爲並未違憲」的判決。該等錄影帶顯示出原告（即受傷之駕駛人）之車是在一條二線道的街道飛馳，蛇形超過至少十二部車，跨越黃色中線時逼得同向及對向車均往兩旁閃避以免被撞，好幾次闖紅燈並闖進左轉專用道，迫使後方的警車不得不以同樣的危險方式前進。

聯邦最高法院因此認爲 Scott 警官是爲了要保護沿路民眾的生命安全，始採取撞車的手段以終止追逐，當然撞車有導致死亡的可能，屬所謂「致命武力」（deadly force），但警察會陷入這種兩難式，事實上是逃逸者自己造成的，要終止這場追逐的最佳方式，應是逃逸者放棄逃逸，而非警方放棄追逐，從而判定 Scott 的作爲是「合理」而未違憲。

相反的在一九八五年的 Garner 案，田納西州警方徒步追逐一位瘦小未帶武器的年少竊賊，在其正欲翻牆逃逸時從背後開槍擊中後腦致其死亡。聯邦最高法院認爲該竊賊的逃逸行爲不論對警方或他人均不構成威脅，而判定警方的作爲屬「不合理」。

我國警械使用條例第四條與第五條亦有授權警方爲保護自己或他人安全，得使用警械。故本次蘆州警方的用槍是否合法，除查明開槍方向外，關鍵點之一，應在於該部機車在逃逸過程中，有無威脅到路旁民眾的生命安全。

（2008/10/12發表）

開槍或不開槍

二〇〇八年八月二十一日凌晨，彰化縣田中分局員警在盤查竊車嫌犯時，遭對方開槍擊中右眼，生命垂危。事隔一月後，九月二十九日凌晨，台北縣蘆州分局員警在盤查贓車時，開槍打中對方後腦，致其死亡。一是被開槍受重傷，一是開傷打死人，警察開槍或不開槍，確實是一個難解的兩難式。

我國法院判決對警察開槍所設門檻，相對於美國而言，確實是比較嚴苛。以一九九五年在台北縣三峽發生的案件爲例，該案中的竊車嫌犯被盤查時，先駕車衝撞一名員警倒地，接著將抓住車窗的另一員警拖行向前，第三名員警見狀拔槍射擊其輪胎，連發六槍仍無法阻止該車，只好再朝車窗擊發二槍，結果擊中嫌犯的肩部，致其出血過多而死亡。

本件開槍的員警被依業務過失致死罪提起公訴，經過法院八年審理結果，被判處有期徒刑四月確定。其間最高法院雖曾一度認爲應可成立正當防衛而撤銷有罪判決發回更審，但高等法院仍然判決有罪。

另一案件是一九九五年間桃園分局員警在盤查機車竊嫌時，先遭該機車衝撞，對空鳴槍後該機車轉頭逃逸，該員警爲阻止其逃逸，再次對空鳴槍，無效後即瞄準輪胎連開兩槍，不料卻分別擊中嫌犯之臀部及背部，因子彈貫穿心臟而死亡。該案歷經八年更審兩次之後，以有期徒刑十月併宣告緩刑確定。

我國法院在審理警察開槍致人於死之案件時，似乎較著重在「嫌犯有無攻擊警察」之調查，而對「嫌犯在逃逸過程中，有無威脅到旁人之安全」，則較少著墨。這種傾向會讓一般百姓誤以爲警察對拒捕逃逸者，只能在「保護自己」時，而不能在「保護他人」時用槍。

但事實上我國警械使用條例第四條第三款明定警察在「依法應逮捕、拘禁之人拒捕時」得使用槍械，並不以「遭受攻擊」做條件。而且同條第四款亦規定警察在「他人之生命、身體、自由、財產遭受危害或脅迫時」得使用槍械，並不限於「保護自己」。

美國多數州之州法規定，經警察告知逮捕意圖後仍逃逸者，若其過程對警察或第三人造成身體傷害之具體危險時（creating a substantial risk of causing bodily injury，不以發生實害爲必要），單獨成立一個「拒捕罪」（resisting arrest）。其基本思想就是「人民並無逃跑的權利」，除了保護公權力（警察）外，另外保護第三人（路人）之安全。反之，在我國必須對警察「施以強暴脅迫」才成立犯罪（刑法一三五條之妨害公務罪），逃逸本身不論多麼驚險，並不構成犯罪。警察執法之權威性，兩國之間自然會產生差異。

我國若能一方面放寬警察用槍的條件，一方面加強警察用槍時機的教育，或許即可在「開槍」與「不開槍」間，尋得一適當的均衡點。

（2008/10/19發表）

第五篇

行政搜索

〔前言〕

行政搜索指基於行政管理目的而做的搜索，例如環保署人員進入工廠檢查，其門檻低於犯罪調查之刑事搜索，並不用向法院聲請搜索票。一般之行政搜索大多有法律明文授權（例如水污染防治法），未明文者例如學校對學生之搜索、私人公司主管對員工之搜索，則較有爭議。

學校可以搜索學生書包嗎？（上）

二〇〇六年九月十二日台北市某國中男性老師於晨間升旗時，率領班上五名男同學翻搜全班同學之書包，以檢查有無違禁品，遭某女性學生之家長以侵犯隱私爲由，訴請法院損害賠償。後來台北地院宣判家長敗訴，引起國人熱烈討論：學校可否搜索學生書包？

此問題並無法以「全有」或「全無」之方式回答，而必須以法學上最「奸巧」的術語回答：「視具體情況認定之。」因爲其中的確涉及太多的法律概念與考量因素了。

首先，構成搜索之前提是已侵犯到「合理的隱私期待」（reasonable expectation of privacy），所以我們第一個要釐清的是：學生對於書包，有無合理的隱私期待？因在現代一般人的觀念中，書包有其隱密性與私人性，畢竟與書桌之桌面或開放式的抽屜不同，故學校人員翻搜學生書包已構成搜索，應可肯定。

接下來，學校在何種條件（門檻）下才能對學生實施搜索？美國聯邦最高法院在一九八五年之T. L. O. 案中指出，中學老師基於「確保一個健康與安全之學習環境」的「特殊需求」（special needs），翻搜一名十四歲女學生之皮包以確定其有無違反校規攜帶香菸，屬「行政搜索」（administrative search），與一般犯罪調查之「刑事搜索」不同，所以其門檻應從刑事搜索之「相當理由」（probable cause，約百分之五十之可能性）降低爲「合理懷疑」（reasonable suspicion，可能性略高於「純屬臆測」）。聯邦最高法院且進一步指出，基於違反校規檢查之快速性與不拘形式性，要求學校在每次檢查都須向法院聲請搜索票，將會嚴重妨害教育目的之實現，所以學校所爲之搜索應無庸有搜索票。

我國並無「行政搜索」之法律規定，但教育部頒訂的「學校訂定教師輔導與管教學生辦法注意事項」（其原始起草人就是最近聲名大噪的莊國榮先生）第二十八條規定：「爲維護學生之身體自主權與人格發展權，除法律有明文規定，或有相當理由及證據顯示特定學生涉嫌犯罪或攜帶第三十點第一項及第二項各款所列之違禁物品，或爲了避免緊急危害者外，教師及學校不得搜查學生身體及其私人物品（如書包、手提包等）。」明白指出因特定事故針對特定學生搜索時，無庸有搜索票，但其所設定的門檻標準是「相當理由」，似高於美國之T. L. O. 案之「合理懷疑」。由於台北地院之判決並未提到教育部之注意事項，所以此種高標準是否爲我國法院實務所贊同，尙有待來日最高法院以判例澄清之。

（2008/3/2發表）

學校可以搜索學生書包嗎？（中）

學校人員在有合理懷疑時，得搜索學生書包。問題是，學校只能針對一兩個特定學生，還是可以針對全班甚或全校同學搜索書包？從數學角度言之，搜索全班五十名同學之書包，等於是基於百分之二之可能性即發動行政調查，百分之二的可能性稱得上有合理懷疑嗎？法律概念可以用數學來計算嗎？

一九六九年我還在念國中一年級時，我與堂兄弟們從台中市搭乘員林客運回南投縣竹山鎮掃墓，車行至名間鄉附近時，塞滿五十名以上乘客的車內突傳來一名婦女的哀號「我的皮包不見了」，一陣騷動之後，客車司機決定將車子開往附近之派出所，所有乘客在搜身後才能離開，當時車上有一名身穿西裝的男士大聲抗議「你不能把車上的人全部當賊」而堅持跳車離去，之後眾人隨即在地板上發現有一皮包掉在地上，婦人破涕爲笑，但西裝扒手已逃之夭夭。直到我念法律後，才知道員林客運司機當時之做法就是典型的「集體盤查」。換句話說，所有車上的人都有「合理的懷疑」是扒手，所以全部被留置。

類似案件亦有可能在校園內發生，美國聯邦上訴法院一九九八年 DesRoches 案即是一例。該案中有一名公立中學女學生的球鞋在教室內失竊，學校老師們即時調查後研判竊賊應還留在教室內，遂徵詢全班十九名學生自願接受搜索手提包及背包，除一名學生外全部同意。校方在搜索完十八名學生後一無所獲，即要求該拒絕同意之學生接受搜索，否則將依校規停學十天。該名學生仍然拒絕，隨即被停學十天。學生家長不服提起民事訴訟，主張校方之強迫搜索違法。然聯邦上訴法院支持校方，認爲在其餘十八名學生之搜索無所獲後，對該第十九名學生已有「個別之懷疑」（individualized suspicion）。

由上可知，當特定事件發生後，有時對全體人員均有合理懷疑，並不能用人數除一所算出之概然率來做標準。

前面所述者，均是在有特定事件發生後之狀況，如果無特定事件，學校能不能基於「校園掃毒」或「校園掃黑」等政策上之理由，對全體學生不定期突襲搜索書包？美國聯邦最高法院尚未直接對此問題表示意見，但在一九九五年的 Vernonia 案與二〇〇二年之 Pottawatomie 案中，該法院認爲公立高中在「反毒運動」（War on Drug）中，要求所有運動員或所有參與課外活動的學生，必須同意接受不定期之藥物尿液檢測，並未違憲。依此推論，學校人員若遵從一套政策與計畫，不定時抽檢全體學生之書包，應爲法律所允許。當然，此問題在我國仍有待最高法院以判例釐清之。

（2008/3/9發表）

學校可以搜索學生書包嗎？（下）

學校對全班或全校學生進行搜索，若是在特定事件之後，例如有人在教室或校園內失竊物品，其「合理懷疑」之建立應較無問題。但若無任何事件發生，可否定期或不定期檢查全體學生的物品？

政府對人民實施行政檢查並非少見，例如警察、環保、建管、消防、衛生單位對爆竹工廠、當舖、汽車回收廠、化工廠等特定行業及民宅之入內檢查。這些行政檢查實際上與「刑事搜索」無異，都是侵入人民具有「合理隱私期待」的空間，但我們爲何僅聽說過警察進入民宅搜索刑事證據必須向法院聲請搜索票，但從來沒有聽說過環保署人員必須向法院聲請搜索票才能進入工廠檢查？

美國聯邦最高法院一直到一九六七年才在 Camara 案中探討此問題，該案判決認定市政府衛生官員進入民宅實施行政檢查屬「搜索」之一種，惟因其有公共利益之特殊需求，門檻應放棄刑事搜索之「相當理由」，而僅須符合「合理的立法上或行政上之標準」即可。且爲了防止行政人員之濫權，某些較少見的行政檢查必須向法院聲請「行政搜索票」（administrative search warrant）。

在後來之判例中，經聯邦最高法院判定「不必聲請搜索票」之行政搜索計有：對販槍業者之不定期檢查、邊境之車輛檢查、交通檢查哨、對特定學生搜索香菸、對汽車廢棄場之不定期檢查、假釋官對假釋者之住宅搜索、公家機關對所屬公務員辦公室之搜索、事故發生後對所有相關鐵路員工之驗尿、對海關人員之驗尿、對學生運動員之驗尿、對參加課外活動學生之驗尿。

我國警察職權行使法第六條規定分局長以上之警察機關長官，爲防止犯罪，或處理重大公共安全或社會秩序事件，得指定場所或路段設置管制站，對所有行經該處之人進行身分查驗（即所謂之擴大臨檢），即屬計畫性之集體盤查。另教育部頒訂的「學校訂定教師輔導與管教學生辦法注意事項」第二十九條規定爲維護校園安全，學校得訂定規則，由學務處（訓導處）會同家長會代表等第三人，針對學生宿舍；或基於「合理懷疑」針對學生之私人物品

（如書包、手提包等）或專屬學生私人管領之空間（如抽屜或上鎖之置物櫃等），進行定期或不定期的安全檢查，應亦屬「計畫性與政策性之行政檢查」。

由上可知，我國教育部對於搜索學生之基本構想是：特定事故後之搜索門檻為「相當理由」（前述注意事項第二十八條）；無特定事故之定期或不定期安全檢查，其搜索門檻則降低為「合理懷疑」，其中對學生宿舍之安檢再放寬到「依規則」即可（第二十九條）。這種規定比美國聯邦法院判決嚴苛，是否會被我國法院採納，仍有待判例澄清之。

（2008/3/16發表）

主管可以搜索員工之辦公室嗎？

不論是公家或私人機關，單位主管都有可能面臨是否要翻搜下屬辦公室、辦公桌或文件櫃之情形，例如員工不在，但機關急著要找某件公文；又如為確定某職員是否違規使用隨身碟，而必須以備用鑰匙打開其抽屜。主管在這些情形下若未經員工同意而逕行翻搜，是否會構成違法搜索？

我們第一個要問的問題仍然是：員工對於辦公處所是否有「合理的隱私期待」？由於辦

公場所是機關爲達成事業目的而無償提供給員工使用者，所以理論上，員工只能針對機關主管以外之第三人主張隱私期待，對於主管本人而言，員工之隱私期待應是不合理的。美國聯邦檢察官在一九八七年的 O'Connor 案中，就是這麼主張。但這種主張僅獲聯邦最高法院之部分贊同。

該案中有一位公立醫院之醫師涉嫌性騷擾女性員工，並違反醫院內規將院內之手提電腦攜出院外，醫院主管趁其強制休假時，以清點醫院財產爲由，進入其辦公室實施翻搜，並從辦公桌及文件櫃中扣得一些用來做爲懲戒理由之文件與物品，該醫師後來控告院方違法搜索。聯邦最高法院在判決中指出，員工並非對辦公處所絕對無合理之隱私期待，而必須視具體情況認定之。如果該空間是與他人分享，或他人得任意侵入，則應無合理之隱私期待；若該空間係員工所長久獨享，則應有其合理之隱私期待。由於本案之醫師獨占其辦公室已達十七年之久，所以應有合理之隱私期待。

但美國憲法第四增訂條款僅要求不得有「不合理之搜索」，而非不得搜索，所以接下來要探討的，是在何種情形下，機關主管對下屬之搜索是「合理的」。聯邦最高法院援引一九六七年 Camara 案行政搜索之概念，在衡量「政府機關追求行政效率與紀律」與「私人隱私」兩大利益之輕重後，指出辦公室主管若是基於「非調查性質」（例如僅是想找出一份文件）或「與機關行政管理有關之調查」（非單純出於犯罪調查）之目的，而未經同意搜索員工辦公室，應是合理的。再者，由於機關主管並無犯罪調查之專業知識，所以其對下屬辦公室的搜索門檻應從「犯罪搜索」之「相當理由」降低爲「合理懷疑」。聯邦最高法院更進一步指出，此種「與工作有關」（work-related）之辦公室搜索若要求機關主管必須向法院聲請搜索票，是不切實際且會嚴重妨害行政目的之實現，所以應可在無票下進行搜索。

值得注意的是，聯邦最高法院還指出若機關有一明確的政策，讓員工知悉該機關辦公室搜索之條件與程序（含提醒員工儘量避免在辦公室內放置隱私物品），則較能免除違法搜索之虞。此點應可供我國參考。

（2008/3/23發表）

後記

如同O'Connor案所指出者，一般企業爲了避免糾紛，通常在僱傭契約內就會約定，公司主管可以隨時進入員工的辦公室電腦檢視電子郵件信箱或其他下載資料等紀錄，以利檢查「工作勤怠」、「有無盜取公司營業祕密」等情事，此種約定在法律上應是有效的。但在美國曾發生糾紛的是，公司員工因勞務糾紛與公司興訟，公司遂依據前述行政管理約定，進入員工之辦公室電腦觀看該員工與其律師間之通信，以「刺探軍情」，這種舉動就牽涉到「律師與客戶間之通訊祕密」了（請參本書〈辯護律師的拒證特權〉一文），那到底是契約優先？還是律師與客戶間之通訊祕密優先？有鑑於美國法院並無統一見解，美國律師公會在二

○一一年曾出具意見書 Opinion 11-459（Aug. 4, 2011），建議所有律師應該在一接到案件後，就馬上警告員工不要使用辦公室電腦與律師聯絡，以免被公司看光光而輸掉官司。

第六篇

正當程序下的偵查作爲

〔前言〕

同一個案件由不同的人偵查，會有不同的結果，其原因包括切入點之選定、分析物證之耐心與能力、偵查技巧之運用，只會單刀直入問法律要件的偵查人員通常無法突破案情。但某些偵查作爲與技巧是遊走在法律邊緣，執行者須非常注意正當程序之遵守，以確保人權與證據能力。

訊問技巧與不當取供

陳前總統的律師近日模仿馬案辯護人的手法，在法院開庭前夕，率先向媒體公開播放偵查中的訊問光碟，並指摘檢察官不當取供。此事件引發的法律問題之一是：訊問技巧與不當取供如何區分？

我國刑事訴訟法第九十八條規定：「訊問被告應出以懇切之態度，不得用強暴、脅迫、利誘、詐欺、疲勞訊問或其他不正之方法」，此規定依最高法院見解，對訊問證人亦有適用。但所謂「脅迫、利誘、詐欺」之眞正內涵爲何？

我國最高法院多件判決指出，刑事訴訟法有關訊問被告之各種程序規範，主要在於擔保被告陳述之任意性（自由意思）與眞實性，故被告自白是否可採，應探討「該不正方法有無導致被告任意性的喪失」，且做此判斷時，應審酌偵訊過程所有之主客觀情況爲「綜合研判」。

我國最高法院的這種見解並非獨創，因美國聯邦最高法院亦一再強調被告自白是否可採，應以有無「自願性」（voluntariness）爲準，且應依「整體情況」（the totality of the circumstances）判斷之。

所以，絕對不是事後聽錄音帶，抓到問案者有一兩句話情緒激動或語帶威脅，就導出「不當取供」的結論。

事實上，美國法院給予警察偵訊技巧的運用非常大的空間，例如聯邦最高法院在一九六九年的 Frazier 案中，判定警察向隔離訊問的被告謊稱「在另一個房間的共犯已坦承與你共同犯罪了」（事實上沒有），是可以容許的訊問技巧。該院復於往後的其他判決中指出：「面對犯罪行爲，祕密手段與策略運用（stealth and strategy）是警察問案不可或缺的武器」、「米蘭達原則僅禁止脅迫逼供，並不禁止單純的策略性耍詐（Miranda forbids coercion, not mere strategic deception.）」。

聯邦下級審法院態度亦同，例如一九八八年聯邦第二巡迴上訴法院的 Scully 案中，嫌犯矢口否認犯行，扮白臉的警探假裝很沮喪，向嫌犯說「我已經盡力了，不得不將你交給壞警察去問了」，扮黑臉的警探即進來聲稱警方在現場有找到嫌犯之掌紋（事實上沒有），嫌犯終於自白犯罪，該法院仍判定該自白有自願性。

美國有些州法院，甚至在「口頭耍詐」外，進一步容許「書面耍詐」。例如一九九六年內華達州最高法院在 Bessey 案判決中，容許警察使用偽造的精液檢驗報告來「唬弄」性侵害犯罪的嫌犯，讓其心防崩潰而取得自白。

我國在一九八二年王迎先命案之後，經過多年的警政與司法改革，拷打逼供幾乎已經絕跡。如今被告辯護人動輒在法庭外公布偵訊光碟，可謂是矯枉過正的鐘擺效應。在這種充滿戲劇張力的檢辯衝突中，國人應保持冷靜，審慎區別訊問技巧與不當取供之不同。畢竟，一個只能對主動坦承犯行的被告定罪的軟弱司法，絕非國家之福。

（2009/3/23發表）

後記

本文中所述美國聯邦最高法院容許警察「策略性耍詐」之判決分別是 *United States v. Russell*, 411 U.S. 423（1973）與 *Illinois v. Perkins*, 496 U.S. 292（1990），但如果警察刑求，那就當然違反正當法律程序原則，取得之自白絕對無證據能力，參 *Brown v. Mississippi*, 297 U.S. 278（1936）。

我國刑事訴訟法於二〇〇三年二月修法時規定：「被告或共犯之自白，不得作爲有罪判決之唯一證據，仍應調查其他必要之證據，以察其是否與事實相符。」除「被告」外，又加上「共犯」，算是非常先進的立法。因此在我國縱使兩名被告互相承認與對方一起犯案，如果檢察官提不出其他旁證，法院仍然會判無罪。在這種前提下，給予警察較寬廣的偵訊技巧空間，再嚴格要求其他旁證，就可以避免冤枉無辜。

單一指認並非當然違背程序

台中市竹竿性侵女童案纏訟十三年後，以無罪定讞，理由之一是當年警方係單獨提示謝姓嫌犯一人之照片供被害人指認，屬「單一指認」而非「成列指認」（line-up，有摻雜嫌犯以外之人），程序上有瑕疵致指認無效。但，單一指認絕對無證據能力嗎？

所謂「違反正當程序之指認」，並非等於「單一指認」。反之，並非「排排站」即能符合正當法律程序。事實上，美國有關指認程序之先導判例即一九六九年的 Foster 案中，遭聯邦最高法院判定違反正當法律程序之指認，本身就是「排排站」。該案中警方所安排之「陪站者」都比被告矮數吋，且只有被告身穿被害人所描述之夾克，且在第二次的指認時，所有上台者中只有被告是第二次上台，此種安排充滿暗示性，聯邦最高法院因而判定違憲。

反之，在美國並非所有之單一指認均屬違背正當法律程序。例如一九六七年的 Stovall 案，警方在案發後之次日將該嫌犯帶至病房給生命垂危的被害人指認，聯邦最高法院判定有證據能力。另在一九六八年的 Simmons 案，警方以照片做搶犯之單一指認，聯邦最高法院判定由於證人有機會詳細觀察搶犯之長相，所以並未違背正當程序。另在一九七二年的 Neil 案中，警方在性侵害案件案發後兩個多月，請被害人到警局做單一指認，並命嫌犯重複說「閉嘴，否則我要殺死你」等語供被害人辨識。聯邦最高法院亦以被害人在犯罪發生時有長時間觀察行為人之容貌為由，判定其指認應有證據能力。另在一九七七年的 Manson 案中，一名臥底警探至販毒者之公寓購買二十美元的毒品，回到警局後，聽到其描述販毒者長相之同事，調出被告之檔案照片供該警探做單一指認，聯邦最高法院仍判定有證據能力。

我國在二〇〇一年公布的「警察機關實施指認犯罪嫌疑人程序要領」第一條明文規定「應為非一對一指之成列指認（選擇式指認）」，致某些法院直接判定偵查中的「單一指認」是違背法定程序而無證據能力。但這種看法實屬過苛，我國最高法院二〇〇七年的一項判決，就指出單一指認的被害人若在案發時「確能對犯罪嫌疑人觀察明白」，且在審判中有經過交互詰問，仍有證據能力，可謂與美國聯邦最高法院採相同看法。

至於如何確定證人（含被害人）指認之可靠性？美國聯邦最高法院在前述 Manson 案提出五個要項：（一）犯罪發生時證人有無觀看行爲人之機會；（二）證人當時注意到行爲人之程度；（三）證人在指認前對行爲人特徵之描述的準確度；（四）指認時證人之確定程度；（五）犯罪發生時與指認時相距之時間如何？稱之爲「緬森測試準則」（Manson Test），可供我國參考。

（2009/12/6發表）

抓耙仔與陷害教唆

選舉期間，藍綠陣營均互指對方有人當過「抓耙仔」。事實上，「抓耙仔」（線民）在法治國家已法制化，其運用可分爲犯罪預防、情報蒐集與犯罪調查三方面。

我國警察職權行使法第十二條規定，警察爲防止犯罪得遴選第三人祕密蒐集相關資料，指的是「犯罪預防用的抓耙仔」。另國家情報工作法第七條規定，情報機關必要時得祕密運用人員，則是指「國安情蒐用的抓耙仔」（藍綠互指的，應是此類）。但在犯罪調查方面（用來蒐集犯罪證據之抓耙仔），由於法無明文，所以有若干法律爭議。

第一個問題是，警察能否請線民佯向毒販購買毒品，再以現行犯逮捕之？這種辦案手段絕對不是現代警探才使用，早在一九四〇年我國司法院就有一則解釋文：「某甲以鴉片樣品託乙介紹售賣乙佯與約定同往鄉間銷售，並囑隨帶鴉片至某地會晤，迨甲如約至某地，乙即暗示另探將甲拘獲者，某甲應成立意圖販賣而持有鴉片之罪。」可見當時司法院並不認爲此手段有何不妥。

美國法院對這種抓耙仔抗辯原來也是不屑一顧，例如紐約州法院在一八六四年的一個判決，即引用舊約聖經夏娃向耶和華辯稱「是蛇引誘我，我才吃禁果」的故事，來駁回被告之抗辯。但隨著人權意識的高漲，這種辦案手段的正當性從二十世紀上半葉開始受到挑戰，美國聯邦最高法院做出數則相關判例，結論是：如果嫌犯本來就有犯意（甚至已連續多次犯罪），警察爲了要誘使其現身犯罪而故意提供其犯罪之機會，應僅是「誘捕」（decoy, buy and bust），並未違法。但若嫌犯本來沒犯意，經過線民慫恿之後，才產生犯意，則會構成「陷害教唆」（entrapment），而不能論罪。

我國約在十年前開始有多數被告提出陷害教唆抗辯，當時一些下級審法院對此新興名詞並非十分清楚，因此有不少「誘捕」型案件被判定爲「陷害教唆」而宣告被告無罪，讓檢警受到不少挫折。但最近兩三年來，我國最高法院終於以判例澄清兩者之區別，所採見解大致上與美國法院相同。

至於如何認定原來有無犯意？美國聯邦最高法院採主觀說，即檢察官須以性格證據（含最近之犯罪前科）證明被鼓動人原已有犯罪傾向（predisposition）。例如在一九七三年的Russell案中，臥底警探向嫌犯買得少量安非他命後，主動提供製造原料麻黃素二十公斤給嫌犯，至嫌犯製造完成要交貨時，始加以逮捕，聯邦最高法院判定爲「不構成陷害教唆」。但在一九九二年的Jacobson案中，警探連續寄送兒童色情圖片的廣告給被告長達兩年，最後才在被告取貨時下手逮人，聯邦最高法院判定檢方未能證明被告原已有犯罪傾向，所以推翻被告之有罪判決。

（2008/4/6發表）

抓耙仔與違法搜索

抓耙仔辦案除「誘捕」與「陷害教唆」外，另有爭議的方式之一是：可不可以派遣線民（informant，未具警察身分）或臥底警探（undercover，具有警察身分）佯爲拜訪嫌犯住處，再順手牽羊偷出犯罪證據？

美國聯邦最高法院在一九二一年的 Gouled 案即是處理此種案型，該案中一名臥底警探佯為訪客進入嫌犯的家中，趁其不注意時偷拿了數件文件做為犯罪證據。聯邦最高法院認為所謂不合理的搜索，並不只限於無搜索票下以暴力或威脅手段入屋搜索，尚包括以竊賊或詐騙（隱藏身分）方式進入住宅取得證物，所以判定本件屬違法搜索。

但如果沒有偷竊行為，只是派遣線民取得對方信任後「打進」犯罪集團，在場聆聽（當著嫌犯的面，不是偷聽）所有犯罪過程，再出庭做證呢？一九六六年的 Hoffa 案就是典型的案例（此案曾於一九九二年被拍成電影《超級（最後）巨人》），該案一位名叫 Partin 的線民於美國工會霸主 Hoffa 受審期間混進其陣營，在旅社房間內多次當面聽到 Hoffa 與其他共同被告討論行賄陪審員之細節，後來 Partin 在檢方控訴 Hoffa 行賄陪審員罪之審判中出庭做證，Hoffa 因而被判有罪。被告上訴之理由之一，就是線民奉警探之命進入偷聽，與進入偷物無異，依據前述 Gouled 案，同屬違法搜索。

然聯邦最高法院認為線民 Partin 是被告 Hoffa 自己邀請進門的，一些不利於己的話也是 Hoffa 自願在 Partin 面前講出來的。Hoffa 所信賴的並不是旅社房間的安全隱密性，而是他自己對 Paring 不會說出去的信心，所以本案並未有任何形式的「搜索」發生，而駁回被告有關違法搜索之主張。

接下來，如果線民不僅是進去屋子聽，而且身上還帶錄音機偷錄（沒有聲請監聽票），該錄音帶是否爲違法搜索之扣押物？美國聯邦最高法院在一九六三年的 Lopez 案所給的答案是「否定」。該案的嫌犯在稅務員實地查訪其所營餐廳時企圖行賄，稅務員於第二次查訪時身藏錄音機錄下行賄過程。聯邦最高法院認爲既然該稅務員本人可以出庭做證，錄音帶只不過是加強其記憶之旁證，而且，通話者之一方或經其同意所爲之錄音，依先前一九五七年之 Ruthbun 案判例，本就不構成竊聽，所以判定該錄音帶得做爲犯罪證據。

後來在一九七一年的 White 案，聯邦最高法院更進一步判定，在沒有監聽票下，線民身上暗藏音波收發器，將其與嫌犯在屋內之販毒對話內容傳送至外給警探偷聽並錄音，並不成立違法搜索，理由是任何人將話說出後，都應預知對方來日有可能出賣他，所以針對該對方，談話內容已無「合理的隱私期待」，該傳送既是由該對方所爲，即不構成搜索。

（2008/4/13發表）

抓耙仔與選任律師權

抓耙仔辦案，除涉及是否成立「陷害教唆」、「違法搜索監聽」外，另一爭議是：「有無剝奪被告之選任辯護人權」。

不論在美國或我國，當一位警察正式偵訊嫌犯前，他都必須告知其所涉罪名、緘默權與選任辯護人權。但當一位警方線民或臥底警探開始向嫌犯套話時，卻未如此做，是否成立違法偵訊呢？

一九八四年美國伊利諾州發生了一件謀殺案懸未破案，兩年後一名剛出獄的人犯 Charlton 告知警方，其獄中牢友 Perkins 自誇是做案人，警方於是派一名臥底警探偕同 Charlton 假裝共犯竊盜罪進去與 Perkins 住同一牢房，建立友誼後，該名臥底佯邀 Charlton 與 Perkins 一起越獄，並稱必要時可能要殺人，還問 Perkins：「以前幹過嗎？」Perkins 於是詳細說出兩年前謀殺案之一切細節。後來 Perkins 被檢察官以謀殺罪提起公訴，該名臥底出庭引述被告 Perkins 當天在獄中之一切自白做爲證據。被告則主張因談話前未告知罪名亦未選任辯護人，故屬違法偵訊，該段自白應無證據能力。

聯邦最高法院於一九九〇年判定此段自白有效，可以做爲犯罪證據。其理由是嫌犯在起訴前之選任辯護人權，依據一九六六年之 Miranda 判例，必須是在接受「拘禁狀態下之偵訊」（custodial interrogation）時才啓動。如果嫌犯根本不知道對方是警察，或者雖然知道是警察但並未處於拘禁狀態，心理不可能受到脅迫，即無庸給予 Miranda warnings（米蘭達警語，即罪名與權利告知）。本件臥底警探與被告談話時雖在牢房中，但因被告對臥底之眞實身分渾然不覺，所以完全感受不到「警方掌握下之氣氛」（police-dominated atmosphere），此時並不須要有律師在場。

須注意的是，前文所述之 Lopez 案與 White 案所偷錄的是現在進行式的犯罪，本文 Perkins 案臥底警探所套取的，是以前的案件的案情，所以都沒有辯護人的問題。若是對有辯護人之在押被告套取本案之案情，則極有可能變成違法偵訊。例如在一九六四年的 Massiah 案中，有選任辯護人之被告起訴後交保在外，警方取得共犯之同意，在車上故意套取被告有關本案之不利於己之陳述並加以偷錄。美國聯邦最高法院判定因爲警方是在起訴後指示線民故意套話（而不是被告自己主動說出），所以應通知其選任辯護人到場，否則是違法偵訊。

我國通訊保障及監察法第二十九條規定通訊之一方自己偷錄或得通訊之一方同意而偷錄，若非出於不法目的，不罰，所以警方指使線民與嫌犯對話時偷錄，應與美國一樣，不會構成違法監聽。但由於我國刑事訴訟法第二十七條第一項規定被告從警察調查時起即得選任辯護人，所以使用抓耙仔辦案時，同樣應注意到有無剝奪被告之選任辯護人權。

（2008/4/20發表）

人犯接見時之監視錄音

我國羈押法與監獄行刑法均規定，至看守所或監獄接見在押被告或受刑人時，應經監所長官准許，且「應監視之」，所以我國監所一向在人犯接見時全程錄音。

此些管制的最主要理由是人犯安全與監所秩序的管理，例如監獄行刑法第六十五條即規定「如在接見中發見有妨害監獄紀律時，得停止其接見」。

至於該些錄音之使用範圍爲何？能否做爲證據？因羈押法第二十八條規定「被告在所之言語、行狀、發受書信之內容可供偵查或審判上之參考者，應呈報檢察官或法院」，所以在檢察官或法官函調時，該些錄音帶確實有可能被當做犯罪證據。

例如在二〇〇三年我國最高法院的一件判決中，涉嫌持有槍枝的被告，被判決有罪的證據之一，就是被告在被逮捕前，至看守所會見被收押的共犯時，看守所監視錄音帶的譯文（該共犯在接見時向被告說：「你自己小心一點，（槍枝上）指紋已送去比對，家裡不要再住了」、「蔡〇〇已經供出槍枝來源是你的」等語）。最高法院明確指出該錄音帶之譯文是看守所管理員「依法監視所爲之錄音帶所譯」，所以「有證據能力」。

若接見是發生在監獄，我國最高法院在二〇〇四年之一件判決中，亦採相同見解。該案的被告於任職監獄管理員期間，向某新進受刑人之妻謊稱可以花錢打通關節，讓其丈夫在牢裡面好過一點，而詐得四萬五千元。過程中，該妻子前往監獄接見受刑人談及送錢事時，經獄方例行性全程錄音。

後來該段錄音被檢察官做爲證明被告犯貪污罪之證據，被告主張是違法監聽，但最高法院不採，認爲監獄行刑法第六十五條既然授權監獄在接見時「應加監視」，則該些錄音「於比例原則並無違背，性質上係屬依法令之行爲……具有證據能力，而得據爲裁判基礎」。

監所接見時之錄音內容不一定全部對被告不利，實務上當被告提出刑求抗辯時（即主張警詢時被刑求才承認犯罪），法官經常依職權，或依被告辯護律師之聲請，調取案發後被告家屬第一次至看守所接見被告時之錄音帶（光碟），核聽當時被告有無向家屬訴苦被刑求，若有，被告在法庭內所述被刑求之可信度即較高（因爲與先前之庭外陳述相符）。

但如果接見者是被告之律師，而非朋友或家屬時，該些錄音能否用來定被告之罪呢？因爲牽涉到律師與被告間之祕密溝通權，問題就不是那麼單純。我國最高法院至今尚未對此問題表示意見，但二〇〇九年一月二十三日出爐的大法官會議釋字第六五四號解釋則採否定說（不能用來定被告之罪）。

此號解釋所牽涉的法律概念，以及所引發的實務困難，必須從辯護律師的拒絕作證特權談起，有待下文討論。

（2009/2/22發表）

辯護律師的拒證特權

我國刑事訴訟法第一百八十二條規定「辯護人……就其因業務所知悉有關他人祕密之事項受訊問者，除經本人允許者外，得拒絕證言」，此即辯護律師的拒證特權。惟本條條文之內涵為何，我國法院判決甚少討論，疑義仍多。

美國證據法權威學者 Wigmore 為「辯護律師的拒證特權」（attorney-client privilege）所下之定義為：（一）當一位律師以法律顧問身分；（二）應當事人要求提供法律意見時；（三）該當事人為該目的；（四）所為之祕密陳述；（五）得依該當事人之請求，免由其本人或律師揭露之；（六）除非該保護經棄權。

依此定義可知，並非所有律師與其當事人間之對話，皆受此拒證特權保護。例如：（一）律師以大學同學立場與被告聊天；（二）律師未受委任主動提供被告法律意見；（三）被告向律師說話之目的僅是單純請律師傳話給他人（例如在押被告請律師轉告其會計趕快領錢還給某位債權人）；（四）被告在公開場合（例如公司股東大會）請教其律師法律問題；（五）被告本人或律師經法院傳喚時未主張拒絕做證；（六）被告本人同意律師說出來時，均不在此特權之保護範圍內。

法律之所以要保障辯護律師與被告間之「溝通祕密」的最大原因，是要讓被告能在其律師面前充分陳述（講老實話，含自白犯罪），以便其辯護人能有效地為其辯護。故這項特權雖然是由律師來行使（在被傳訊時主張拒絕作證），但其所保護者，是被告本人而非律師，故當被告明白表示棄權（或因某些作爲被視爲棄權）時，法院即得強迫律師做證。

也因爲這項拒證特權的目的是在保障被告之訴訟防禦權，所以只限於對「過去的犯罪事實」（例如被告向律師說「我在上個月確實殺了一個人」）有所保護，但如果被告向律師說出「我已派人準備在明天殺死證人某甲」時，因所涉及者是未來的犯罪事實，該律師即無保密義務，法院亦得強迫其做證（此種例外在美國稱爲 crime-fraud exception）。

此外，此項特權所保障者，既是「溝通」（communication，含電磁或書面紀錄），所以並不包含物證（physical evidence）。故若被告將犯罪物證（例如做假帳的會計憑證）交付給律師保管，檢察官仍得向法院聲請搜索票扣押之。

我國看守所本來在被告接見律師時，不論任何情形一律加以全程錄音，惟此種做法經大法官會議在二〇〇九年一月二十三日以釋字第六五四號宣告違憲，其出發點便是保障被告與辯護律師間之祕密溝通（通信）權。

此號解釋之後，很多人在問：在押且被禁止接見通信的被告，一般仍得在看守所接見其律師，如果完全禁止錄音，如何防止律師與被告勾串證人或湮滅證據？此問題留待下文討論。

（2009/3/1發表）

律師接見被告時得否監錄

律師接見在押被告時，看守所得否加以錄音？該錄音內容得否做爲本案有罪判決的證據？這是二〇〇九年一月二十三日出爐的大法官釋字第六五四號解釋的核心問題。

由於我國羈押法明文規定律師在接見被告時「應監視之」，所以看守所一向對其過程全程錄音（有告知當事人正在錄音中）。加上同法又規定「被告在所之言語……內容可供偵查或審判上之參考者，應呈報檢察官或法院」，所以這些錄音理論上確有可能被拿來做爲被告定罪之證據。

問題在於，本來律師依據刑事訴訟法第一百八十二條，關於其與當事人間之祕密對話內容，可以拒絕作證。如果這些接見錄音來日可以被拿到法庭當做犯罪證據，該拒證特權（attorney-client privilege）豈不落空？

所以釋字六五四號指出兩件事：（一）不問是否爲達成羈押目的或維持押所秩序之必要，一律在律師接見被告時加以錄音，是違反比例原則（網撒得太大了）；（二）律師接見被告時之錄音，不得做爲認定被告「本案」犯罪事實之證據。

但不錄音時，若律師與被告於接見時勾串滅證或討論另犯他罪，檢察官勢必無法證明，此種兩難式如何解套？美國聯邦最高法院一九八九年 **Zolin** 案的判決可供參考。

該案中，美國國稅局（**IRS**）請求法院命令一家公司交出其負責人與律師間的談話錄音帶，該公司主張「律師與被告間祕密溝通特權」，拒絕交出，但國稅局認爲錄音帶內容涉及未來的犯罪，符合「犯罪詐欺」的例外（crime-fraud exception），應不受該特權之保護。問題在於，不聽內容，如何得知裡面有無談論到另外計畫中的犯罪呢？

美國聯邦最高法院後來採用的解套方式是：如果檢方能夠提出令人「合理相信」錄音內容會符合例外情形之證據時，得將錄音帶交由一位中立法官，以不公開的方式（in camera review）核聽內容。

此項美國法院判決給我們的最大啓示是：「錄音」與「錄音的使用」可以分開處理，對於「錄音」可以採較開放的方式（保全證據，以備不時之需），但對於「錄音的使用」，則可以設較嚴格的限制。

所以在六五四號解釋之下，對羈押法可做的修正是：僅針對「禁止接見通信之被告」（而非所有的在押被告）在律師接見時加以全程錄音，錄後馬上由被告與律師會同看守所管理員簽名封緘。該等錄音不得做爲本案之有罪證據，僅在有事實足信律師與被告有勾串滅證或討論其他犯罪之嫌疑時，才能交由一位「承審法官以外的法官」會同律師與被告拆封，並以非公開之方式核聽內容，再決定得否使用。

至於被告所接見者並非其辯護律師時（例如家人或朋友），依我國最高法院的見解，應仍得全程錄音，且該錄音可以做爲犯罪證據。

（2009/3/8發表）

後記

釋字六五四號後，立法院於二〇一〇年五月修訂羈押法時，在第二十三條之一明定「被告與其辯護人接見時，除法律另有規定外，看守所管理人員僅得監看而不與聞」，並未採行「錄而不用」之折衷方式。所以現在看守所對律師接見被告時，除非法官另有指示，並不得錄音。

第七篇

被告人身自由之限制

〔前言〕

搜索監聽是侵犯到人民的隱私，逮捕羈押則是侵犯到人民的人身自由。在判決有罪前就先把一個人關起來，有無違背「無罪推定原則」，是法學上最難完美說服的問題之一，加上羈押是對人身自由強制處分中強度最強者，故執法者更須審愼爲之。

訊問後的逮捕

陳水扁前總統於二〇〇八年十一月十一日經特偵組檢察官訊問後，被戴上手銬聲請羈押。外界有人質疑，在法官尚未裁定羈押前就對被告使用手銬，有違正當程序。然此種作法實有其法律依據，即「訊問後之逮捕」。

我國之無令狀逮捕，原拘泥於「現行犯」與「準現行犯」的概念，亦即，惟有犯罪時當場被發現，或者犯罪後不久被發現（例如被追呼爲犯人，或者身上還染有血跡，或者手上還持有贓物），才可以逕行逮捕，否則一律要有令狀（拘票、通緝令、搜索票）。

一直到一九八二年王迎先命案後，偵查中得選任辯護人制度被引進時，立法者爲了要取得平衡，送給檢警一項「補償」，即刑事訴訟法第八十八條之一的「逕行拘提權」（有人稱爲緊急逮捕）。這種抓人方式雖無須有拘票，但仍受限於「重罪」、「情況急迫」及「有逃亡之虞」等條件，並非眞正的無令狀逮捕。

反觀美國的無令狀逮捕，就不拘泥於「現行犯」的概念，而係以「涉嫌程度」爲惟一標準。只要依據警方之蒐證，嫌犯之涉嫌從「合理懷疑」升高到「相當理由」（probable cause）的程度時，警察即可在公共場所、公眾得出入之場所或警局內執行逮捕（電影中美國警察常在嫌犯住處外守候，至其出門後上前攔阻，並口頭告知罪名與權利，再上手銬，就是典型的屋外逮捕）。至於美國的逮捕令（arrest warrant），則是用在「入屋逮捕」的情況。

我國刑事訴訟法在一九九七年修訂時，將偵查中之羈押決定權從檢察官移至法官。爲配合檢察官在訊問被告後之聲請羈押程序，立法者將美國的逮捕法律概念引進，亦即，被告雖然是經傳喚到庭或是自行到場，而不是現行犯，但經過訊問後，如果其犯嫌程度已達「相當理由」時，可以當場逮捕之，再移送至法院聲請羈押（此制在日本稱爲「逮捕前置主義」）。

這種「訊問後之逮捕」，在我國是規定於刑事訴訟法第二百二十八條第四項。從條文可知，只有檢察官才有這種權限。所以警察與調查員在約談嫌犯後，認其涉嫌程度已達「相當理由」而有必要移送給檢察官時，並不能當場逮捕之，只能詢問嫌犯是否願意一同前往檢察署應訊。若嫌犯願意，因爲未經逮捕，途中並不能使用戒具（含手銬與腳鐐）；若嫌犯拒絕前往，則警調只能報請檢察官依據刑事訴訟法第七十六條簽發拘票，執行拘提後再將人犯移送至地檢署，此時始可使用戒具。

不論是檢察官訊問後逮捕，或警調詢問後報請檢察官簽發拘票，都有拘束人身自由的效力，當然在法律上是可以使用戒具。至於實際上是否要使用，以及使用後是否要讓媒體拍攝到畫面，就由檢察官運用智慧審慎裁量了。

（2008/11/30發表）

後記

最高檢特偵組在訊問完陳前總統後，解送其前往台北地院聲請羈押時，因館前路辦公室旁走道的鐵門未關，讓媒體拍到其上車前戴手銬喊話的畫面。其過程爲何，因筆者當時並非特偵組成員，並不了解。但從結果來看，此事確實讓特偵組更深一層地捲入藍綠對立之洪流當中，直到二〇一三年九月黃世銘案時仍然無法脫困。雖然在當今社會，檢察官與法官再怎麼做，全國也會有一半的人在罵，但仍應儘量將辦案過程的衝擊性降到最低。

美國在二〇一三年十二月也發生同樣的逮捕方式妥適性糾紛，而且是國際性的。該案中印度女性外交官朵夫雅妮（Devyani）涉嫌在申請家庭幫傭之入境時做不實陳述，遭聯邦幹員逮捕後，被脫衣搜身（strip search），引起印度政府與民間之強烈反彈，印度政府在朵夫雅妮被美方起訴並驅逐出境後，立即在二〇一四年一月十日報復性地遣返一名美國外交人員，雙方外交關係陷入谷底。

但事實上，「脫衣搜身」是美國警察逮捕人犯後行之多年的典型作爲，美國聯邦最高法院甚至在二〇一二年的 Florence 案中判定警察在逮捕人犯後縱使無正當理由相信被告持有凶器，仍可以脫衣搜身，所以脫衣搜身在美國絕對合法，但問題出在於必要性與妥適性。朵夫雅妮具有外交官身分，所犯是申請簽證時做不實陳述（類似我國之使公務員登載不實），是在起訴後才被逮捕，並非現行犯，對其脫衣搜身雖是合法，卻引起若大的國際糾紛。

嫌犯有儘快被逮捕權嗎？

二〇一〇年十月底板橋地檢開始搜索約談涉嫌打假球的職棒球員時，有球隊領隊及辯護律師指責檢方「既然在半年前就已從監聽內容知道有人犯罪，為何不知會聯盟及球團進行處理，是否欲置中華職棒於死地」？隨後幾位電視名嘴亦指責檢方「想養大案」，這種說法有道理嗎？

辦案人員是否有義務在「有相當理由足認有人犯罪時」，即動手抓人？換言之，嫌犯在憲法上有無權利要求「儘快被逮捕」？這種問題聽起來離譜，但並非沒有人問過，早在一九六六年的美國 Hoffa 案，被告就是這麼主張。

Hoffa 案是有關美國運輸工會霸主 James Hoffa 的案件（此案曾於一九九二年被拍成電影《超級巨人》），該件之檢警人員指使線民 Partin 混進被告 Hoffa 的陣營，在旅社房間內多次旁聽 Hoffa 與其他共犯討論行賄陪審員之細節，然後再出庭做證，Hoffa 因而被論以行賄罪判處十五年有期徒刑。

Hoffa 在上訴時主張檢警人員程序違法的理由之一，便是檢警早在一九六二年十月二十五日時，即已有相當理由足認被告成立犯罪，卻一再延後逮捕，目的就是要讓被告們在沒有辯護人在場的情況下，多講一些犯罪細節給 Partin 聽，因此違反美國憲法第六增訂條款的「被告選任辯護人權」。

但美國聯邦最高法院斬釘截鐵地說：「被告並沒有憲法上的被逮捕權。」（There is no constitutional right to be arrested.）因爲我們不能讓警察陷於「動作太快，成立非法逮捕，動作太慢，則變成妨害選任辯護人權」的窘境，而且「逮捕門檻」與「定罪門檻」之間尚有一大段距離，憲法絕無理由禁止警察在逮捕前蒐集比「相當理由」（probable cause）更充足的證據。

其實從辦案角度言之，延後逮捕除欲蒐集更多的犯罪證據外，另一主要目的就是要揪出「更多的共犯」或「大咖的主使者」，此種思考最典型的例子便是「控制下交付」。

所謂「控制下交付」（controlled delivery）係指犯罪偵查人員在發現運送中的違禁物（毒品、槍械等）後，爲找出眞正貨主，而在全程監控下所進行之交貨。這種辦案方式雖有其危險性（例如貨物跟丟了，或辦案人員與貨主同流合污吃案了事），但成功時卻能讓幕後藏鏡人現身而人贓俱獲。

由於控制下交付實質上是「暫緩逮捕與扣押」，所以法理上並無庸有法律授權即可行之（例如美國與德國），但我國爲了避免法律爭議並促進國際合作，在毒品危害防制條例第三十二條之一與三十二條之二有明文規定，程序上必須報請檢察總長同意才能執行。

過去社會大眾常指責檢調辦案總是「先抓人再找證據」，可是當檢調開始努力先充分蒐集犯罪證據再動手抓人時，卻遭指責「想養大案」，這種批評無異逼辦案人員走回頭路，豈可不慎？

（2010/1/3發表）

起訴前羈押並未違憲

最近幾位政治人物遭檢察官聲請法院羈押獲准，有人認爲起訴前羈押被告違反「無罪推定原則」，迫害「司法人權」。但，起訴前羈押是舉世皆然的制度，問題應在於是否審慎運用，而不在於是否違憲。

雖然羈押（關在看守所）與服刑（關在監獄）同樣是「被關起來」，但「服刑」基本上是一種「懲罰」（punishment），而「羈押」卻是一種爲了讓刑事訴訟程序能順利進行的「管制設計」（regulatory device）。如果在判決確定前，就將一個人送進監獄，當然是有違無罪推定原則。但如果是關在看守所，因爲目的並非「懲罰」，所以其前提應只是「犯罪嫌疑重大」，而不是「有罪」。

所謂「讓刑事訴訟程序能順利進行」，第一個當然是「確保被告日後能夠接受審判或執行」（被告的保全），所以「逃亡或有逃亡之虞」會構成羈押的理由之一。接著是「確保證據不會被湮滅」（證據的保全），所以「滅證與串證之虞」也成爲羈押理由之一。

這種基本思想在各國的刑事訴訟制度都普遍存在，以「民主先進國家」美國爲例，其聯邦羈押法 18 U.S.C. §3142(f) 所規定的羈押理由是「很有可能逃亡」（a serious risk that such person will flee），或者很有可能「妨害司法正義」（obstruct justice）或「脅迫證人、陪審員」。而所謂「妨害司法正義」，依據聯邦法 18 U.S.C. §1512 包括以軟（賄賂）硬（殺害脅迫）方式勾串證人以及銷燬物證，故美國的羈押理由與我國並無重大差別。

這種對「管制」的追求，最突出者就是美國聯邦羈押法 18 U.S.C. §3142 所規定的「預防性羈押」（preventive detention），亦即，若認被告釋放後，有可能危及他人及社區安全時，法院可依職權或依聲請將之收押。（此制度在一九九七年已引進我國，即刑事訴訟法第一百零一條之一。）

預防性羈押事實上是「惟恐被告放出來後，會再去犯罪」才將被告關在看守所，故其理由是建立在「尚未發生的犯罪」，而非「已發生之犯罪」，有無違反無罪推定自會受到挑戰。但美國聯邦最高法院在一九八七年的 Salerno 案判決中，仍然宣告此制並未違憲，理由就是羈押並非「處罰」而是「管制」。

美國聯邦羈押法中還有一個規定可用來說明羈押的特性，就是對「重要證人」（material witness）的羈押：依據 18 U.S.C. §3144 偵查中檢察官可以爲了確保關鍵證人來日能出庭做證，而聲請法院將該證人收押，一直到取證完畢才釋放。這種把「知道太多壞事」的「證人」，而非「做了太多壞事」的「被告」押起來的制度（我國並無此制度），更可以說明「羈押」與「無罪推定」並不相關。

當然，起訴前羈押被告應是司法的「最後手段」，不得輕易爲之，但在制度上仍有其必要性，實不宜輕言「違憲」或「廢除」。

（2008/12/7發表）

後記

我國在二〇〇九年十月十六日大法官會議釋字第六六五號解釋出爐之後，單純涉犯「重罪」本身已不得做爲羈押之惟一事由，必須結合其他原因，例如有逃亡或勾串之虞，始得羈押，對人權保障具有指標性的意義。

預防性羈押

近日關於「司法人權」最熱門的話題之一是：除了「有逃亡之虞」以外，能否以其他理由在起訴前羈押被告？

國內對這個問題似乎有兩種極端看法。在蘇治芬縣長被羈押期間，有人強調「身爲縣長，絕對不可能逃亡，怎可輕率收押」，好像除了「虞逃」，不能以其他理由羈押被告。但到了辜仲諒回國應訊後，特偵組檢察官以「既然是主動回國，即應無逃亡之虞」爲由，未聲請羈押時，又被罵「看到有錢人就退縮」，好像除了「虞逃」以外，總應該想個其他理由羈押被告。

到底在起訴前羈押一位被告之目的是什麼？除了「確保其來日能夠出庭接受審判（防

逃）」，能否由立法者設定一些其他目的？這個問題在美國曾經被充分討論過，即聯邦最高法院一九八七年 Salerno 案有關預防性羈押（preventive detention）的判決。

美國聯邦羈押法 18 U.S.C. 3142(e) 規定：涉嫌犯某些重罪的被逮捕人，經檢察官以「明確可信的證據」（clear and convincing evidence，門檻高於搜索所需之 probable cause）證明其被釋放後將危害特定人或社區之安全，且此種危害無法以附條件之保釋防止時，得由法官開庭審查後，准予羈押。這種立法等於是在「防逃」之外，另外創設一個羈押理由，即「防止日後之危害」，此舉是否違憲？

Salerno 案的被告主張預防性羈押之法條明顯違反美國聯邦憲法第五增訂條款之「正當程序」與第八增訂條款之「不得設定過高的保釋金」規定。聯邦第二巡迴上訴法院接受辯方的主張，認爲預防性羈押係「針對尚未發生之犯罪做懲罰」，所以應該違憲。

但聯邦最高法院推翻上訴法院之判決，認爲「防止逃亡」與「防止脅迫證人」是大家都可以接受的羈押理由，而這兩種理由其實也是建立在「將來有可能發生之事」。其他如少年犯的收容與感化，以及對精神病患的拘禁，也都是以「將來可能發生之事」做爲理由，故不得僅因針對「尚未發生之犯罪」立法，即認違背正當程序。

聯邦最高法院並指出，依聯邦羈押法的立法意旨可知預防性羈押並不是一種懲罰（punishment），而是維護公眾利益所必要的管制（regulatory）措施，就如同警察逮捕嫌犯後在移送法院前的拘禁一樣，其目的都是要保持司法的完整性（integrity），與無罪推定原則尚無關連。此外，第八增訂條款只是禁止過高的保釋金，並不能從該條文推演出「虞逃是惟一羈押理由」之結論。

我國刑事訴訟法羈押理由有四：㈠虞逃、㈡勾串、㈢重罪、㈣釋放後對社會之危害，與美國一樣都有在「虞逃」以外創設其他的羈押事由。依照Salerno案的判決，只要這些事由有其堅強的公共利益考量時，即可認爲合憲，所餘者應只有「是否審慎爲之」的執行面問題。

（2008/12/21發表）

後記

二〇一四年一月二十四日，不滿法院判決的男子張德正駕駛一部三十五噸的大卡車高速衝撞總統府，直上多層階梯，在場警衛見狀跳開，啓動防彈牆擋住車子，始未造成傷亡，而張德正本人則因撞擊受傷。事後警方發現其不僅事先預謀，且揚言再犯。

如果美國刑事訴訟法教科書要舉預防性羈押之例，此案應是最佳典範，但台北地檢署檢察官向台北地院五度聲請羈押，卻均遭駁回。何以會有如此差異？

我國預防性羈押之罪名僅限於放火、性侵害、竊盜、詐欺、搶奪、恐嚇等性格異常與習慣犯類型，並非所有重罪都有包括在內，甚至連殺人罪也沒包括在內。所以檢察官想要用預防性羈押來聲押張德正，在罪名方面確有其困難度（除非檢察官能證明張德正車上載有汽油桶想放火燒總統府，或有恐嚇前妻或其他人）。而美國聯邦羈押法是把一般羈押與預防性羈押訂在同一法條（18 U.S.C. §3142），其罪名範圍是相同的，並未區別。以張德正所涉是殺人未遂來講，此罪名在美國是可以聲請預防性羈押。

其次，我國之預防性羈押是以「有反覆實施同一犯罪之虞」爲要件，所以法官必須確定被告「有再次犯相同罪名之可能」，才能押被告。但美國之預防性羈押目的在於「確保他人及社區安全」（assure the safety of any other person and the community），因此法官只須認定被告放出去後「對他人及社區有安全之虞」即可羈押被告，條件比我國寬鬆。

所以本件台北地院法官未考量給予預防性羈押，有其法律上原因（此部分台北地檢似亦未聲請）。但爲何連一般性羈押亦駁回呢（即有無逃亡與串證滅證之虞）？

台北地院認爲張德正沒有逃亡之虞的第一個理由是被告受傷行動不便，無羈押必要。但被告受傷後仍被羈押者，國內外案例比比皆是。例如二〇一三年四月十五日美國波士頓馬拉松賽爆炸案之凶嫌 Dzhokhar 在同月十九日被捕時，身受槍傷生命垂危，美國法院還是將其羈押；二〇一三年十一月一日美國洛杉磯機場槍擊案凶嫌 Ciancia 當場被捕時，也是遭警方開槍受傷經救護車送到醫院，美國法院還是將其羈押。我國遭警方開槍制止的凶嫌或跳樓逃逸受傷的被告被羈押者也屢見不鮮，何以此次只因被告坐輪椅出庭即認定無逃亡之虞？以被告受傷爲由，即認爲無羈押必要，最大的弱點在於，那被告傷勢好了以後怎麼辦？逃亡與再犯之可能性就此消失了嗎？

接下來是，被告有無逃亡之虞，到底是要檢察官來證明「有哪些事實可以證明被告有逃亡的可能性」，還是被告自己也要釋明「有哪些因素可以保證我來日一定出庭」？

美國聯邦羈押法雖然未將涉犯重罪列爲羈押事由之一，但若被告係涉可以羈押之重罪（此點檢察官須負「明確可信」clear and convincing 程度的舉證與說服責任），該法18U.S.C.§3142(e)(3) 規定法官可以推定「交保並不足以保障被告日後一定會出庭，且不足以保障社區安全」（it shall be presumed that no condition or combination of conditions will reasonably assure the appearance of the person as required and the safety of the community），亦即，被告必須「釋明」（不用到「證明」之程度）各項因素來推翻這個推定，檢察官若不接受，再提出反駁。也就是說，法院是可以問被告「你憑什麼說你以後一定會來出庭」，再來請檢察官表示意見。

平心而論，張德正對離婚相關案件之司法判決深感不服，駕駛大型卡車衝撞屋內有人的政府最高機關，都是檢辯雙方不爭執的事實。此些事實均足以認定張德正對現行法律與司法制度的漠視與絕望，何能期待其來日對檢察官或法官的傳票還會尊重？所以「如何確保被告來日出庭應訊」應是本件法院必須嚴肅以對之問題。在此情況下，法院若駁回羈押，按理也應要求被告提出相當數額之保證金以確保其日後一定出庭。本件第一次駁回之法院，何以連交保都未諭知，的確令人難以理解。

最後，本件檢方多次抗告並一再聲請羈押，遭受不少社會團體指爲「爲教訓而押人」。但總統府被卡車衝撞，在任何國家都是國家安全層次的問題，行爲者的眞正動機爲何？有無其他共犯？都不是僅憑被告片面説詞即可確定。一般這種動機與背景調查至少要花上一個星期以上（例如調被告最近六個月電話與電子郵件通聯紀錄了解其聯絡對象身分、調被告上網紀錄了解其有無查詢爆裂物製造資訊、調被告行車紀錄了解其最近行蹤、訪談相關證人等等），在此查證期間，被告即有勾串共犯或湮滅證據的高度可能。故本件站在檢察官的專業考量，是有必要聲請法院先將被告羈押數日，俟查證完畢（被告情緒也較穩定之後），再來交保。我們應接受中立法官之裁決，也應尊重檢察官盡其本分之行爲。

重要證人的羈押

國內部分媒體與名嘴指稱，馬英九與呂秀蓮在哈佛大學的老師孔傑榮教授在南華早報投書批評「台灣在未起訴前就羈押被告，違反人權」。但細閱該投書的原文內容，並非如此。

美國刑事案件的起訴可分爲「初步控訴」（逮捕後四十八小時移送法院時之 complaint）與「正式起訴」（大陪審團或檢察官偵查後之 indictment, information）兩個階段，在 complaint 之後即開始有被告的羈押，所以美國與我國一樣，都有「偵查中之羈押」。故從美國人的觀點，不可能直接批評我國的起訴前羈押違反人權。事實上，孔傑榮的用詞是「最近被羈押的民進黨政治人物並未被剝奪法院審查與選任辯護人之權利……但有鑑於起訴前羈押的嚴厲性與其對辯護權所造成的障礙，應該甚少爲之（it ought to be invoked rarely）」，這種說法其實相當中性。

美國的起訴前羈押，最具代表性的就是「重要證人」（material witness）的羈押。

美國聯邦羈押法 Bail Reform Act of 1984 共有十六個條文，即 18 U.S. §3141- 3156，其中對被告之羈押主要規定在 §3142，對重要證人的羈押則規定在 §3144。所謂「重要證人」是指「其證詞對刑事訴訟程序具有重要性之人」（the testimony of a person is material in a criminal proceeding），而所謂「刑事訴訟程序」則包括大陪審團程序（決定起訴或不起訴）與審判程序（決定有罪或無罪），換言之，包括我國刑訴意義下之「檢察官的偵查程序」。至於羈押重要證人之理由則爲「無法（impracticable）以傳喚方式促其到庭」。

重要證人的羈押，是把「知道太多的證人」而非「被告」羈押，是其最特殊之處。此制常用於恐怖活動犯罪，但也適用於一般刑事案件。在二〇〇一年九一一事件之前，最有名的案例就是造成一六八人死亡的一九九五年四月十九日奧克拉荷馬市爆炸案，當時聯邦檢察官向法官請得「重要證人令狀」逮捕了尼可斯兄弟（Nichols brothers），並聲請羈押獲准。後來僅弟弟 Terry 改列爲「被告」並被正式起訴判決有罪（終身監禁），哥哥 James 則在被關了一個月後獲釋，未被大陪審團起訴。

在九一一事件之後，更有許多中東裔的美國公民被以重要證人身分羈押多日。例如Higazy被押了一個多月後，因罪嫌不足開釋；另如Kidd被押了十六個月才獲釋，結果根本未要求他出庭做證，亦未改列爲被告。這些「凸槌」的偵查作爲在美國激起民權人士改革羈押法的決心，現已有一修正案送進參議院的司法委員會審查中。

孔傑榮教授或許以爲我國也有「重要證人羈押」制度，才會在文章結尾時建議我國立法院應在「防貪」與「人權」間追求一個新的平衡點。但我國並無「重要證人的羈押」，只有對被告的羈押，所以我國該努力的應是「審慎羈押」（執行面），而非「修改羈押法律」（立法面）。

（2008/12/14發表）

監所內有無新聞自由

英國金融時報記者於二〇〇九年二月十八日進入台北看守所採訪在押被告陳前總統，並在網路刊登專訪內容。至三月四日，扁辦復行文法務部提出陳前總統在所內接受日本朝日新聞專訪之申請，引發應否准許之疑義。

我國羈押法之相關行政規則（含施行細則與各監所媒體參觀採訪攝影審核要點）規定，國內媒體入所採訪攝影應經看守所長官准許，國外（含大陸）媒體則須轉呈法務部許可。這些規定有無違反我國憲法第十一條所保障的「言論自由」（從被告言之）與「新聞自由」（從媒體言之）？我國法院判決至今尚未對此表示意見，惟美國聯邦最高法院則有兩則判例可供參考。

第一個判例是一九七四年的 Pell 案。該案是由四名加州監獄受刑人與三名新聞記者共同提告，主張加州矯正司業務手冊規定監獄應禁止媒體「對特定個別受刑人之採訪」，違反美國聯邦憲法第一增訂條款所保障的新聞自由。被告即加州政府則主張，先前個別受刑人接受媒體採訪後，成爲監獄中的意見領袖，而間接帶動監獄暴動，故有必要對個別採訪加以限制。

聯邦最高法院最後判定該規定並未違憲，其理由略以：（一）監獄對隔離與矯正受刑人之功能需求，與受刑人本人之言論自由，二者利益衡量結果，前者應重於後者。（二）該規定僅禁止受刑人接見新聞媒體，並未阻絕其他之對外管道（例如書信往來或與其他人之接見）。（三）該規定僅禁止媒體指定特定之採訪對象，並未禁止隨機式地挑選採訪對象。該院最後並重申一九七二年 Branzburg 案之結論：「第一增訂條款並未保障媒體有比一般大眾更大的資訊獲取權。」

第二個判例是一九七八年的 Houchins 案。該案中加州灣區的一個郡立監獄發生受刑人自殺事件，據稱與獄方之管理設施不當有關，某家電子媒體於是申請進入監獄拍攝現場並採訪受刑人，惟遭獄方拒絕。該家媒體起訴主張政府侵犯其新聞自由，獄方反駁理由之一是「採訪會造就監獄名人（jail celebrities），進而影響人犯管理」。聯邦最高法院最後判定：第一增訂條款並未保障「對政府資訊之接近權」（The First Amendment does not guarantee a right of access to sources of information within government control.），監獄拒絕新聞媒體入內採訪特定事件，並未違憲。

由上述兩個美國判例可知，從監獄管理者的角度而言，一個監獄只能有一個老大，就是典獄長，任何會造就「人犯內部領袖」的事情，獄方都要防止。

我國刑事訴訟法第一〇五條第一項規定「管束羈押之被告，應以維持羈押之目的及押所之秩序所必要者為限」。參酌前述兩件美國法院判例，「羈押目的」與「押所秩序」應是准或不准媒體進入看守所採訪特定在押被告之合憲標準。

（2009/3/15發表）

第八篇

證據排除法則

〔前言〕

證據排除法則指違法取得之證據不能用來定被告之罪，等於是用「縱放壞人」的方式來逼迫辦案人員遵守程序正義，所犧牲的社會正義是非常慘痛。當美國聯邦最高法院在一九六〇年代開始大量以違反程序爲由撤銷被告之有罪判決時，亦曾引起成千上萬的民眾走上街頭抗議。但平心而論，此手段在美國與我國都確實有效（我國於二〇〇一年引進），現時警察辦案，均已非常注意蒐證程序之合法性，對檢察官所給予的法律意見，也都非常尊重。

證據排除法則並非毫無例外，美國法院判例就發展出所謂「公共安全」（public safety）的例外原則，例如警察趕到現場逮捕槍擊嫌犯時，未先告知罪名與權利，即直接問其「有無其他共犯」，被告回答說「沒有，我一個人幹的」，此訊問雖屬違法，但被告之自白並不會被排除，亦即，該句話可以用來證明被告有自白犯罪。此外，違法蒐證所取得之證據，美國判例亦認爲雖然不能用來定罪，但可以用來反駁被告的謊言。我國刑事訴訟法第一百五十八條之四亦規定違法取得之證據有無證據能力「應審酌人權保障及公共利益之均衡維護」，均未採絕對排除說。

實質證據與彈劾證據

二〇〇一年我國刑事訴訟新制設立後，國人常聽到「無證據能力」這個名詞，其眞正意義爲何？是否指該等證據在任何情況下絕對不能引進法庭？

舉例而言，警察在調查傷害案件時，違法搜索被告的住宅而扣得一支扁鑽，上面有被告的指紋與被害人的血跡。由於此支扁鑽是違背法定程序所取得，所以法官可以判定「無證據能力」，不能用來定被告之罪（俗稱「毒樹果實理論」）。

但如果審判中被告向法官說「我這一輩子從來沒見過扁鑽」時，檢察官能否傳喚執行搜索的員警提出該支扁鑽，用來反駁被告「從未見過扁鑽」的說詞？（其目的不是用來證明「被告有用該支扁鑽刺傷被害人」，只是用來證明「被告說他從未見過扁鑽是在說謊」。）

用來定罪的證據法理上稱之爲「實質證據」（substantial evidence），用來攻擊被告或證人說詞可信度的證據，則叫做「彈劾證據」（impeaching evidence）。我國多項法條所稱「不得作爲證據」（無證據能力），到底是指「雖不得做爲實質證據，但可以做爲彈劾證據」，還是連做爲「彈劾證據」都不可以？

我國刑事訴訟法二百七十三條第二項規定「法院依本法之規定認定無證據能力者，該證據不得於審判期日主張之」，文義上似乎不去區分「實質」與「彈劾」，一旦被認定爲「無證據能力」，不僅不得做爲實質證據，連做爲彈劾證據都不可以。這種解釋對於「事實的發現」，當然有重大影響。

我國最高法院發覺事情的嚴重性之後，已透過判例將「實質證據」與「彈劾證據」的區分引進國內。例如二〇〇七年一件判決中，被告的一位不在場證人證稱他在案發當天下午五點有陪同被告至一家醫院就診，所以被告不可能出現在犯罪現場。但後來檢察官查出被告就醫時間應是上午十一點，而不是下午五點，遂提出該醫院之來函做爲證據。被告主張該來函是傳聞（因爲醫院的人並未出庭做證），不能做爲證據。但最高法院駁回被告的主張，指出該函並不是做爲認定被告有罪的「實質證據」，只是用來反駁該不在場證人證詞之可信度的「彈劾證據」，所以檢察官仍得引用。

但傳聞（hearsay）以外的「無證據能力」的證據，至少還有違法搜索、刑求逼供、違反選任律師權等情況下所取得的證據，此類證據得否做爲彈劾證據？我國最高法院尚未明白表示意見。

美國聯邦最高法院從一九五四年到上星期宣判的多件判例結論則是：除了刑求逼供以外，所有違背程序取得的證據，都可以做爲彈劾證據，因爲證據排除法則僅是「禁止檢方使用違法取得的證據來證明被告犯罪」，並非「被告在法庭內說謊的許可證」（cannot be perverted into a license to use perjury by way of a defense）。

（2009/5/17發表）

彈劾證據的使用

彈劾證據（impeaching evidence）用本土話來說，就是「吐槽」證據：當被告或證人（含辯方證人與檢方證人）「亂講話」時，用來攻擊其可信度之證據。彈劾證據的作用，與用來證明被告有罪的「實質（substantial）證據」，並不相同。

我國最高法院判決直接表明「雖不能當實質證據，然可以當彈劾證據」者有二：（一）傳聞證據（證人的法庭外陳述）；（二）漏未「具結」（相當於美國的宣誓）的證人陳述。

美國聯邦最高法院判定為「不得當實質證據但可以當彈劾證據」者，其態樣則比我國多，由下列判例即可看出。第一個判例是一九五四年的 Walder 案，案中警察違法搜索扣得被告持有的毒品，後來該毒品被判定無證據能力，所以檢方撤回「持有毒品罪」的起訴，但仍針對「販賣毒品罪」起訴。審判中被告辯稱其從來未看過毒品，檢察官即聲請傳喚該次違法搜索之執行警探，至法庭證述其有在被告家搜獲毒品。聯邦最高法院判定檢方可以如此做，因為該警探的證詞只是用來彈劾被告「從未碰過毒品」的說詞，並不是直接用來證明「被告有在販毒」。

第二個判例是一九七一年的 Harris 案，警察在逮捕販毒嫌犯後，違反聯邦憲法第五增訂條款的「米蘭達警語原則」，取得嫌犯與臥底警探見面經過的供詞，因為該段供詞程序有瑕疵，所以檢察官本來沒有拿出來當做定罪用的「實質證據」。但後來審判時被告對於見面經過有一套完全不同的陳述，檢察官於是在反詰問時提出該段先前供詞用來反駁被告的庭內版本。聯邦最高法院判決允許檢方的做法，並指出「米蘭達原則並不能被誤用成被告可以在法庭內說謊（僞證）的許可證」。

第三個判例是一九九〇年的 Harvey 案，警察在一位性侵害罪犯移送法院之後，以不當方法讓被告放棄選任律師（違反聯邦憲法第六增訂條款），而取得一段自白，到了審判時被告另有一套說詞，聯邦最高法院還是容許檢察官引用該段無律師在場的供詞，來彈劾被告法庭內的不一致陳述。

第四個判例是二〇〇九年四月二十九日才宣判的 Ventris 案，該案的警察安排一位線民與在押被告關在同一牢房，而套得被告開槍強劫被害人的自白。審判中被告辯稱開槍的人是另一共犯，檢方爲反駁被告的辯解，即聲請傳喚該線民出庭做證。聯邦最高法院雖判定該線民的證詞因違反美國聯邦憲法第六增訂條款的選任律師權，不能做爲實質證據，但仍然可以做爲彈劾證據。

可知所謂「無證據能力」的證據，並不是完全不能引進法庭，而要看「用來做什麼」而定。美國聯邦最高法院這種寬容態度頗值我國最高法院參考，因爲讓更多的證據進入法庭，才更能讓眞相呈現出來。

（2009/5/30發表）

私人違法蒐證的證據能力

私人違法蒐證，除行爲人可能涉及刑責外，另一重要議題是，所取得的證據能否用來定被告之罪？例如妻子偷錄丈夫與情婦的對話，其錄音帶能否做爲通姦罪的證據？

證據排除法則（exclusionary rule）是「程序正義」超越「發現眞實」的非常手段，它所排除的往往是「與事實相符」的證據。例如警察違法搜索扣得凶刀一支，上有嫌犯指紋與被害人血跡，此凶刀法官可判定爲「無證據能力」。爲何一個社會願意忍受這種證據上的損失？是何種價值足以讓一個被告逍遙法外？

合理化證據排除法則的理論，基本上分爲兩種，一是「阻嚇說」，亦即，證據排除讓執法人員（law-enforcement officials）白做工，可以嚇阻他們來日辦案時再犯同樣的錯誤。另一理論則是「司法純潔性說」，亦即，正義之取得，不得假骯髒之手。

此兩種理論均言之成理，但有一重要不同點，即對私人違法蒐證的態度。採阻嚇說者，對於私人違法取得的證據並不加以排除，理由是私人並無集體性與規則性，排除某特定私人違法取得的證據，並不能阻嚇來日另一位私人再犯。但採司法純潔性說時，則對私人違法取得的證據，亦一併排除，因爲不論是私人或公務員違法，都是骯髒之手，司法如使用私人違法取得的證據，等於是收受贓物。

我國刑事訴訟法在二〇〇一年將證據排除法則引進時，應是採「阻嚇說」無疑，因爲該法第一百五十八條之四第一句之文字係「實施刑事訴訟程序之公務員因違背法定程序取得之證據」，顯然不包括非公務員之「私人」。

但這幾年來，我國部分法官卻不願接受此事實，一再援引憲法第八條所隱含的「正當程序原則」，以「司法純潔性說」將私人違法蒐證所取得之證據排除在外。其案型不但包括夫妻間之偷錄，甚至包括被害人遭人恐嚇時的現場或電話錄音，都因屬「非法監聽」而被判定爲「無證據能力」。

此種混亂情形一直到最近才獲改善，最高法院從去年至今已有數則判決明確指出我國是採「阻嚇說」，所以「私人所取得之證據，原則上無證據排除法則之適用」。

近代證據排除法則的創始者美國聯邦最高法院，從一九二〇年代開始即將該法則的理論基礎定位在「阻嚇說」，至今八十年來並未改變。誠如該院在一九二一年 Burdeau 案判決中所言：憲法所保障的「免受不合理搜索」的權利，係針對「政府行爲」（governmental action）而言，並不包含私人行爲。

（2009/6/14發表）

私人違法蒐證的刑責

報載一位徵信業者受婦女客戶委託調查丈夫行蹤時，在該丈夫的重型機車上偷裝GPS衛星追蹤器，事發後被新竹地方法院在上星期判以刑法第三百十五條之一的妨害祕密罪。

本罪係十年前才增訂的犯罪，主要是因應當時猖獗的裙底風光偷拍劣行，其構成要件包括：（一）「無故」（無正當理由），所以不包括警察之跟監蒐證行為；（二）在對方不知的情況下進行；（三）被侵害的是「非公開的言行活動」或「身體隱私部位」；（四）利用工具與設備，若是單純以肉眼窺視，則屬社會秩序維護法的問題。

本件新竹地院判決的第一個法律爭點是，機車的行蹤是否屬於「非公開」之活動。

美國聯邦最高法院在一九八三年的Knott案與一九八四年的Karo案，針對警察在嫌犯所運送的製毒原料桶內偷裝信號發射器是否構成搜索（即須否向法官聲請搜索票）之結論是：人民對於路上行蹤，並無「合理的隱私期待」（reasonable expectation of privacy），如果信號發射器只是用來確定該車是從何地走哪一條路到何地，以利跟監，並不構成搜索（所以不須要法官許可即可裝置），但如果已探測到屋內情況（例如該貨物是進入何棟房屋內之何間房間），則已構成搜索，須事先獲得法官的令狀許可。

以此理論來看新竹地院的判決，如果在裝設衛星追蹤器的期間，被告所探得的僅是該機車的路上行蹤，則應屬「公開之活動」，並不構成本罪，除非法官另外查出被告曾探測到該機車進入某間住宅（含汽車旅館的停車間）。

事實上我國法院也有與新竹地院不同看法的判決。去年五月在高雄地區有數名共犯在汽車旅館的門口對面架設錄影機，長期偷錄所有進出車輛的車號，再跟蹤查明車主後，進行金錢勒索（被害人大多是婚外情的男女主角）。該案從起訴一直到一、二審法院判決有罪確定爲止，均只是以恐嚇取財罪論罪，並未論以刑法第三百十五條之一的妨害祕密罪，顯然高雄地院與高分院均認爲汽車的路上行蹤（甚至已經到了旅舍的門口），並不受隱私權的保護。

新竹地院判決觸及的第二個法律爭點是，徵信業者受妻子委託調查丈夫行蹤，是「無故」或「有故」。

我國有不少一二審法院認爲：夫妻之一方本於「去除婚姻純潔之疑慮」或「證實他方有違反婚姻純潔義務事實」之動機，而對對方私人領域有所侵犯時（例如竊聽或竊錄），均難認屬「無故」，並不能論以妨害祕密罪或竊聽罪。故本件徵信業者受妻子之委託而行事，是否屬「無故」，容有爭執餘地。

有些行爲雖然「可受非難」，但若現行法條無明文規範時，在修法之前，即不得論以刑事責任，這就是「罪刑法定主義」的精神。

（2009/5/24發表）

第九篇

法庭攻防

〔前言〕

檢察官起訴案件後之定罪率的高低，是檢視檢察官辦案品質的重要指標。但案件從起訴到定罪，中間有一大段的路要走，這其中充滿著多種在偵查中未能預測的變數，例如檢方證人到了審判庭時「叛變」改變證詞，或者被告在審判時提出全新抗辯或行使緘默權，都會讓檢察官苦於對應。

有罪判決的門檻

相對於「相當理由」（probable cause）與「合理懷疑」（reasonable suspicion）這兩個偵查作爲的門檻，起訴後公訴檢察官所邁向的目標是「無任何合理的疑問」（beyond a reasonable doubt），亦即，有罪判決的門檻。

「相當理由」之嫌疑程度通說是「接近百分之五十」，那麼「無任何合理的疑問」是百分之多少呢？「無任何合理的疑問」並非「毫無任何疑問」，所以其罪嫌程度並非百分之百。依據美國學者Smith之調查，陪審團在百分之七十五之嫌疑程度時就可能判決被告有罪。但在大陸法系國家（我國屬之），職業法官通常會在罪嫌超過百分之九十時才會判決被告有罪。

至於民事訴訟判決一造勝訴的門檻，就遠比刑事訴訟判決被告有罪低，民事勝訴門檻是所謂的「證據過半」（preponderance of evidence），即「存在」的可能性超過「不存在」，換言之，超過百分之五十即可。在美國，某些類型的民事案件經由立法設有一更高的門檻，即「明確可信的證據」（clear and convincing evidence），此門檻之證明程度是介乎「證據過半」與「無任何合理的疑問」之間。

由上可知，證明程度由低至高，依次是：單純懷疑（mere suspicion）、合理懷疑、相當理由、證據過半、明確可信的證據、無任何合理的疑問、毫無任何疑問（without any doubt）。

影響有罪與否之因素，除了門檻高低外，舉證責任也是重要因素之一。在無罪推定原則下，檢察官須負起「舉證責任」去證明被告犯罪，但有時被告也要負某些程度的舉證責任。

舉例言之，傷害案件中，被告辯稱「我根本沒有拿木棍打傷被害人」時，檢察官必須提出證據來證明被告有此犯行（例如木棍上有被告指紋及被害人血跡）。若被告坦承有拿木棍打傷被害人，然辯稱是「出於正當防衛」時，舉證責任就會轉向被告，亦即，被告必須說服法官被害人在案發當時對其有不法之侵害（例如被害人先出手打被告）。

這種「非單純消極否認」的抗辯，在法律上叫做「積極抗辯」（affirmative defense），被告必須負舉證責任，但其證明程度不用到「無任何合理的疑問」，一般只須達到「證據過半」之程度即可（但有可能經由立法針對某些案型提高至「明確可信的證據」之程度），然後舉證責任就轉回到檢察官，檢察官必須再舉出證據來推翻被告之說詞（例如該木棍是被告事先從家裡帶出來的），且其證明要達到「無任何合理疑問」之程度。

由上可知，檢察官必須善盡舉證責任，且須達到「無任何合理疑問」的程度，才能將一位被告定罪，雖然不容易，但這是檢察官無可逃避的天職。

（2008/5/4發表）

後記

案件會被判無罪，檢察官舉證不足當然是原因之一，但法官如何對證據之證明力做評價，也是關鍵之一。檢察官最怕碰到的，就是把證據割裂，再各個擊破其可信度的法官。

例如說檢察官舉出三項證據證明被告在夜市偷腳踏車，第一個證據是失竊腳踏車在被告住處樓下找到，腳踏車把手上採到被告指紋。第二個證據是被告住處樓下監視器有拍到被告騎腳踏車出入之畫面。第三個證據是被告手機基地台位置，在案發時出現在失竊地附近。

法官審理時，被告辯稱因該腳踏車不知何人停在走道，擋住去路，其曾移動該腳踏車，所以留下指紋。另當庭勘驗錄影帶後，雖有看到外觀類似被告之人騎乘該腳踏車，但因畫面不穩定，並無法十分確定是被告本人。最後，被告辯稱案發時其在失竊地點之夜市吃消夜，手機基地台位置當然會在附近。

這三項證據如果分開來看，每一項確實都不能獨立證明被告犯罪，但如果綜合來看，判定被告有罪之心證就會大大提高了。所以證據被割裂後再來逐項評價其證明力，當然非常容易判無罪。美國聯邦法院在二〇〇二年的 Arvizu 案判決中形容這種操作方式叫做 divide and conquer（割裂後征服），是違反論理法則，因爲證據必須綜合判斷之（the totality of the circumstances principle）。

我國最高法院在二〇〇八年一項判決中也指出，「倘將證人之陳述予以割裂，單獨觀察、分別評價，或針對其枝節上之差異，先後詳簡之別，即悉予摒棄，此證據之判斷自欠缺合理性而與事理不侔，即與論理法則有所違背」，亦係在禁止「各個擊破」之證據評價方式。但我國有部分法官多年來在判斷證明力時，習慣先將檢察官所舉出的證據一項一項分割，再一項一項推翻，如此操作下，有罪的門檻當然會再往上拉高。此類案件被判無罪，能罵檢察官濫行起訴或濫行上訴嗎？

海盜抗辯

二〇〇〇年士林地方法院有五名走私犯向法官辯稱：水上警察查獲的一萬公噸（共八十七筒）的漁獲，是其等在海上作業時，被一群大陸海盜強迫以新台幣六萬元交易的，並非走私云云。法官調查後認爲無法證明被告所言不實，而判決無罪。事後我在一場學術座談會上戲稱此種抗辯爲「海盜抗辯」（defense of piracy），引起熱烈討論，並被多本刑訴教科書所引用。

這種海盜抗辯性質上應屬「積極抗辯」（affirmative defense），即「我有做，但……」之抗辯（「我的船是有被查獲一萬公斤的私貨，但是被強迫交易的」）。當被告提出這種抗辯時，應先負起說服責任，並達到「證據過半」（preponderance of evidence）的程度，法官才須請檢察官舉證推翻被告之辯詞，而不是一開始就把球丟給檢察官，要檢察官去證明「無任何合理疑問，並無海盜之存在」。詳言之，若走私罪之法條是規定「非被海盜強迫交易而私運管制物品入出境」，那「無海盜存在」之犯罪構成要件當然應由檢察官來舉證，但事實上走私罪僅規定「私運管制物品」，並無「非被強迫交易」之要件，所謂「被海盜強迫交易」是被告自己挑出來的問題，當然應先由被告來負某些程度之舉證責任。

當被告提出海盜抗辯而未說明至一定程度時，就要檢察官來證明「並無海盜事件存在」確實是不可能的任務（反之，要證明有海盜事件存在就比較容易）。事實上前述海盜抗辯案件判無罪之後，幾乎台灣北海岸所有被抓到的走私犯，都辯稱「被海盜強迫交易」，但後面幾個案件的承審法官，均以隔離訊問所有船員的方式，追查整個「強迫交易」的詳細經過，然後再以「所述彼此不符」、「違背經驗法則」的理由駁回被告之抗辯，而非直接要求檢察官證明「無合理疑問，被告在說謊」。

類似這種海盜抗辯的爭議，在美國紐約州也曾經發生，該州立法要求被告提出義憤殺人之抗辯時（可以減輕刑責），必須負舉證責任，且其證明程度須達到「明顯可信」（clear and convincing）。這種立法的合憲性雖受到挑戰（指稱違反無罪推定原則），但美國聯邦最高法院在一九七七年的 Patterson 案判定並未違憲，理由是「基於義憤」是殺人罪構成要件以外之因素，讓被告負舉證責任並未移轉檢察官原應有之舉證責任。

此外，英國也有類似之立法，即一九八〇年的治安法庭法（the Magistrates' Courts Act）第一〇一條規定被告主張「例外、免責、但書、藉詞或資格」抗辯時，必須負舉證責任，此立法雖曾經被指稱違反歐洲人權公約第六條第二項有關公平審判之規定，但英國最高法院（House of Lords）在二〇〇二年否定此種看法。

由上可知，「被告沒有義務證明自己無罪」這句話，在被告提出積極抗辯時，是會被打折扣的。

（2008/5/18發表）

幽靈抗辯

當一位被告騎乘贓車被查獲後，有可能承認竊盜犯行，但也有可能辯稱說：「機車是我在〇〇網咖店向鄰座一位不知名的男子借的，我現在已經找不到他了。」這種把責任推給一個永遠無法查證的第三人之抗辯方式，我曾經在一場學術研討會將之取名為「幽靈抗辯」（defense of ghost）。

幽靈抗辯是每位檢察官的夢魘，有時可以克服，但有時根本無從推翻。反駁方法之一是調出該網咖之店內監視錄影帶，證明被告根本未與鄰座之人交談借車。另一可能是被告說出借車之精確時地，但與其所使用手機的通話基地台位置不符，其辯詞亦可被推翻。如果找不出反駁之依據，檢察官只有兩種選擇：（一）依被害人所陳述之失竊時地，以竊盜罪起訴；（二）依被告所述之借車時地，以收受贓物罪起訴。但實務上經常發生一種結果：檢察官先以竊盜罪起訴後被判無罪，再以收受贓物罪起訴，還是被判無罪，狡猾的被告與幽靈共舞，慶祝全身而退。

以二〇〇七年台灣高等法院的一件判決爲例，該案之竊盜罪被告辯稱其所騎乘之贓車係「查獲當天在中壢市永樂路二十三巷八號一樓停放機車處，向一名外籍女子借來試騎，想如果可以再向她購買，該名女子就將機車鑰匙交給伊試騎，沒多久就遭警察查獲，再回到借車地點找那名女子，就找不到了，伊並未竊取機車及車牌」等語。檢察官則已證明：（一）機車失竊地點爲中壢市永樂路二十一號門前，即被告之住處樓下；（二）查獲時被告係將機車鑰匙與自己平日使用之所有鑰匙串在一起，顯非試騎。但法院仍然判無罪，理由是「持有贓物之合理原因非一，借用、買賣或拾得均有可能，非僅竊取一途而已，是無從以被告持有贓物，忖度被告取得贓物之來源，亦不能因其來源交代不清而任意推定，致違刑事訴訟法發覺眞實之原則」。

高等法院的意思是被告有可能犯三種罪：竊盜、收受贓物、侵占遺失物，因爲無法確定用什麼罪來判，只能判無罪。這種判決等於是在欺侮老實的被告，乖乖說出來源的，會被判有罪，不說出來源的，則可以判無罪。

事實上「幽靈抗辯」屬前文所述「積極抗辯」（affirmative defense）的一種，本應先由被告提出「有該幽靈存在」之合理依據，而不是一開始即要求檢察官來證明「該幽靈不存在」。若被告對於贓物之來源之說明如未能達到「證據過半」（preponderance of evidence）之程度，且無法提出不在場證明時，即得以竊盜罪論處。

由「海盜抗辯」與「幽靈抗辯」之盛行於我國及其常勝之紀錄，可知有時案件會被判無罪，並非檢察官未能「精緻偵查」，而是法院將「無罪推定原則」推到極致所造成的結果。這是保障人權的代價，還是司法之懈怠，永遠是個爭議。

（2008/5/25發表）

證人的不自證己罪特權

七月九日台北地院蔡守訓法官在審理總統府前出納陳鎮慧的案件時，告知證人陳前總統雖然他是同案被告，但是僅能針對個別問題拒絕回答，不能概括的拒絕作證，其道理為何？

世界文明各國均有所謂的「不自證己罪原則」（the privilege against self-incrimination），亦即偵訊人員（含犯罪調查人員、檢察官與法官）不能強迫被訊問人說出對自己不利的陳述。但此原則適用到「被告」與「證人」時，卻有不同的面貌。

不自證己罪原則適用在被告時，是緘默權的行使，偵訊人員必須主動告知此權利（即必須告知「你有權保持緘默」），且其行使時可以概括的拒絕回答任何問題，並不須解釋原因。

但不自證己罪原則適用到證人時，證人必須主動主張，且不能概括的拒絕作證，只能針對個別問題拒絕回答，且必須「釋明」何以該問題之回答會讓其本人或親人陷於被追訴犯罪的危險中。

例如證人被問到「你是哪一所學校畢業」時，一般是不得拒絕回答，因為從何所學校畢業與是否犯罪通常無相關性。但同樣的問題如果問到行使緘默權的被告時，被告可以完全不答，連原因也不用說明。

不過，所謂「釋明」與「證明」不同，僅須說出「合理的理由」（reasonable cause）即可，否則要求一位證人徹底證明拒證原因，等於是逼迫其自證己罪。

此種證人與被告之區別，從古老的英美法一直存續到現代，均是如此。我國最高法院近年來亦有不少判決明白指出，「證人陳述是否因揭露犯行而自陷於罪，得以行使其拒絕證言權，必須到場接受訊問後，針對所訊問之個別具體問題，逐一分別爲主張，不得以陳述可能致其受刑事訴追或處罰爲理由，而概括拒絕回答一切問題，以致妨害眞實之發現。」

我國的證人不自證己罪特權係規定在刑事訴訟法第一百八十一條：「證人恐因陳述致自己或與其有前條第一項關係之人（近親）受刑事追訴或處罰者，得拒絕證言。」此外，我國在二〇〇三年修法時，特別在第一百八十六條第二項規定檢察官與法官在訊問證人之前一定要主動告知第一百八十一條之拒證特權，可謂非常進步的立法，因爲通常證人拒證特權應由證人主動提出。

證人若無正當理由拒絕作證，在我國可以處新台幣三萬元以下之罰鍰，在美國則成立藐視法庭罪（contempt），可以處一年以下有期徒刑。

陳前總統向蔡法官說「我與陳鎮慧有恩怨關係，所以拒絕作證」，應是口誤。其所欲主張者應是一百八十一條之不自證己罪，故正確的做法應是針對每一個問題主張「此問題的回答會讓我本人或親人陷於被追訴犯罪的危險，所以我拒絕回答」，並簡單說明何以會有此危險的原因，再由法官當場裁定准駁。

（2009/7/26發表）

後記

被告主張積極抗辯時，雖仍應負部分之舉證責任，但在進入審判之交互詰問階段後，被告如果行使緘默權，檢方即有可能鎩羽而歸，最近兩個例即是二〇一三年之佛羅里達州George Zimmerman殺人案及Michael Dunn殺人案。

本件被告Zimmerman在二〇一二年二月二十六日晚上打電話報警說他在社區內發現一名從未見過面的陌生人，請警方前來查證，當警方趕到時，該人已胸口中槍不治死亡。Zimmerman辯稱該陌生人（事後經查爲十六歲黑人少年Martin，剛搬進該社區住）率先揮拳攻擊他頭部，他只好開槍還手。而佛州的法律有所謂之「不用退讓條款」（Stand Your Ground statute），即在行使正當防衛權時，不用考慮是否可以忍耐退讓，亦不用考慮武器對不對等，並沒有所謂防衛過當之限制。警方並無法推翻Zimmerman的辯詞（無任何目擊證人，亦無任何監視錄影畫面），只好在訊問五小時後即釋放他。嗣經全國各地反種族歧視團體不斷遊行抗議下（Zimmerman是祕魯德裔白人後代，祖先混有拉丁與少數黑人血統），檢察官終於在案發後六個禮拜以謀殺罪起訴Zimmerman。

到了審判時，檢方原準備在交互詰問時，好好詰問Zimmerman，找出他所稱受到Martin攻擊說詞的漏洞，以推翻其正當防衛之積極抗辯。但Zimmerman卻巧妙的行使被告緘默權，拒絕站上證人席接受交互詰問，讓檢察官完全無著力點，最後陪審團終於在二〇一三年的七月十三日判決無罪。宣判後美國各地警方嚴陣以待，深怕重演一九九二年洛杉磯暴動，幸好只有示威遊行並未暴動。

美國法制將被告緘默權推到極至，變成被告可以在警察局說「人是我殺的，不過是死者先攻擊我」，然後就一路行使緘默權，讓檢方沒機會在陪審團面前從被告口中找出漏洞，而且檢察官在結辯時又不能向陪審團提到「被告拒絕做證」這件事，法官也會指示陪審團「不能因爲被告行使緘默權就對其有不利之推論」，當然會造成民眾無法接受的無罪判決。將來佛羅里達州是否會廢除「不用退讓條款」，則有待觀察。

至於 Zimmerman 本人雖然獲判無罪，但在社會強大壓力下，他被迫自我隔離，離家出走多日，導致其妻在宣判後一個多月即提出離婚訴訟，並在同年九月九日報警稱 Zimmerman 返家對其亮槍相向。此案可謂在法律面與社會面都是餘波盪漾。

就在 Zimmerman 案發生後九個月，在佛羅里達州又發生一件同樣是白人對黑人小孩開槍，同樣是主張自衛殺人，同樣被高度懷疑出於種族歧視的案件，但因爲檢察官掌握證據不同，此次被告就不得不出席做證了。

該件白人被告 Michael Dunn 於二〇一二年十一月二十三日在 Jacksonville 的一處加油站，因制止四名黑人少年在車上大聲播放黑人饒舌音樂未果，竟開槍打死其中一名坐在後座的十七歲少年 Davis。本件在證據方面與 Zimmerman 案大不相同，光加油站就有數名證人，也有十支監視錄影機錄下整個過程，更重要的，Dunn 是對著車子開槍十發，不是一發，而且在事發後並未報警處理，反而返回住處吃披薩再出去遛狗。

在這種情形下，被告 Dunn 與律師商量後，終於決定站上證人台做證，他向陪審團解釋，在他制止對方大聲放音樂時，看到 Davis 好像要拿出一支類似短槍的管狀物（雖然事後並未在死者車上找到槍枝），認爲自己生命受到立即危險，所以只好開槍正當防衛。然後因爲怕對方是幫派份子，所以才趕緊離開現場不敢報案。

經過四天長考後，陪審團終於在二〇一四年二月十五日判定被告 Dunn 對另外三名少年之殺人未遂罪與不當使用武器罪部分有罪，但對 Davis 之一級謀殺罪部分，則無法達成一致決議而「懸而未決」（hung jury，檢方可以針對該罪再起訴重審，必須重選陪審團。此次陪審團有四名男性白人、四名女性白人、兩名女性黑人、一名亞裔女性與一名拉丁裔男性）。

如上，在 Zimmerman 案，被告選擇不做證人讓檢方無從反詰問致陪審團判無罪，在 Dunn 案，被告選擇做證提出辯解致陪審團下不了決定，都是辯方打了勝仗。其實刑事案件的眞實世界就是這樣，在犯罪階段，主動權在被告，被害人一路挨打。到了偵查階段，檢警掌握主動權，一路追趕被告。但到了審判階段，檢方手上王牌出盡，案件弱點外露，主動權又回到被告與辯護人，換成檢察官一路挨打。所以說檢察官在刑事訴訟永遠站在上風處，並非全部是事實。

臨死陳述的證據能力

報載嘉義地方角頭盧姓父子於二〇〇八年十一月八日上午七時許遭人槍擊，警方趕至現場時，父親已死，尚未斷氣的兒子向員警說：「是阿忠幹的。」隨即吐血身亡。兩天後，一名姓名「賴忠」的男子出面向警方投案。本案已於二〇〇九年一月六日經嘉義地檢署檢察官依殺人罪提起公訴。

被告的自白不能做為惟一證據，因此，本件被害人臨死前的陳述，能否當做賴姓嫌犯殺人的補強證據，即成為重要問題。

我國刑事訴訟法在二〇〇一年引進傳聞法則，其基本思想是：所有的證人（含被害人）均應經過法庭內之交互詰問，其證詞才有證據能力。

例如車禍後警方趕至現場，有一位路人跑來向警察說「是紅色車子闖紅燈才發生車禍」，然後就不知去向。來日審判時，縱使該警察出庭做證說「有一位不詳身分的人在現場向我說，是紅色車子闖紅燈」，該句「紅色車子闖紅燈」仍然是傳聞（hearsay），並沒有證據能力（不能用來定被告之罪）。

換言之，必須「講那一句話的那個人」有出庭接受交互詰問，才沒有傳聞問題，如果只有「聽到那句話的人」出庭做證，仍然是傳聞。

但問題是，如果「講那句話的人」已經死亡時，當然是無法出庭，有些非常有可信度的證據就不能被引進法庭，而有礙眞相的發現。於是所謂「傳聞法則的例外」，就逐漸被發展出來，其中最明顯的例子就是「臨死陳述」（statement under belief of impending death）。

美國聯邦證據法 Rule 804(b)(2) 規定：「陳述人相信其即將死亡時，關於死亡原因或週遭狀況之陳述」，其證據能力不被傳聞法則排除。該條文之立法理由係傳承自普通法（common law）數百年來的想法：當一個人知道自己即將死亡時，其對於死亡原因之陳述，有高度之可信性。其實，這種想法與中國古老成語「人之將死，其言也善」，是不謀而合。

美國法對於「臨死陳述」所設條件相當嚴格，檢察官必須要證明陳述人當時確實相信「自己快要死了」。例如二〇〇五年美國德拉瓦州 Jason 案，被害人身中兩槍，血流滿地，警察趕到現場時，奄奄一息的被害人對搶匪長相做了一番描述。不過，經過急救手術後，被害人沒死，警方於是在第七天又在病房裡詢問被害人一次。到了第十天，被害人還是因爲肺栓塞而死亡。該州最高法院判定，被害人第一次在現場的陳述，確是「臨死前之死因陳述」，但第二次在病房的陳述就不是，因爲被害人當時並未有「即將死亡」的確信。

我國刑事訴訟法第一百五十九條之三亦把「證人已死亡」列爲傳聞例外的事由之一，故前述盧姓被害人臨死前所說「是阿忠幹的」這句話，將來應該可以由聽到該句話的員警出庭做證，而將之引進法庭做爲犯罪證據。

（2009/1/25發表）

第十篇

美國月亮

〔前言〕

美國在許多人的心目中是一個人權至上的國家，美國聯邦最高法院在一九六〇年代Warren首席大法官時期所下的廢除種族隔離、證據排除法則、保障被告權利等諸多判決，確實鼓舞世間許多人權鬥士。而美國訴訟制度所發展出的交互詰問制度，亦被推崇爲發現眞實最偉大的發明。但美國法制也有其強硬蠻橫的一面，尤其在二〇〇一年九一一事件後，美國首次嘗到了「本土攻擊」的苦難與恐懼，對自由主義的堅持開始鬆動，此種心態促成愛國者法案的立法。而美國司法如何在這種全民同仇敵愾的氛圍下保持獨立冷靜，就成了我們最佳的觀察主題。

美國刑事偵查程序簡介

國人在觀看美國警探片或法庭戲，或諸如「克雷格名單網站殺手」（Craiglist Killer）馬可夫的相關新聞報導時，對美國刑事偵查與審判程序，或許會有些許好奇與疑問，本文先簡介其偵查流程如下。

美國警方「無令狀逮捕」嫌犯僅有兩條件：（一）有相當理由（probable cause）足認嫌犯已犯罪；（二）逮捕地點是在公共場所或公眾得出入之場所。所以波士頓警方在蒐集馬可夫的犯罪證據達到「有相當理由」之程度時，即動手在高速公路攔車抓人。反之，我國警察無令狀逮捕僅限於（準）現行犯與緊急拘提，條件比美國嚴格。

逮捕後，美國警方對檢察官是「送案不送人」。檢察官審核相關卷證後（甚少偵訊人犯），若認確實有「相當理由」，即著手制作簡易的「控訴狀」（complaint），人犯則由警方直接移送給治安法庭（各州名稱不同，在波士頓稱爲 Municipal Court），此移審程序（arraignment）必須在逮捕後的四十八小時內完成（我國則爲二十四小時，亦是比美國嚴格）。

開首次庭時，檢察官、被告及其辯護人均出庭，由治安法官（Magistrate，與審判法官不同）審理，訊問被告是否認罪（guilty plea），並決定交保（bail）或收押（detention）。

有鑑於逮捕後第一次開庭通常較匆促，所以大部分州都規定在決定羈押後十至二十日內，治安法庭應再開一次庭審核被告罪嫌是否已達「相當理由」之程度，此種聽審稱爲「預先檢查」（preliminary examination）或「相當理由聽審」（probable cause hearing）。

接下來是由檢察官主導的「大陪審團」（grand jury）程序，目的在決定起訴或不起訴（與決定有罪或無罪的「小陪審團」〔petty jury〕不同），其成員通常爲十六人至廿三人，程序中並無法官出庭，僅由檢察官在陪審員面前詰問證人（但傳票必須由法官核發）。它是一個祕密程序，一切內容不得對外公開（除非有法院命令），且被告及其律師並無出庭之權利。

當大陪審團決定可以起訴後，檢察官才正式提起公訴，並進行第二次的移審（也是稱爲arraignment）。但並不是每一個案件均有經過大陪審團程序，有些州規定「預先檢查」程序可以取代「大陪審團」程序，有經過大陪審團程序所作成之起訴書稱之爲 Indictment，未經過者之起訴書則稱之爲 Information。

由上可知，美國的偵查程序是一直到大陪審團投票後才結束，總共有兩次起訴，第一次的簡略起訴相當於我國的警方移送或檢察官的羈押聲請，是在四十八小時內完成。第二次的正式起訴（大陪審團的起訴），則可能是在數個月之後。若被告在第一次起訴時被治安法官裁定羈押，其起訴期限依據「速審法」的規定，原則上是兩個月。

所以美國與我國一樣，都是有「起訴前的羈押」，我國並不比美國「野蠻」。

（2009/7/12發表）

美國刑事審判程序簡介

美國「克雷格名單網站殺手」馬可夫被起訴後，承審法官所訂的審判日期是二〇〇一年的六月，遠在一年之後（此日期應有經被告同意，因爲依據速審法，原則上應在六十天之內開審），這中間到底有哪些程序可以拖延如此之久？

美國被告被起訴移審時，法官首先會問其是否認罪，此時被告可有三種選擇：認有罪（plea guilty）、認無罪（plea not guilty）、對起訴事實「不否認」（nolo contendere，效力僅止於刑事案件，民事不得援引）。被告若「認有罪」或「不否認」，則進入「認罪協商程序」（plea agreement procedure），美國之刑事案件約有百分之八十至九十均經由此種程序結案。

若被告「認無罪」，案件即進入「審前聲請」（pretrial motions）程序。主要進行：（一）對起訴書之罪名與證據充分性提出挑戰。（二）對檢警蒐證程序之合憲性（即證據能力）提出挑戰。（三）證據揭示（Discovery），即檢辯雙方均將手上之證據與抗辯方法在審判期日前先行告知對造。

接下來的程序是「陪審員之選任」（jury selection），可分爲三階段：（一）陪審員名冊（jury pool），即事先將社區內有陪審員資格之公民造冊。（二）受命陪審員（impaneled jurors），即依法院案件數量對陪審團之需求，隨機從名冊中，挑選出一批在某段時期內擔任陪審員之公民。（三）眞誠測驗（voir dire），具體案件浮現後，由檢辯雙方經過庭內詰問，從「受命陪審員」中挑選出眞正裁決案件之陪審員（通常爲十二人）。

選完陪審團後，審判才進入審判期日的法庭交互詰問大戲，其流程爲：（一）檢方出證（prosecutor's case-in-chief），證人先由檢察官「主詰問」，然後再由辯護人「反詰問」。（二）辯方抗辯（defendant's affirmative defense），由被告律師提出各種反證。（三）檢方反駁（prosecutor's rebuttal），由檢方針對辯方之反證提出反駁證據。（四）defendant's surrebuttal，由辯護人針對檢方之反駁提出「再反駁證據」。（五）closing arguments，即結辯。

辯論終結後，陪審團即退庭開始密室評議（deliberation，有時進行好幾天），然後做出有罪或無罪的裁決（verdict，大多數州須全體一致決議）。若陪審員無法達成協議時，稱爲「懸而未決」（hung jury），理論上檢察官可以再行起訴，請求重組新的陪審團再審。

有罪判決時法官會訂另一庭期進行「量刑程序」（sentencing），由檢辯雙方分別主張被告依其人身背景及所犯案情，應被置於「量刑準則」中之何種層次，再由法官定其刑期。至於死刑，則需經陪審團同意。

被告被判決有罪後可以上訴，判無罪時檢察官原則上不能上訴。有罪確定後，被告仍有一條救濟途徑，就是向聯邦民事法庭聲請「人身保護令狀」（writ of habeas corpus），受理的法院得以判決違反憲法或聯邦法爲由，撤銷判決或重新量刑。

（2009/7/19發表）

克雷格網站凶殺案

這個月在美國最轟動的刑事官司，就是波士頓大學醫學院二年級學生馬可夫（Philip Markoff）劫殺應召女郎的案件，業經大陪審團認定成立一級謀殺等罪名，並由檢察官於六月二十一日提起公訴移送法院審判。因爲馬可夫都是在「克雷格名單」（Craiglist）網站的性伴侶分類廣告尋覓被害人，所以被稱爲「克雷格名單網站殺手」。

本案是觀察美國警方辦案手法與刑事偵審流程的絕佳實例，値得介紹。

二〇〇九年四月十日波士頓一家高級旅社內，一名脫衣舞女郎遭前來會面的顧客搶走提款卡與八百美元現金。四月十四日當地另一家高級旅館內，又有一名應召女郎因抗拒搶劫而遭人開槍殺害。至四月十六日羅德島州一家高級旅社內，又有一位脫衣舞孃遭搶（未遂）。這三件搶案有其共同點：三名被害人都在克雷格網站張貼誘人廣告，歹徒都是使用塑膠紮線綁住被害人的雙手，再用水電膠帶貼住被害人的嘴巴，三個現場的監視器都錄到同一個男性白人的畫面。

波士頓警方雖從死者身上膠帶及現場牆壁找到嫌犯指紋，但查無相符的指紋資料。另從監視器畫面看到凶嫌在旅社大廳使用手機講話，即調取該處基地台之所有通訊紀錄，但發現凶嫌應是使用不用身分證件即可購得之易付卡號碼，此線索亦因而產生斷點。

警方鍥而不捨，從死者之電腦調出其生前與最後一位顧客約會的通訊紀錄，查出該顧客的ＩＰ位置，再派人至實際地址釘梢，發現居住人之長相與旅社監視器的影像相符，即鎖定該人展開多日的跟監。

警方接著查出該對象是波士頓大學醫學院二年級學生，名叫馬可夫，再向校方取得其照片，供被害人指認，確認是凶嫌無訛，即於四月二十日在波士頓南方的九十五號州際公路攔車逮捕馬可夫。

下手逮捕當天，警方同時向法官請得搜索票搜索馬可夫的住處，結果扣得手槍一支（彈痕比對與死者身上的子彈相符）、與犯罪工具同型的塑膠紮線六十條、四月十日受害人所有的提款卡一張與八百美元現金，以及上網用的手提電腦一部（其內留有與被害人聯絡的通訊紀錄）。

事後警方發現，馬可夫應是有預謀地犯罪，其使用人頭來購買手槍，並使用假名申請電子郵件帳戶，加上其使用的手機都是未經登記的易付卡，所以破案的關鍵仍在於電腦ＩＰ位置。

我國人頭戶使用的氾濫程度可謂世界之冠，所以破案的難度不下於美國。本來我國有完整的役男指紋紀錄，是比美國容易破案的有利因素（本案之馬可夫因從未有逮捕紀錄，所以美國當局並無其指紋檔案），但自二〇〇一年起因有違憲之嫌，役男有權拒絕按捺指紋，我國在此方面的優勢已逐年喪失，只能尋求其他的破案途徑了。

（2009/7/5發表）

後記

本件凶嫌 Philip Markoff 未待接受審判即於二〇〇九年八月在獄中自殺身亡，他選擇在他與未婚妻原訂婚期之一週年後割腕自殺，臨死前並在牢房牆壁用鮮血寫上 Megan，即其未婚妻的名字。

科學辦案又一樁

美國耶魯大學藥學系越南裔女研究生黎安妮（Annie Le）在校園實驗室被勒死的案件，康乃迪州警方在案發第五天後終於逮捕一名男性嫌犯，其偵辦過程堪稱是「科學辦案」與「人權保障」之結合。

黎安妮的屍體是在九月十三日被發現藏匿在實驗室的牆壁夾層中，因為該實驗室有門禁管制，所以警方第一個動作就是清查該門禁的所有刷卡紀錄，而鎖定在死者最後一次進入實驗室之後（由刷卡及監視錄影帶可知是九月八日上午十時），進出該室的數名人士。

由於死者遇害的日子剛好是其原訂的結婚日，外界的第一個懷疑是「情殺」。但美國警方不敢大意，還是向法院聲請搜索票，對所有可能的人均加以採集ＤＮＡ檢體（含毛髮、唾液與指甲），用來比對在陳屍現場所採集到的二百五十多項微物證據，結果發現負責照顧實驗動物的男性技工克拉克（Raymond Clark III）涉有重嫌。

但，動機何在呢？死者屍體並未看出有性侵害的跡象，警方於是再清查死者的電話通聯，發現其在九月八日當天上午曾收到克拉克發送的簡訊，要求見面討論老鼠籠子之清潔問題。而在訪談相關人士過程中，警方了解到克拉克對實驗室清潔的維持，幾近「控制狂」（control freak）。

動機有譜之後，警方才正式抓人，於九月十七日上午在一家汽車旅館逮捕克拉克。翌日移送法院經法官諭令以三百萬美元交保，警方暫將本案定位爲「職場暴力」（workplace violence）。

本案值得觀察的第一件事是，警方於九月十五日第一次與克拉克接觸時，是以搜索票採集其ＤＮＡ檢體，並未加以逮捕，採畢後即讓其離去，惟派人二十四小時監控，一直到ＤＮＡ比對結果出爐，才動手逮捕。可謂是「先找證據再抓人」，而非「先抓人再找證據」。

第二件事是在採集ＤＮＡ與等待化驗結果的階段，不論是警方或媒體，均一直不敢直呼克拉克是「嫌犯」（suspect），而只稱之爲「關係人」（a person of interest）。

第三件事是警詢時克拉克行使緘默權，但警方在問話當中觀察到其身上有抓痕（克拉克聲稱是被貓抓傷），此項觀察報告在移審時被列入證據。所以被告雖有緘默權，但只能針對「供述證據」（testimonial evidence）主張，並不能抗拒警方蒐集其人身「物證」（physical evidence）。美國聯邦最高法院早就連續在一九六六年的 Schmerber 案、一九六七年的 Wade 案與一九七三年的 Dionisio 案判決中，明白指出被告僅能拒絕作答，但並無拒絕被採血、指認或測聲紋之權利。

其實本案如果發生在我國，警方的標準作業程序亦應相同：從門禁卡紀錄、微物證據、電話通聯到逮捕，亦即，先物證後人證。現今我國警方的辦案作風已逐漸擺脫「從被告口中套出證據」之舊思維，是值得國人欣慰之處。

（2009/9/27發表）

後記

本件被害人 Annie Le 出生於加州聖荷西，是當地少數民族奮發向上的典範，故其死亡在加州舊金山灣區引起廣大關懷，民眾爲其集會遊行，媒體亦廣泛報導，其新聞熱度甚至引起部分人士不滿，認爲媒體忽略了其他同樣在校園遇害的被害人。

至於嫌犯 Raymond Clark 則於二〇一一年三月在審前認罪，被判四十四年有期徒刑。但他對於犯罪動機始終未發一語，Annie Le 爲何被害，至今仍是一個謎。

九一一對自由主義的衝擊

二〇〇一年九月十一日，第一架客機撞進美國紐約市雙子星大樓北廈後，我與世界各地觀眾同時收看電視實況轉播，眼看著美國這個世界上最強大的國家在立國後首次被攻進本土，而且是我曾經求學過的城市，內心驚訝萬分。不料不久之後，在眾目睽睽之下，竟然有第二架客機再撞進雙子星的南廈，接著兩棟大樓化爲灰燼，這種臨場感所帶來的震撼，讓我久久不能平息。

隔天我在檢改會的網站張貼這段留言：「美國九一一爆炸案帶給人類的衝擊絕對是永恆的。身爲法律人，我們所關心的是美國立國以來所標榜的『自由』與『人權』，是否會開始鬆動？近年來美國憲法第一增訂條款（言論自由）、第四增訂條款（人身與住宅自由）、第五增訂條款（不自證罪）、第六增訂條款（充分辯護）不斷衝撞我國的法律思維。但當部分族群顯現出野蠻與非理性之一面時，人們是否會開始懷疑，人類到底有無資格享受自由主義倡導者所標榜之一切？爆炸案對法律文化面的衝擊，絕對不亞於經濟面與外交面。」。

七年後回顧歷史，我當年並未危言聳聽，九一一事件後，美國政府不論是行政、立法甚或司法部門在憤怒之下，似乎忘卻了上世紀的六〇年代，美國自由主義是如何鼓勵世人張開雙臂擁抱人權。

爲了便利緝凶及預防爆炸案的再發生，美國國會通過愛國者法案（the USA Patriot

Act），在偵查權方面最重要的變更至少有：（一）將電話通聯法規擴張至電腦網路；（二）將大陪審團偵查與監聽內容之分享者放寬至情治、移民、國防等單位；（三）語音信箱留言之讀取，是以搜索票而非監聽票爲之，且得在執行後一段時日才出示搜索票；（四）將必須配合監聽之機關從電信公司擴展至有線電視與網路公司；（五）創設無管轄權限制之搜索票與監聽票；（六）對電子通訊資料之扣押，以「對物傳票」取代「法院命令」；（七）將外國人情報法之適用範圍擴張至「有相當關連之國內犯罪」；（八）散彈式監聽之允許。

美國聯邦最高法院亦在九一一後的諸多判決中，讓保守主義高唱凱旋之歌，例如警察盤查時得命人民出示證件、命乘客（非駕駛人）下車甚或逮捕乘客；搜索時得對所有在場人上手銬；交通路檢時得順便使用警犬嗅聞車上有無毒品等等。

當政府追訴或預防犯罪之權限，已膨脹到影響一般人民的生活方式時，就是自由主義衰敗的表徵。恐怖活動會讓人們對周遭之人從「信任」轉向「懷疑」，會讓社會制度的設計從「性惡」，而非由「性善」出發（從入境美國的通關程序的改變即可窺見一斑），這是九一一事件對世局不可避免的影響，也是人類的悲劇。

（2008/9/21發表）

關塔那摩案判決簡介（一）

二〇〇一年九一一事件後，美國聯邦政府在阿富汗戰地與其他地區逮捕了六百多名的外籍人士，先後集中關在美國向古巴租借之「關塔那摩」（Guantanamo）海軍基地，至今已將近六年。他們到底是「戰俘」？還是「刑事嫌犯」？還是什麼都不是的「人渣」？美國聯邦最高法院已對此爭議做出三件判決，但答案可能還在茫茫的風裡。

九一一事件對美國政府與人民之衝擊是可以想像的，它是美國立國以來內陸本土眞正受到攻擊的事件，一股追懲元凶的憤怒之火，讓布希政府採取了非常手段，他們宣稱這是一場「反恐戰爭」（War on Terrorism），所有被懷疑與蓋達組織或塔利班政權有關的被俘人，均交由一個依據總統命令成立的「軍事特調小組」（military commission）審問，沒有正式罪名，沒有律師，沒有羈押期限，但結局有可能是「處死」。

布希政府說這些人既不是戰俘，也不是刑事嫌犯，而是「敵方戰士」（enemy combatant）。而且因爲他們不是美國人，所以不受美國憲法的保障，更進一步，因爲他們被拘禁的地方不是美國領土，所以美國法院並無管轄權，並不得受理他們的申訴案件。

爲了釐清這些「被收容的外國人」地位（至今仍有約二百七十名未被釋放），人犯家屬們委任的律師與國際人權組織，陸續提起一連串的訴訟，其中有三件打到了美國聯邦最高法院，最近一項判決是在二〇〇八年六月十二日宣判，可統稱爲「關塔那摩案判決」。

聯邦最高法院首先在二〇〇四年六月的 Rasul 案，判定關塔那摩人犯得向美國之聯邦地區法院聲請「人身保護令狀」（habeas corpus），以判定拘禁之合法性（類似我國之「提審」）。布希政府爲阻止此種情形發生，即運作國會於二〇〇五年十月通過「拘禁者處遇法案」（Detainee Treatment Act），一方面規定軍事特調小組的偵訊程序應符合人道，另一方面卻明文禁止關塔那摩人犯的請求提審權。

但聯邦最高法院繼而在二〇〇六年六月的 Hamdan 案判決中，指明軍事特調小組的審問並無法律依據。於是布希政府再運作美國國會通過「軍事特調小組法案」（the Military Commissions Act），而取得法源基礎。因該法案依然明文禁止「關塔那摩」人犯的提審權，律師團們於是再提訴訟。聯邦最高法院在二〇〇八年六月十二日 Boumediene 案的判決，就是宣布前述兩法案之禁止提審規定均無效。

今天「關塔那摩」人犯所得到的，僅是向普通法院請求提審，判定其法律身分的權利而已，並不能立即獲釋，但已是美國自由主義逐漸復甦的一個表徵。誠如二〇〇八年 Boumediene 案判決的執筆者 Kennedy 大法官在多數意見書中所言：法律與憲法依其宗旨，就是應該在非常時期存活下來，而且繼續運作。（The laws and Constitution are designed to survive, and remain in force, in extraordinary times.）

（2008/6/29發表）

關塔那摩案判決簡介（二）

美國在二十世紀儼然是自由主義的堡壘，但時至本世紀初，無期限拘禁眾多囚犯的關塔那摩基地，被其他文明國家譏爲「法律黑洞」（the legal black hole），九一一事件難道眞的讓美國一夕之間變成野蠻國家嗎？布希政府如何在「法治」（rule of law）原則下，去尋求關塔那摩拘禁所的法理基礎呢？這必須從第二次世界大戰談起。

一九四二年六月十三日晚上，一艘德國潛水艇悄悄停泊在美國紐約州長島外海，四名德國訓練出來的特務人員（三名德裔美國公民與一名德國人）身穿德國軍服攜帶爆破器材，乘坐小艇偷渡入境，上岸後立即將軍裝與器材掩埋，換成便服潛進紐約市。四天後，另一批全部爲德裔美國公民之四名特務，從佛羅里達海岸，以同樣方式偷渡上岸。數天之內，這八名特務分別在紐約市與支加哥市遭聯邦調查局人員逮捕，並均坦承出國到德國境內接受德軍訓練與資助，再回美企圖從事破壞活動。

同年七月二日，美國總統羅斯福以命令組成一「軍事特調委員會」（the Military Commission，由職業軍官組成，採糾問程序）負責審問此八名特務所犯之戰爭罪，後來此八名特務向聯邦地方法院聲請「人身保護令」（habeas corpus），但遭駁回。

本件上訴後，聯邦最高法院在同年做出判決（Quirin 案），認爲依據美國國會所立之戰爭條款（the Articles of War）以及間諜法（the Espionage Act），身兼三軍統帥的美國總統，本就有權以行政命令設置軍事特調委員會及其審理程序，而未穿制服的敵國特務屬於「非法戰士」（unlawful combatant），並非戰俘，而須交由軍事特調委員會審判。聯邦最高法院進一步指出，美國憲法所保障的受陪審團審判權，以及日內瓦公約，對這種未穿制服的戰爭犯（縱使內有美國公民），並不適用，所以維持地方法院之駁回判決。（後該八名德國特務有六人被處死。）

接下來的案件是一九五〇年的 Eisentrager 案，也是與第二次世界大戰有關。該案中二十一名德國人涉嫌在一九四五年五月八日德國投降後，留在中國大陸繼續提供美國之軍事情報給境內之日本軍隊，而觸犯戰爭罪。日本投降後，他們被美軍逮捕，並在南京市經美軍的軍事特調委員會拘禁審問。其中十五人被定罪後，經解往德國境內一座美軍看管的軍事監獄服刑，他們認爲軍方之拘禁違法，故集體向美國聯邦地方法院聲請提審，但遭駁回，美國聯邦最高法院最後維持聯邦地方法院之判決。

從此兩案可知用來審問敵國軍人之「軍事特調委員會」，並非布希政府在九一一事件後所獨創，關塔那摩舞台的幾個布置元素：外國人、未穿制服的戰士、境外拘禁與審問，事實上是二次世界大戰的案例所提供給布希政府的靈感。

（2008/7/6發表）

關塔那摩案判決簡介（三）

九一一事件發生後之第七天，美國國會迅速通過一項「動武授權決議案」（the Authorization for Use of Military Force），授權美國總統使用「必要且適當的武力」（necessary and appropriate force）去對付所有計畫、參與或幫助九一一攻擊的國家、組織或個人。

美國聯邦最高法院在二〇〇四年 Hamdi 案的判決中，認定此「動武授權決議案」確實讓美軍得予拘禁反恐戰爭擄獲之人，但同時指出，被拘禁者對其是否屬於「敵方戰士」有所爭執時，基於正當程序原則，應有一中立之第三者來做裁決。

與 Hamdi 案同日宣判的 Rasul 案更進一步指出，聯邦地方法院依據聯邦法 28 U. S. C. §2241 有關提審之規定，對於關塔那摩人犯之人身保護令聲請案件有管轄權。

這兩個判決其實已在警告布希政府，聯邦法院遲早會介入。布希政府爲了避免此情況之發生，首先由國防部主動設置一個「戰士身分覆審法庭」（Combatant Status Review Tribunals），負責受理有關「戰士身分認定」之申訴。接著再運作國會通過「拘禁者處遇法案」（Detainee Treatment Act），規定不服「戰士身分覆審法庭」之裁決者，可以上訴到華盛頓特區的聯邦上訴法院（但不含最高法院），藉以滿足 Hamdi 案判決對於「正當程序」之要求。然後再於同法案中規定「沒有任何法院可以受理關塔那摩囚犯之人身保護令狀聲請」，而推翻掉 28 U. S. C. §2241 之規定（從而規避掉 Rasul 案之判決）。

但二〇〇六年六月聯邦最高法院在 Hamdan 案，判定軍事特調委員會依據「拘禁者處遇法案」所爲之程序，因違反日內瓦公約而無效，並指出該法案對於關塔那摩囚犯並不能溯及適用。布希政府於是再運作國會通過「軍事特調委員會法案」（the Military Commissions Act），正式以法律設置軍事特調委員會，並明定得溯及既往。

面對行政部門與立法部門的聯手抵制，囚犯的律師團只好將爭議拉到憲法層次，主張該二法案有關禁止聲請人身保護令的規定，因違憲而無效。聯邦最高法院在二〇〇八年六月十二日之 Boumediene 案支持此種論點，判定關塔那摩囚犯雖然是拘禁在美國境外且都是外國人，但仍受美國聯邦憲法的人身保護令條款之保障。

Boumediene 案的判決是如何去區隔本案與前文所述之 Quirin 案（德國潛艇）與 Eisentrager 案（南京審判）呢？該判決的多數意見指出，Quirin 案的軍事特調委員會程序完備，有「當事人主義」的構造，且有爲被告指定辯護人，但關塔那摩的軍事特調委員會欠缺此些機制。而 Eisentrager 案判決所考慮的是，如果眞的提審，人犯必須遠從德國押解到美國，程序繁瑣，但關塔那摩基地只不過是在邁阿密外海的古巴。

布希政府想從二次大戰的判例中取得法理依據的構想（將未穿制服的外籍戰士關在美國境外，以逃避美國憲法），至 Boumediene 案宣判後，已確定落空。

（2008/7/13發表）

後記

二〇一三年四月十五日波士頓馬拉松賽爆炸案之凶嫌 Dzhokhar 在同月十九日被捕之後，「敵方戰士」（enemy combatant）這個名詞，又被提了出來。

以 Lindsey Graham 爲首的數名共和黨籍國會議員，呼籲歐巴馬總統與聯邦檢察官要將 Dzhokhar 當做「敵方戰士」，應送軍事特調小組調查，而不應移送普通法院讓他享有米蘭達警語、緘默權、辯護人權、證人對質權等等刑事嫌犯之特權。Graham 說：「這傢伙並非搶了一瓶酒，並非僅是替黑道做事。天啊，他們是在對我們發動戰爭啊（They were at war with us）。」

事實上，本件聯邦檢察官已經動用米蘭達警語之例外規定，即「公共危險」（public safety exception），在沒有律師在場之情況由聯邦探員偵訊 Dzhokhar（因其喉嚨受槍傷，所以是透過筆談）。但 Graham 等議員認爲這還不夠，因爲 Dzhokhar 在四十八小時之後仍能見到法官，國家仍然要爲其指定辯護人。

最後，在四月二十二日聯邦檢察官還算挺得住民粹的壓力，還是依照刑事訴訟法將 Dzhokhar 起訴到普通法院（麻州聯邦地方法院）。此舉正是呼應 Kennedy 大法官在 Boumediene 案判決所說的那段話：法律與憲法依其宗旨，就是應該在非常時期存活下來，而且繼續運作。

關塔那摩案判決簡介（四）

美國聯邦最高法院 Boumediene 案在二〇〇八年六月十二日宣判，判定美國國會立法禁止關塔那摩囚犯向聯邦法院聲請人身保護令，因違憲而無效，引起正反兩極的意見。

首先在大法官陣營裡不同意見即非常尖銳，該判決是以五比四的比數低空掠過，其中共和黨總統提名的保守主義大將 Scalia 大法官，甚至在不同意見書裡面說：「今日之多數意見愚弄國家的三軍統帥權，將使我們的戰爭更加艱困，甚且會導致更多的美國人喪命（It will almost certainly cause more Americans to be killed.）。」前軍事檢察官 Davis 亦公開表示：「我相信我們的制憲先賢們會在墳墓中驚醒，發現原來這些意圖摧毀我們社會的人，竟然也有憲法上之權利。」如此民粹的言論，本來在政論性節目才會出現。

布希總統更是見縫插針，對該判決下評論：「這是一個意見嚴重分歧的判決，本人對不同意見者心有戚戚焉。」美國司法部長 Mukasey 則憂心忡忡地表示，他預測將有數百件的人身保護令聲請案蜂擁而至，癱瘓聯邦地方法院。

但民權團體與民主黨多位國會議員（含歐巴馬在內）則對判決結果深表欣慰。其中憲法權利中心（CCR）理事長 Ratner 樂觀地表示，現在仍在囚禁當中的兩百五十人，絕大多數將會獲得釋放。

其實聯邦最高法院並不是在一開始即與行政及立法唱反調，其站在國家最後一道防線，雖深怕行政權衝過了頭，但於一片愛國熱潮中，在踩剎車時，也是如履薄冰，一次一小步。但布希政府拘禁關塔那摩人犯確實太久了，在遲疑六年後，聯邦最高法院才眞正拿出憲法，改變第二次世界大戰期間之吝嗇態度，而給予囚犯們人身保護令聲請權。

其實世人對美國的質疑並非空穴來風，本來炸彈客的追緝應屬「刑事偵查」作爲，其程序應依據刑事訴訟法，但美國卻將之提升至戰爭行爲。當然，兩棟摩天大樓及五角大廈的一角全被炸平，加上三千條人命，的確會讓人接受九一一事件應是國家遭受攻擊的「戰爭」，而非一般的「炸彈客刑事案件」。

但若眞的是戰爭，美軍即應遵守日內瓦公約，不得審問戰俘，且應在戰爭結束時，立即釋放戰俘。但關塔那摩囚犯卻在囚禁期間被所謂的「軍事特調委員會」嚴酷偵訊他們與「蓋達」的「共犯關係」，這種辦案手法，確實有「以軍事行動爲名，行犯罪調查之實」，藉以排除律師在場權與證人對質權之嫌。

在我國藍綠對立尖銳化、社會意見兩極化的背景下，司法機關如何自處，美國聯邦最高法院在關塔那摩案件中的表現，實值得借鏡。司法不能媚俗，不能一味與大眾「同仇敵愾」。司法必須在行政、立法、媒體與社會大眾都熱昏頭時，仍能保持中立，冷靜斷案。

（2008/7/20發表）

後記

歐巴馬上任總統後，曾於二〇〇九年一月下令在一年之內關閉關塔那摩基地牢房，但軍事法院拒絕交出人犯，國會亦強烈反對並凍結從古巴移送俘虜回美國本土之經費，其後多年國會一直處於反對態度，故該基地之關閉已是遙遙無期。至二〇一三年十二月止，該基地仍關著一百六十人。

第二部

司法改革

導論

當一個公權力運作的結果一直讓人民不滿意時，不一定是制度出了問題，有可能只是人的問題。必須等到制度裡面的人再怎麼努力，還是沒辦法把事情做好時，才是制度需要改革的時候。我國司法改革如今陷入困境，原因可能就在「先改制度或先改人事」上，做了錯誤判斷。

一九九九年的全國司法改革會議是決定我國司改藍圖的重要決策機構，其結論是「訴訟制度與司法人事都要改」。這種包山包海的解決方式雖有其雄心壯志，卻讓我國司改腳步從前幾年的「遲緩」，進入近幾年的「呆滯」。

正常的改革方法應是先列出問題清單，再來是討論各該問題的解決方案，方案出來後，接下來應探討現有人事未來能否操作新制度。所以如何在新制度實施前先調整人事，是所有改革成敗關鍵所在。因此，人事改革的時間表應先於訴訟制度，新的訴訟制度可以先訂下來，但實施日期一定要在人事體質調整完之後。可惜的是，當司法院在執行全國司改會議時，卻將訴訟制度改革擺在人事改革之前，更糟糕的是，其訴訟制度的改革是分段式，不是整套，而且忽略其他配套。這結果當然是人更累，但事仍未做好。

以刑事訴訟改革而言，全國司改會議決定將舊有的職權調查主義改為當事人進行主義，其主要意義為維持公平審判，法官不再接力調查，檢察官須全程到庭負實質的舉證責任。這種制度之實況是法官開庭前不用看卷（甚至有人主張不能看卷），所有心證都是當庭形成，檢察官必須在法庭內從無到有，逐一出證。所有證人在警察局與檢察官面前所講的話都變成傳聞，除非親自出庭做證，原則上無證據能力。這結果當然是會拉長訴訟程序之時程，檢察官與辯護律師都要大量增加，而法官對於訴訟法內最複雜難懂的傳聞法則與證據揭示也必須從頭學起。這些人事體質的調整，至少要十年以上，但我國卻在全國司改會議之後第四年，即倉促推出新制，致人趕不上制度，跌跌撞撞至今。

當事人主義下的司法人事改革另有一些更深層的問題。第一個就是法官來源。惟有多年實戰經驗的人，才能對交互詰問之訴訟指揮得心應手，而不會任由檢辯雙方無限拖延訴訟，換言之，法官必須從有經驗的檢察官與律師中挑選出來。第二個問題是檢察官人事的民主化。當事人主義下，法官退出職權調查，案件能否查出真相，檢察官要負全部責任，故如何防止檢方由上而下的政治干預（不論是濫權追訴或吃案），自然是第一要務。第三個問題是律師倫理之加強。當事人主義下，辯護人深度參與偵審程序，因而知悉並持有眾多公家與私人祕密，如何確保律師的保密與誠實義務，惟有訴諸律師倫理與懲戒。而以上這三個司法人事改革，我國還有一大段路要走。

訴訟制度與人事改革同步進行，在我國所造成的另一嚴重問題，就是院檢對立。不知何故，司法院在檢討舊制度之良窳時，刻意將所有缺失責任推給檢察官；爭取法官地位的提高時，亦有意無意壓抑檢察官地位。結果我國司改情境，多出了類似藍綠對立之院檢意識型態之爭。在面對解決問題的討論時，成了只有立場，沒有是非。所以在司改策略上，應是先推法官法，讓檢察官準用，確保檢察官的司法屬性後，再推刑事訴訟法，以消除檢方的集體憂慮。筆者在全國司改會議之籌備會議即做此建議，惜未被採納。如今法官法已通過並有檢察官準用之規定，我們冀望院檢雙方日後能保有避免對立的敏感度，共同面對問題尋求解決方式，建立一套受人民尊敬的司法系統。

第一篇

昨日之怒

〔前言〕

回顧檢改會從一九九八年成立以來的歷史，眞令人感慨台灣社會之健忘。檢改會在當年所面對的各種問題與憂慮，至今仍不時重複出現。雖然有些制度已經建立，但檢方內部還是須要有一群奮鬥的好人去防止封建勢力復辟。因貪腐集團早已認清，控制了檢察官，就控制了司法；弱化了檢察官，就弱化了司法。改革之路，實無比漫長。

給我一根槓桿，我能移動整個地球

一、從「特別檢察官」談起

這幾天因爲連伍匯款案，美國「特別檢察官制度」再度成爲熱門話題，不論贊成或反對設置者，其間一致的見解是：我國檢察官有將無兵，且行政色彩濃厚，無法發揮應有的偵查能力。這種結論正道出全國基層檢察官的心聲，然在慶幸制度改革有望之際，竟驚聞立法院擬具之「法官法草案」，未將檢察官列入準用範圍。此舉無異將完全剷除檢察官的準司法官性格，與近日全國百姓盼望「檢方獨立」之民氣更是大相逕庭，誠望立委諸公能對此問題三思而後行。

二、檢察官是刑事訴訟法之守護神

我國檢察官除負有主動偵查犯罪與被動收受司法警察移送案件之任務外，另有一法律所交付的神聖職責，便是依法核發限制人民人身自由、財產權與隱私權之拘票、搜索票與監聽票，並透過指揮權隨時傳遞法律訊息給行政權之執行者——司法警察。故檢察官絕對不是一個純粹的行政官，他是立法者所安排在犯罪調查武官陣營中的一個文官；一個劃定人權保障與犯罪調查界線的法律人。正因如此，在大陸法系國家檢察官才會被稱爲「準司法官」，才會有如此眾多優秀的法律人才願投入檢察官的行列。我們深信一位優秀的檢察官除須有滿腔的正義感外，更須有守護法律與保障人權的司法官性格。而在法官法裡列入檢察官準用條文，其意義非僅止於保障檢察官的身分，更在於提醒每位檢察官謹記其在法治國家中所應扮演的神聖角色！

三、給我一根槓桿，我能移動整個地球

特別檢察官的制度，是將所有雞蛋放在同一個籃子，不論是人選或案件的選定，難免染

上政治色彩，反而增加行政干預的風險。與其設置特別檢察官，不如給全國每位檢察官充分的人力、物力與身分保障，讓他們有開闊的辦案空間。長久以來我國檢察官總是孤軍奮戰，非但甚少得到其他辦案機關的全力支持，反而在司法警察遭受來自民意代表或上級之強大壓力時，挺身而出阻擋一切。在此困境下檢察官猶能奮力向前，所憑者就是內心深處自許爲司法官的一份情操。國人若在吝給予檢察官人力與物力之餘，再行剝奪其司法官性質，無異是逼迫檢察官這個族群永遠消失在犯罪調查的原野！刑事偵查的舞台勢將逐步籠罩在警察國家的陰影當中！我們深信全國檢察官都有能力與決心摘奸發伏，所缺者僅是獨立的辦案資源。數千年前槓桿原理之發現人阿基米德曾發出豪語：給我一支夠長的木棒，我便能移動整個地球！同樣的，我們今天也在此立下豪語：給檢察官充份的辦案資源，我們便能翻遍中華民國每一寸污泥！

（1998/5/4發表）

檢察官改革協會成立宣言

自從一九九八年五月四日一群基層檢察官前往立法院爭取檢察官之司法官地位，而暫時阻止民間版法官法草案將檢察官之司法性格排除後，法務部廖部長有兩次對北區檢察官講話的機會。第一次是五月八日一、二審業務座談會第一梯次之長官致詞，第二次是五月十五日同座談會第二梯次之致詞。其間全國基層檢察官並在五月十四日完成有史以來人數最多的連署活動（總共三百五十一名檢察官簽名），並在當天下午將結果送交立法院。但令人失望的是，廖部長這兩次總共長達三小時的談話，對此次檢察官所面臨的空前危機與其背後所顯示的重大意義竟隻字未提。這種曖昧的官方態度令我們深感疑惑與不安，經過徹夜討論後，我們決定放棄以往期待上級表態的消極態度，共同組成「檢察官改革協會」，著手進行由下往上的改革，並呼籲有志維護司法尊嚴之人加入我們的行列。

由這幾次與立法委員們之接觸當中，以及連伍匯款案後輿論界的報導評論，我們深感國人對檢察系統最大的質疑是：在濫用「檢察一體」理論情形下，檢察官如何能避免不當的行政干預？如何能避免辦案時揣測上意？在人事權掌控於上級長官的情形下，檢察官眞能對外獨立追求公平正義嗎？換言之，當法律繼續維持檢察官的司法官地位並給予充分的人力物力後，誰敢保證檢察官不會淪爲政爭工具或情治單位的橡皮圖章？

這些質疑都是我們在爭取檢察官的司法官地位時所無法逃避的問題，也是在建立一個法治國家時所應面對的嚴肅問題。在此存亡之秋對此等質疑若仍一味採取鴕鳥心態，甚或對檢察官淪爲純粹的行政官採不置可否的態度，則檢察官勢將在內外交迫下永遠消失在犯罪調查的領域。基於對法治國家的理念，並本於多年來對檢察系體內部運作的觀察，我們將下列改革訂爲我們奮鬥的目標：

一、捍衛檢察官之司法性質

近程目標爲繼續遊說立法委員在法官法中列入檢察官身分保障的準用條文，遠程目標爲制訂一部完善的司法官法，改善檢察官辦案環境。

二、健全「協同辦案」的組織

現行協同辦案之組織成員與主辦檢察官均由檢察長指定，爲避免「無能領導有能」與「多數夾殺少數」，協同辦案時應由各檢察官自行選定合作對象，並互相票選出主辦檢察官。

三、建立主任檢察官推薦票選制度

避免主任檢察官之職位淪爲政治酬庸與不當行政干預之工具，日後主任檢察官之產生應有明確之推薦票選制度。

四、由基層檢察官定期評鑑檢察長

爲維護檢察長指揮權之正當行使，並接受公評，應由其所屬檢察官對其行事風格做定期評鑑。

我們深知任何改革方案均無法達成全體一致的共識，但若錯過時機，則一切改革都將成空。所以我們今天藉此北區檢察官聚集一堂之機會，宣布成立檢察官改革協會，堅決地踏出改革的腳步。我們絕對不甘在暗夜中無聲地被人殲滅，我們決定大聲吶喊，說出我們壓抑已久之心聲！

（1998/5/16發表）

改革，才有說服力

檢察官改革協會成立至今，已整整二十日。經過革命起義的熱潮與個案揭發的激情洗禮後，也許有人要問：現行制度有何不對？只要每位檢察官把份內的工作做好，司法威信自能建立，不就能保住司法官的地位嗎？檢改會何以炮口對內不對外？

這種質問無疑是保守派最動人的勸降說詞，也是改革派鳴金收兵的最佳藉口。但是，讓我們捫心自問，在現行制度下，有哪一位檢察官能「做好份內工作」呢？當一個制度下的人不論再怎麼努力，都無法把工作做好時，這個制度絕對有其根深柢固的本質問題，當今的檢察制度，便是一例。

能夠讓一位優秀的檢察官發揮功能的客觀條件不外有二：一是開闊的辦案空間，一是充分的辦案資源。在「檢察一體」概念的無限擴張下，當今檢察官的辦案空間，已被有形的不正干預與無形的自我設限，壓縮到令國人質疑「不敢查」的地步。另方面在當局長期漠視檢方人力物力不足之情形下，檢察官的辦案資源，也貧乏到遭國人譏笑「檢方遇強則弱，遇弱則強」的境地。在這兩項條件均不足的情形下，檢察官的司法屬性卻面臨被剝奪的命運，何人願意就此在暗夜中無聲地被人殲滅？

不正的行政干預途徑有二：一是透過「案件」的指揮監督；一是透過「人事」的黑手操縱。檢改會對路徑一的對策，是「檢察一體陽光法案」的推動；對路徑二的對策，是檢察人事升遷的民主化與公開化。如果說這些改革就是造反，就是炮口對內，我們絕對光榮地承認。因爲我們深知：不改，就沒有說服力；不改，就沒有人願意給我們司法官屬性！

欲解決檢方「有將無兵」、「資訊貧乏」的窘境，我們需要一位雄才大略的法務部長，這種體質改善工作所面臨的，是部與部間之對談，是部對院之爭取。這種扎根工作，沒有光鮮亮麗的鎂光燈場面，須經長久的努力才能看到成果。檢改會在這方面僅能透過國會的立法遊說協助法務部，主要還是要看部長的抉擇：是要接受某些既得利益者之慫恿，以分化及醜化手段故意扭曲檢改會的改革訴求？或是大公無私，開始與檢改會共同改善檢察官惡劣的辦案環境，以建立法治國家檢察制度的千秋大業？

我們深信本協會的改革浪潮不是推向權力鬥爭，不是追求個人名利，所有身上眞正流著檢察官血液的人，不論職位高低，內心深處都應知道我們是爲何而戰！在這股改革浪潮中，我們也深深感受到國人熱情支持之背後，另帶有一份期許：檢察官應善盡其主持正義與保障人權的職責。這種期許，更讓我們覺悟：改革，才有說服力！

（1998/6/5發表）

對改善檢察官辦案環境之五項建議

——在修法之前，法務部能為檢察官們做些什麼？

一、與司法院展開對談，爭取檢察官分發人數

司法院無視檢察官人力嚴重不足之現象，在尚未修改刑事訴訟法前即大力提倡當事人進行主義。建請法務部嚴正提出聲明，在檢察官人數未達刑庭法官人數三倍之前，檢方拒絕做任何法律規定以外之配合。法務部並應向司法官訓練委員會強力爭取，自今年度起所有司法官訓練所結訓學員均應分發爲檢察官，以迅速補充嚴重失血之檢察官人力。

二、與內政部展開對談，廢除警察辦案績效評比辦法

現行警察辦案績效評比之計分方式，係以警方移送書所載罪名爲準，完全漠視司法機關偵審結果，非但將檢方之指揮權架空，更造成警方「選擇性辦案」、「件數內容灌水」與「治療重於預防」之惡質文化，實爲當今社會治安敗壞之最大因素。法務部應基於法治國家之理念，勇敢奪回全國治安政策之主導地位，摒除績效評比自欺欺人之數字遊戲，由檢察官集中指揮各方辦案人員，往上追查各類犯罪之根源，以徹底改善治安，並根本解決檢察官叫不動警察之荒謬現象。（B計畫：若內政部基於「防止警察偷懶」之理由拒絕廢除績效評比，法務部應介入計分表之制訂，並主張計分標準應以起訴書所載罪名爲準。）

三、與各行政機關與民間機構展開對談，爭取資訊接近權

當今檢察機關對戶政、地政、工商登記、入出境、汽機車監理、銀行財資、稅捐、電信等資訊之直接獲取管道完全未建立，法務部應立即成立「電腦資訊推動小組」，專責進行直接獲取管道之建立。在電腦連線之前（B計畫），可責由高本檢及各高分檢成立「資訊處理中心」，以傳眞方式集中各地檢署之查詢，再派專人每日上下午各一次至各機關送取文件，並回傳給各地檢署，以節省查詢時間，提昇檢察官之辦案能力。

四、從速責由最高法院檢察署主持「檢察官辦案手冊」之編訂

經驗必須文字化，始有累積與傳承之可能。檢察一體理論之可貴性在於「母雞帶小雞」的經驗傳承，故在「人」的因素方面，主任檢察官與檢察長的人選極其重要，而在「物」的方面，檢察官辦案手冊之有無與內容，更是決定一個國家「檢察官戰力」之決定性因素。法務部應撥下專款給最高檢察署召集「檢察官辦案手冊編訂小組」，經由蒐集書類、調卷、訪談承辦人之方式，編訂各類案型之蒐證與偵訊要領，以集思廣益，並縮短一位成熟檢察官之造就期間。

五、隨時主動發布新聞，維護檢察形象與威信

法務部過去對檢察機關或檢察官未受警方尊重，或遭外界醜化矮化之事件，均噤若寒蟬，是失卻檢察官民心之一大因素。建請法務部成立「檢察事務反應小組」，隨時監視社會重大新聞，並適時建議部長發表聲明澄清事實或觀念，或由部長拜會該事件之相關首長以表示關切或抗議。

（1998/6/5發表）

西線無戰士

——當檢察官的戰線從犯罪原野拉進法庭時，人員兵力在哪裡？

白曉燕案後，部分刑庭法官已等不及修法，開始將長久以來的嚮往付諸實現：在法庭內要求檢察官負完全的舉證責任，法官的工作僅止於聽訟，而不再依職權做進一步的調查。這種做法與民間司法改革人士強力推銷的「當事人進行主義」不謀而合，致使社會大眾認爲無罪判決的產生，皆肇因於檢察官未盡舉證責任。此種要求與指責，在現行法制下雖有失公允，但本協會認檢察官們不應因此即抗拒法有明文的蒞庭責任，而應勇敢的面對挑戰，將戰線從犯罪原野與偵查庭拉進審判庭。檢察官應以追求確定的有罪判決爲最高職志，而非在丟出起訴書後即袖手旁觀。然長久以來在東線作戰的檢察官，原已是孤軍奮鬥，何能再抽調兵力前往西線？

• **「金字塔型」或「葫蘆型」的刑事司法系統？**

刑事案件經過檢察官的偵查後，約有一半是不起訴處分或聲請簡易判決，其所犯罪名亦經大幅刪減。故在一個正常的刑事偵審系統下，檢察官的人數一定是刑庭法官的倍數（例如美國加州各郡檢察官的人數約爲刑庭法官的三至四倍），其道理就如同刑事警察的人數，一定是檢察官的倍數一樣。換句話說，從最下層的刑事警察，中層的檢察官，到最上層的刑庭法官，其構造應如同一金字塔。但我國現今各法院的檢察官人數，與刑庭法官不相上下，甚或少於刑庭法官，致刑事司法構造變成一個刑事警察與刑庭法官都多於檢察官的葫蘆型！這種體制下檢察官何來人力對所有案件盡舉證責任並全程蒞庭？

• 院檢對應說——檢察機關員額應有的新理念

傳統人事編制的觀念，認爲檢察機關員額，僅須依受理案件數量做調整（例如法院組織法所定的「檢察署類別與員額標準表」）。但若將檢察官的蒞庭工作及舉證責任考慮進來，上述觀念即須加以調整：即檢察官的員額，不僅要考慮案件數量，更要考慮所配屬法院的刑庭法官人數。理由是當法官人數增加時，其開庭的次數必然增加，相對的，檢察官人數也應增加，始足以應付舉證責任及蒞庭工作。而隨著檢察官人數的增加，地檢署配置的檢察事務官、書記官、法警與其他行政人員亦須跟著調整。故檢察機關員額的編列，並不能由行政院閉門造車，而須如影隨形地因應法院的需求。但日前行政院提出的「中央政府機關總員額法草案」第四條，卻僅規定司法院及所屬各機關不受員額總數之限制，並不包括檢察機關。其結果勢必是法院逐年擴充員額，但檢方因被迫與其他行政機關分食十二萬人的人事大餅，根本無法做相應的調整（甚至被納入減肥計畫），如此一切刑事司法的改造必將落空。故如何使檢察機關不受總員額法的適用，並在預算法上賦與檢察機關若干獨立性，實是立法院支持司法改革最直接的方式。

• 檢察官不可能打一場無人戰爭

國家賦與檢察官偵查與追訴犯罪之目的，是將罪犯送進法庭並加以定罪，故檢察官追求正義的戰場，不應限於犯罪叢林與偵查庭內，審判庭才是檢察官最終的決戰場。現今的檢察官們不是沒有這種認識，也不是沒有這種能力，而是根本派不出檢察官去投入法庭戰場！誠望立委諸公們能洞悉問題之所在，以立法徹底解決檢察機關人力與物力嚴重不足的窘態！

（1998/9/19發表）

單兵作戰的包青天，辦得了案嗎？

宋代開封知府包拯之傳奇流傳千年，至今國人談到司法制度總是期盼：「何日見青天？」但國人曾否想到：包青天除有正義熱血與判斷智慧外，另有展昭與王朝、馬漢為其到犯罪原野去蒐集犯罪證據？

• 不是庸臣，就是酷吏？

我國檢察官從來就是「有將無兵」，除配有書記官一名外，別無助理或調查員。加上對警方之指揮權早被「績效評比」架空（檢方起不起訴，或院方判決有罪無罪，對警察辦案成績並無影響），致對事實的調查能力隨案件之增加而遞減。在事實不清之情況下斷案，評價只有兩種：被壞人所騙之庸臣，或濫行起訴好人之酷吏！

・法治國家的最後一支武力

先進國家如美國與日本，各地檢署都有其本身的助理檢察官、檢察事務官或調查員，爲何他們會在一般警察之外另行設置這批檢察官的助手？道理在於：當一般警察因貪污腐化而崩潰時，或因政治介入而退卻時，惟有檢察官所率領的子弟兵才能直搗黃龍，將社會敗類繩之以法！

・國家需要的是檢察「官」，還是檢察「工」？

依一九八九年修正通過的法院組織法附表，第一類地檢署檢察官之法定員額爲九十三名至一百八十五名，但以屬於第一類之士林地檢署爲例，現有的檢察官僅有二十八名，距離法定最低額還差六十五名！面對堆積如山的案件，補滿全國檢察官的法定員額固是方法之一，但如何在短短數年內培育如此多之司法官，確爲一大問題。聰明的立法者應選擇另一途徑：給予檢察官兵力，讓他不要再從事一些抄寫裝訂的文書工作，將其任務從單兵作戰的層次提昇至將級指揮，打一場高效率、低花費的戰爭！檢察官助理能在內幫助檢察官做好先前作業與後勤支援；檢察事務官（即地檢署調查員）能幫忙檢察官至外搜索扣押訪談證人。一是展昭，一是王朝馬漢，都是包青天必備的手腳！敬請支持設置檢察官助理與檢察事務官之法院組織法修正案！

（1999/1/6發表）

檢察官改革協會成立一週年新聞稿

檢察官改革協會將於本月十六日上午十時重返新竹市凱撒飯店舉辦成立一週年慶祝茶會，會中除由重聚該處之十位原始發起人上台發表感想外，並將出版一本「檢察改革實錄」，書中蒐錄一年來該協會所推動之十一項重要檢察體系改造工程之相關資料與剪報，俾能省思過去與規畫未來。

一年前的五月十五日與五月十六日二天，台灣高等法院檢察署在新竹市凱撒飯店舉辦一、二審北區檢察官第二梯次座談會，當時全國檢察官正爲爭取檢察官之司法官地位而進行盛大的連署活動。不料在這人心沸騰之際，蒞臨會場致詞之法務部長廖正豪卻只顧宣揚其掃黑成就，而對此空前的檢察官危機隻字不提，致引發十名與會的檢察官在五月十五日晚上關室慷慨密談，對「由上往下」之改革徹底絕望，決定成立「檢察官改革協會」，從事「由下往上」的改革。第二天早上十時許，劉惟宗等檢察官在會場宣讀成立宣言時，立即獲得全場與會檢察官的熱烈響應。往後數日內全國檢察官更是風起雲湧，紛紛連署加入爲會員，至五月二十日即有三百九十一名檢察官加入該協會。

該協會成立至今，對內推動檢方人事改革，對外爭取檢方之人力物力，與法務部形成「亦友亦敵」、「既聯合又鬥爭」的微妙關係，然其大方向仍是逐步推動檢方體質的改善，以善盡摘奸發伏保障人權之任務。此一年來該協會之重要大事如下：

一、檢察官改革協會成立

八十七年五月四日，一群基層檢察官爲捍衛檢察官之司法官性質，至立法院成功阻止無檢察官準用規定之「民間版法官法」進入一讀程序，會中並散發「給我一根槓桿，我能移動整個地球」文宣。五月八日士林地檢署發起六點共同聲明之連署活動，至五月十四日共有三五一名檢察官簽名，當天下午送至立法院。五月十六日劉惟宗等十名檢察官在新竹凱撒飯店發起成立檢察官改革協會，揭示四項奮鬥目標：一、捍衛檢察官之司法性質。二、健全協同辦案的組織。三、建立主任檢察官推薦票選制度。四、由基層檢察官定期評鑑檢察長。各區檢察官紛紛響應，至五月二十日止共三九一名檢察官簽名加入檢改會。六月十日劉惟宗等檢改會五名成員並至監察院報告檢改會成立經過及宗旨，監察院於十月中旬提出報告，基本上贊同檢改會之主張。

二、舉辦八十七年度票選推薦一審主任檢察官

八十七年六月二十九日檢改會提出票選推薦主任檢察官活動說帖，首次嘗試推動票選推薦制度，立即遭台北地檢署部分檢察官反對。同年七月二日，寄生於官辦之檢審委員選舉舉行投票，結果王碧霞檢察官等二十五名當選。七月二十九日部長提名十一位主任候選人中，有九名係票選推薦當選人。檢改會並於八月五日第一次覲見城部長時，提出設置「一審資深檢察官」與「二審檢察檢察官回籠條款」以暢通檢察官人事管道。城部長對資深檢察官留任一審，深表贊同。

三、舉辦八十八年度票選推薦一審主任檢察官、二審檢察官、二審主任檢察官

八十八年五月四日與五日，檢改會再度舉辦票選推薦活動，並將選舉種類由一審主任檢察官擴展至二審檢察官與二審主任檢察官，投票情形比上年度踴躍，結果由王金聰等四十一名檢察官當選一審主任檢察官推薦名單，田炳麟等三十二名檢察官當選二審檢察官推薦名單，王昱之等十四名檢察官當選二審主任推薦名單。

四、舉辦八十七年度一審檢察長評鑑

八十七年十月十九日檢改會寄出評鑑表，至十一月三日止回收三八九份（回收率百分之八五．七），總得分前七名爲：施茂林、鐘革、曾勇夫、林玲玉、顏大和、朱楠、林錫堯、陳聰明。另有四位檢察長經評鑑爲不適任。

五、參加八十七年度檢審委員選舉並於會中多次提案檢討人事及相關規則

法務部於八十七年六月五日宣布將檢察官人事審議委員會之檢察官代表改爲直接選舉，全國地檢分爲六個選區，高檢與最高檢各爲一選區。檢改會推薦成員參選，當選六名：陳瑞仁、羅雪梅、胡文傑、張益昌、林應華、楊大智。至九月九日，劉惟宗遞補管高岳（調任政風司副司長）成爲檢審會之第七名檢改會成員。此七名委員除於歷次會議中全力爲檢察人事把關外，並曾於十一月十一日主動提案請求對板橋地檢署檢察長處理黃忠信案有無不當進行調查。八十七年十二月二十九日檢改會法制組推由劉惟宗等檢審委員提出檢察官人事評議委員會之組織規程、審議規則、檢察長官遴選標準等修正草案，全力推動人事改革。

六、爭取檢察機關預算獨立與五年改善計畫

八十七年九月十九日檢改會至立法院參加司法官法記者說明會時，散發「西線無戰事」文宣，正式向立法院展開預算法與總員額法之遊說。九月下旬，檢改會與黨團協商之無黨籍代表林宏宗委員取得聯繫，並於十月一日中午傳眞檢改會版之預算法修正條文予林委員（同日法務部亦請求林委員提出法務部版條文，該條文後遭否決）。至十月九日檢改會在多名立法委員之安排下，在立法院議場會客室與行政院副主計長劉三錡商談，當場擬訂「五年改善計畫」之附帶決議條文草稿，嗣該決議文於十月十五日預算法修正案三讀時併予通過，全文如下：「爲配合司法院業務之必要，法務部對所屬各級法院及其分院檢察署、司法官訓練所應提出五年改善計畫。行政院就該計畫所需經費、人力，應考量與司法院預算之對應關係，予以從優核編，並應於制訂法官法（司法官法或檢察署法）、法院組織法、司法人員人事條例等相關法規時，優先考慮加入上開意旨之條文。」

七、爭取總員額法之排除適用

八十七年十月八日，檢改會發動預算法與總員額法之全國檢察官連署活動。至十月十九日上午，檢改會在立法委員之安排下，進入總員額法與組織基準法大體討論之會場，並散發文宣。行政院人事行政局魏啓林局長於接受周陽山委員質詢時公開表示，贊成將檢察署排除在十二萬人之總員額限制以外，並於會後私下再向檢改會重申此訊息。

八、爭取檢察事務官之設置

八十八年一月四日至一月十二日短短九日之內，檢改會協同法務部，在謝啓大委員的幫忙運作下，成功遊說立法院修訂法院組織法，取得設置檢察事務官之法源依據。

九、推出檢改會版司法官法草案

爲爭取檢察官之司法官地位，檢改會提出「司法官法」草案，其重要特點：確定檢察官之司法官性質、檢審會法律地位之賦與及票選委員之最低員額、檢察官評鑑制度之建立、檢察長官任期制、檢察官會議、檢察長指揮權與事務分配（含協同辦案）透明化與法制化、檢察官在職進修。此草案已於九月中旬正式於立法院提案。

十、推出檢改會版檢察一體陽光法案

鑑於司法官法之立法並非易事，檢改會另針對法院組織法提出檢察一體陽光法案。重點：指令權效力類型化、指令權行使透明化、檢察事務民主化、個案分配隨機化、爭議判定中立化。此草案已於十月下旬在立法院正式提案。

十一、積極參與全國司法改革工程

八十八年三月底，司法院與法務部相繼提出「司改藍皮書」及「檢改白皮書」，開始爲七月舉行之全國司改會議暖身。檢改會認不應在此重要會議缺席，遂接受法務部之邀請，由副召集人陳瑞仁參加全國司改會議之籌備會議，並積極在會內發言提案。其中由檢改會提案之「以法律明定檢察官之司法官地位」、「如何進行檢方內部改革」、「法官來源之檢討」、「律師職業倫理之建立」、「檢方結案新方式的建立」、「檢方應如何致力於人力物力的改善，以因應新制度下之重大責任」、「新證據法則之建立」等七項提案均已在五月十四日之全國司改會議籌備會中正式被排入議題。檢改會並會在會中強烈主張司法改革時間表不應限於「年曆」（例如「民國九十二年七月以前」），而應包括「檢方指數」（例如「當檢察官人數到達刑庭法官三倍之時」），俾能確實實現刑事訴訟所追求的公平正義。

檢察官改革協會此次在新竹凱撒飯店聚會，除慶幸這一年來未被上級「殲滅」外，更將藉此場合，積極策劃未來，爲改革國內司法而盡力。

（1999/5/15發表）

法務部長應知民心，檢察總長要善用兵

隨著政權移轉，全體國人高度關切陳水扁團隊如何實現其打擊黑金的政治承諾。檢察官改革協會深知此事之成敗，繫乎檢察體系兩大龍頭的人選：法務部長與檢察總長。在新政權有可能換人之前提下，檢改會特在此提出新任人選之「條件說」。

法務部長依據法院組織法第一百一十條第一百十二條，對全國檢察官有行政監督權，位

居檢方「政令系統」金字塔的頂端，負責政策之制訂與辦案資源之爭取。其個人意志可左右檢方之意識型態與能量焦點；其行政能力可決定檢方體質與後勤支援之強弱。所以適任的法務部長必須洞察民意，掌握社會脈動，以政策引導檢方打擊「眾之所惡」，並善用民氣，積極對外爭取辦案資源，充實檢方之人力與物力。換言之，法務部長應是一位開明睿智、雄才大略的政務官。除此基本要求，加上打擊黑金的既定政策，我們不難列出新任法務部長的應有條件：（一）品操一流，不怕惡人反咬一口。（二）沒有政治包袱，敢做敢爲。（三）形象清新，對內足以號召檢察官，對外足以凝聚民氣。（四）人格特質：宏觀進取，足爲「年輕台灣，活力政府」之表徵。

檢察總長依據法院組織法第六十三條與第六十四條，對全國檢察官得行使具體個案指揮權，位居檢方「軍令系統」金字塔的頂端，依據「檢察一體」的法理，負責監督個案偵查之進行與檢方整體作戰之發揮。其對內的帶兵能力是個案正義能否實現的試金石；其對外之抗壓能力是確保檢方能依法辦案的守護神。所以適任的檢察總長應有豐富的辦案經驗，洞悉前線作戰的實際狀況與官兵心理，並堅持法律人應有之尺度，嚴正拒絕不當之政治干預。換言之，檢察總長應是一位從基層做起，服膺國家法意志，沒有政治色彩的檢察官。除此基本要求，加上打擊黑金的既定政策，我們亦可列出新任檢察總長的應有條件：（一）辦案能力高強，對具體個案有立即確定偵查計畫之本領。（二）對內眾望所歸，具有來自全國檢察官的積極肯定。（三）對外堅持原則，能抗拒來自外界，甚至法務部長、行政院長或總統的不當干預。（四）人格特質：有大將之風，擅於領導統御。

當今制度下，檢察總長之任命完全取決於法務部長以上之行政長官，並無任何機制，自然極易讓行政干預之黑手透過檢察總長之指揮權進入具體個案。解決之道不外有二：一是檢察總長之任命須經國會（立法院或國民大會）同意，這是著重於「國民主權」的理念；一是檢察總長直接由檢察官互選產生，這是著重於「司法自治」的理念。檢改會認爲「國民主權」透過法務部長之任命方式已足實現，且我國目前之國會生態，實不宜做爲監督檢察人事之機制。故檢察總長之任命應強調「內部人事民主化」理念，由檢察官自行推選出提名人選，始能以「司法性格」對抗強大的行政權。

徒有法務部長高明政策，或徒有檢察總長之衝鋒陷陣，都不足以消滅台灣根深柢固的黑金文化。惟有「知民心」的部長，與「善用兵」的總長互相配合之夢幻隊伍，始能發揮檢方戰力，帶給台灣新希望。

（2000/3/29發表）

檢察官改革協會八十九年度票選推薦檢察總長說帖

一、**檢察總長之重要性**

檢察總長依據法院組織法第六十三條與第六十四條，對全國檢察官得行使具體個案指揮權，位居檢方「軍令系統」金字塔的頂端，依據「檢察一體」的法理，負責監督個案偵查之進行與檢方整體作戰之發揮。其對內的帶兵能力是個案正義能否實現的試金石；其對外之抗壓能力是確保檢方能依法辦案的守護神。所以適任的檢察總長應有豐富的辦案經驗，洞悉前線作戰的實際狀況與官兵心理，並堅持法律人應有之尺度，嚴正拒絕不當之政治干預。換言之，檢察總長應是一位從基層做起，服膺國家法意志，沒有政治色彩的檢察官。

二、**如何增加檢察總長之對外抗壓性？**

當今制度下，檢察總長之任命完全取決於法務部長以上之行政長官，並無任何機制，極易讓行政干預之黑手透過檢察總長之指揮權進入具體個案。解決之道不外有二：一是檢察總長之任命須經國會同意，一是檢察總長之提名人選由檢察官互選產生。然國會監督尙須修法，且我國國會依目前之生態，實不宜做爲監督檢察人事之機制。故檢改會認在目前階段，檢察總長之任命應強調「司法自治」與「內部人事民主化」理念，由檢察官自行票選出數名全國最傑出的資深檢察官，推薦給法務部長與行政院長提名其中一人，再由總統特任爲檢察總長。此方式始能賦與檢察總長雄厚之內部民意基礎來對抗外部之政治干預，以達檢察官對外獨立之目的。

三、**授權說之理論與檢察總長票選推薦之關係**

檢察體系既屬官僚體系之一環，且檢察總長對全國檢察官具有指揮權，何以上級長官可由下屬推舉？檢改會一向對檢察長官的權力來源採「授權說」，亦即，檢察官依據刑事訴訟法本得獨立對外，屬所謂之「獨立官署」，惟因偵查作爲與起訴標準無法藉由類似法院判例之機制求得一致性，若放任每一位檢察官自行認定，將有違憲法平等原則之要求。爲求得對外的統一性，每位檢察官只得放棄其對內之獨立性，共同接受同一檢察長官之領導統御。所以，檢察長官之指揮權並非君權神授，而係來自下級檢察官之授權。檢察總長既立於軍令系統金字塔之頂端，其指揮權自係來自全國檢察官，所以，其人選出自全國檢察官之推舉，本屬「授權說」下當然之理。事實上，檢改會所以主張票選推薦檢察總長，除爲落實「授權說」之理論外，最主要還是基於「賦與檢察總長對外抗壓力」之考量。現制下之提名及任命方式完全上由往下，面對「關愛」「提拔」之法務部長等長官，檢察總長除其良心與良知外，別無對抗上級壓力之本錢，但若其任命是來自全國檢察官之推舉，其自有抗壓之實力與責任。

四、**新上任的檢察官何以也有投票權？**

要回答這問題，應該先問：爲何剛結訓分發的三十八期檢察官，第一天就要他接收一、二百件以上的舊案，往後每天並與老檢察官們分一樣多的案件？爲何新檢察官們與老檢察官們一樣接受檢察長官之指揮監督?既然新上任的檢察官們第一天就獨立辦案,為何他們不能投票選舉檢察總長?或有人質疑,新上任的檢察官何能知道那一位資深檢察官較適合當檢察總長?首先,新上任的檢察官不一定是剛進入司法圈之局外人,其中有多位具有執業律師或其他司法人員之資歷,或者是司法圈內人之子女或配偶。況且,所謂司法官的「風評」,本得由報章雜誌之報導及同事親友之口中得知,只要投票人事先稍加打聽,不難得知。況且依據前述「授權說」之理論,剛上任的檢察官也在授權人之列,自然應有投票權。

五、票選推薦檢察總長是否要趕現任總長下台?

當然不是,現任總長亦在候選人之列,若其能當選,並獲提名任命,檢改會當然欣然接受其指揮領導。但若現任總長能通過票選推薦之洗禮,其繼續留任之意義將與以前大為不同,因選後之總長已非昔日長官關愛下之產物,而是全體檢察官共同推舉之檢察長官,其日後面對外來壓力時,自然更能理直氣壯,不屈不撓。

六、時機可貴,不容錯過

全國檢察官應趁此新政權之移轉時機,毅然斬斷檢察總長與法務部長間之政治臍帶。或許將來之立法者會修法規定檢察總長之任命,應經國會同意,或應經多數檢察官之同意,但這都須經冗長之立法程序,甚至有待國會之自清成效。而檢改會推動之票選推薦無庸修改法律,最能爭取時效,且能將提名之主控權操之在檢方,應是目前最能立竿見影之改革方式。如今新政權標榜新作風,且民眾對此次總統大選中,各方政治勢力欲染指司法之種種行徑亦深惡痛絕。此時此刻正是建立檢方對外獨立新制度的最好時機，敬請各位檢察官學長全力支持檢察總長票選推薦活動，踴躍投票，共創法治！

（2000/4/2發表）

後記

此次選舉投票率高達九成，結果得票前三名是施茂林、吳英昭、林偕得，但後來因法務部長陳定南反對票選，且陳水扁總統亦決定留任盧仁發總長，所以此次名單並未用到。一直到二〇〇四年陳總統連任後，因盧總長已屆退休年齡，檢改會再次辦理總長推薦。惟鑑於前次直接票選社會反對聲浪頗大，且其時正在串連成立中的「中華民國檢察官協會」態度不明，檢改會遂改以各地代表之意見調查代替票選，並制訂出「檢察總長守則」做爲推薦人選之標準，經過數次開會後於同年七月三十一日公布推薦三名人選：黃世銘、謝文定、施茂林，但後來陳總統並未從此三人中提名。往後幾次檢察總長提名時，因檢察官協會已成立，檢改會即未再辦理推薦活動，僅於二〇〇六年二月七日與反貪聯盟一起召開記者會，主張檢察總長之產生應分三階段：（一）總統對外宣示適任人選之抽象標準；（二）總統提出名單，由社會各界公評；（三）立法院行使同意權。

二〇一三年黃世銘總長面見總統報告關說案情，引發外界強烈質疑檢察總長之政治性格。回顧檢改會二〇〇〇年舉辦檢察總長直接票選推薦，實仍有其道理。如果檢察總長是由全體檢察官直接票選後由總統或國會任命，黃總長可能就不會急著報告總統。不論如何，檢察總長應該有來自全體檢察官的民意基礎，才能名正言順地指揮全體檢察官，也才有膽量對抗外來壓力，仍是我至今抱持的想法。

慎選總長，保佑台灣

——檢改會對新任檢察總長的看法

總統府似已內定新任檢察總長人選。對此檢改會表示尊重國家元首之決定，但也難掩意外之情。檢改會意外的並不是總統未從檢改會推薦的三名名單中選任，而是這種人選之決定所代表的象徵意義。

檢改會這六年來的努力，就是要改變檢方舊文化，那種成群結黨交際應酬、升遷靠關係、辦案聽上級的舊文化。隨著公元兩千年的政黨輪替，檢方已漸漸擺脫舊氣息，司法風氣逐步改善，正直認眞的檢察官也不再被上級遺忘。此次檢察總長之更替，檢改會對新任檢察總長更是寄予厚望，深盼能由年輕化、理想化之新領袖，建立檢察新文化，淘汰不適任的檢察官，提昇辦案品質，實現社會正義。

但總統府所內定的新任檢察總長，如果眞是報紙所載當年在舊時代叱吒風雲的人物，基於檢改會對於檢方與台灣社會的熱愛，我們必須坦率的指出，此舉根本就是容任檢方舊文化的復辟。這種決定，不僅是讓一個人回來，而是讓一群人回來。對於曾經歷過檢方舊文化時代的檢察官們而言，眞是百思不解，在所有一百零二名之候選人中，爲何偏要選任一名代表舊勢力的人物？爲何要讓檢改會這麼多年來的自清努力付諸流水？難道檢方的改革一切都要回到原點嗎？

是否檢方改革過程中之若干失控現象，讓執政者懷念起舊秩序，而決定啓用一位舊時代的強人來管理檢察官？是否舊時代檢察首長操控案件的高超技巧，才能讓執政者獲得安全感？改革的原動力已經不是理想而是政治利益了嗎？檢改會從沒想到改革之路竟是如此漫長！黎明的到來又是如此遙遠！

檢察總長依法院組織法得指揮監督全國檢察官；依選舉罷免法得督率全國檢察官偵辦選舉查察案件；依通訊保障監察法得查核全國司法及國安系統的監聽案件，換言之，檢察總長完全了解全國檢察官與國安系統正在偵辦何種案件。若基層檢察官對檢察總長的人品操守有所懷疑，何人敢放手辦案？掃除黑金與查察賄選將是空有口號。檢改會謹此呼籲層峰，愼選總長，保佑台灣！

（2004/8/27發表）

願棄人間事，欲從赤松子遊耳

「願棄人間事，欲從赤松子遊耳」（赤松子，仙人號也），語出史記留侯世家第二十五。張良在襄助漢高祖一統天下後，曾說：「今以三寸舌爲帝者師，封萬戶，位列侯，此布衣之極，於良足矣。願棄人閒事，欲從赤松子游耳。」此段話翻成現代語就是：我今天憑口舌之能當上一個檢察官，月領數萬，稍具聲名，已是凡人的頂端，我已經非常滿足了。我不願意加入特偵組，只想當一位詩人與農夫。

十九世紀中葉率領紅衫軍驅逐奧地利勢力，統一義大利的加里波底（Garibaldi），最令後人嚮往的傳奇故事，不是在他的軍事行動，而是他在民族革命成功後，帶著一袋豆子回家種田。

東方如張良，西方如加里波底，都深知「打天下」與「治天下」最好由不同一批人去做。革命成功後，他們就不再「以天下爲己任」而淡出權力核心。中國在二十世紀初民族革命成功後，沒換人治天下，結果亂了數十年；台灣在二十世紀末民主革命成功後，也沒換人治天下，結果不到五年就亂了。我們應該從這種歷史鐵則領悟出：革命家不應懼怕被人民遺忘，成功的革命家應該在推翻舊制後，將新制度交給另一批人去運作。生活在幸福日子的人民們遺忘先烈們的鮮血，對收割成果的新上台者歌功頌德是必然之事。想當革命家，就看開這點吧！

（2006/1/19發表）

最高檢特偵組不應是雜牌軍

最高檢特偵組如何組成，本應由檢方內部自己研議擬訂，但現在外界雜音頗多，恐會影響到檢方內部的理性討論與正確判斷。本人謹以多年「團隊辦案經驗」，提出一個基本看法供法務部、最高檢及各位學長參考。

最高檢特偵組本質上就是「團隊辦案」，而團隊辦案最重要的是默契與互信，所以特偵組成員之組成方式，應是由新任的檢察總長指定一人為主任後，由該主任自己去挑選檢察官呈報給檢察總長，總長同意後再將名單送交檢審會審議。而檢審會只負責把這些推薦名單中明顯不適任的檢察官刷掉，請檢察總長補提人選。換言之，檢察總長與主任挑選工作夥伴的判斷應受最大尊重，因為他們二人須負所有的成敗責任，他們二人必須貫徹意志統合所有的偵查作為。總長或主任換人時，新任者有權換掉特偵組的全部檢察官（當然實際上為了偵查的持續性，應該不會同時換）。在此情形下，特偵組檢察官當然有任期制。而且，每一位特偵組檢察官之所以願意加入特偵組，是因為他們喜歡他們的工作夥伴，他們願意與其他特偵組檢察官同甘共苦，榮辱與共，而不是單純的「奉派」。

我現在擔心的是法務部會為了應付外界雜音，而採取類似「政黨比例代表制」的思考方式，以所謂之「票選」、「地區平衡」或「審級平衡」甚或「檢協會與檢改會的平衡」去「分配」特偵組的檢察官名單，而將特偵組變成雜牌軍。

把一群最優秀的檢察官湊在一起，不一定會成爲一支最優秀的辦案團隊，我們千萬不要爲了求「平等」或「均衡」或「討好各方」或「恐有遺珠之憾」而剝奪總長與主任之任命權，進而喪失特偵組之團隊辦案特質

（2006/1/19發表）

給檢察官的一封信

近幾年，責罵檢察官的聲音好像減少了，是檢察官表現有改善了？還是社會大眾根本已不在乎檢察官的存在了？

我的判斷是後者，這也就是爲何我寫這封信的原因。

一個司法體系，一定要有法官，但不一定要有檢察官（只要在法庭內有「控方」即可）；一個犯罪調查體系，一定要有警察（公安），但不一定要有檢察官。檢察官並不是理所當然地存在，它一定要有其社會價值才能存在。

就當前我國現狀而言，檢察官第一個存在的價値在於，它是現有犯罪調查體系中，最具有抗壓性的族群。對抗來自何方的壓力？包括：上級長官、執政當局、各級民意代表、地方

黑白勢力、財團、媒體與名嘴。檢察官在這方面的優勢，於制度面與人格特質面都有其理論依據與實際事蹟，不用我多加著墨。

檢察官第二個存在的價值在於積極性，檢察官不僅不像法官一樣「不告不理」，也不像法官一樣只是「審查准駁」。例如內勤檢察官依據刑事訴訟法第一百二十八條之一第二項審核司法警察官聲請搜索票之許可時，若認警方之蒐證未達「相當理由」的程度，不應像法官僅止於「駁回」，而應進一步具體指示警方應如何補足調查，甚至主動提供相關法律意見與資料以協助其跨過搜索門檻。同樣地，當檢察官依據刑事訴訟法第二百三十一條之一將卷證發回給司法警察時，也應具體指示應補足調查之事項（甚或方法）。檢察官不是法官，不能僅憑一句「不當警察的橡皮圖章」即走遍天下。

檢察官的抗壓性與積極性曾讓檢方光芒萬丈，但也讓檢方萬箭穿心。那檢察官應如何表現抗壓性與積極性而免遭殲滅呢？我的心得是，檢察官應「被動」表現抗壓性，而「主動」表現積極性。

檢察官不應在「不當干預」尚未具體發生前，即亟於表現抗壓性，否則極易陷入「政治意識型態」之爭，或遭受「檢察一體蕩然無存」之譏。檢察官的抗壓性在「無可避免之時」表現出來，才有其正當性，也才有其爆發力。其實檢察官不一定要在辦到特偵組層級的案件時才有機會表現抗壓性，檢察官最易表現時機，是在司法警察因腐化、懦弱或外力介入而裹足不前時，跳出來扛下一切，帶兵往前衝刺，這種檢察官必能贏得警調軍心與社會民心。

在案件數量壓力下，奢求檢察官天天都「積極主動」當然是不切實際。但每一位檢察官至少可以做到：（一）勇於擔任專案指揮檢察官，與（二）每年有一件主動偵辦的代表作。

早年能讓主任或檢察長指定爲專案指揮檢察官，是一件榮譽之事，但現在卻有不少檢察官避之惟恐不及，如果這種現象是「累者更累，混者更混」的不公制度所造成，該受責備的是檢察長官。然若是出於只想「結案」而不想「辦案」的心態，我只能說：檢察官的滅絕是遲早之事。法官型的檢察官對社會而言，是可有可無。

檢察官當然不是偵查隊長，但檢察官一定要有本領能夠從一張檢舉信發展出一件判決有罪的案件。鄙視偵查能力的檢察官是失敗主義下的產物，檢察官常年收受眾多司法警察單位移送來的案件，接觸眾多的司法警察與被告，檢視無數的犯罪證物，絕對可以從中學習並鍛鍊出基本的辦案技巧。檢察官不要畏懼出席專案會議，不要懶於親自分析證物或電話通聯，只要每個地檢署的每一位檢察官每年能夠挑一個案件，主導所有的偵查作爲，檢方就會氣勢如虹。

法官法剛通過，檢方上上下下都有一個默契：審慎行事，以維司法官地位。但檢察官的存在不能只靠法律保障，我們還是要向社會大眾證明：如果不是有檢察官的抗壓性與積極性，我們這個司法體系是無法將某些被告送進法院定罪。在這黑金財團正張口吞食一切（含政治、經濟與媒體），貧富差距越拉越大，大家都想當爛好人的時期，環顧四周，除了檢察官，還有誰能夠擔任社會正義的最後一道防線呢？

（2011/12/1發表）

第二篇

刑訴改革路線之爭

〈前言〉

一九九九年全國司法改革會議是一個「綁人選」、「綁議題」、甚至「綁結論」的司改大戲，其對於司法問題的解決方案，在會前已由一群司法院與律師團體的策士決定，該會議僅是想取得推動既定司改藍圖的正當性。這種做法雖然太過謀略，但如果能讓司改成功，實無可厚非，問題出在於這本藍本的思考方式。

關於刑事訴訟制度的改革，此藍本並非從下而上針對各項現時具體「缺失」提出解決方案，而是從上而下針對各項未來抽象「理想」提出實現方法。例如該藍本一開始就設定實現「公平審判」的理想就是保持法官中立性，而實現法官中立性必須把握兩原則：「只要法官介入調查，就會喪失法官中立性」與「只要法官在審判前閱卷，就會產生預斷而喪失中立性」。於是從第一個原則推出採行「當事人主義（法官不依職權調查）」，從第二項原則推出「卷證不併送」（檢察官起訴時僅送給法官一份簡式起訴書，不併送所有證據）。再加上其說服方法不是說明當事人主義與卷證不併送可以如何解決當前司法缺失，而是一味將職權主義妖魔化，並將當前審判缺失之所有責任歸結爲「檢察官將半生不熟的案件丟給法官繼續調查」。但事實上職權主義是歐陸民主先進國家例如德國、法國採行百年以上的制度，而審判會有缺失，除檢察官舉證不足外另有其他因素（例如證人改變證詞，或法官誤解法令或量刑不當等等），這種說服方法當然會引起院檢對立與意識型態之爭。

事實上不論是職權主義或當事人主義，都可以達到維護社會正義與維護人權的功能。到底要採何主義，最基本的思索應是我國要不要採行陪審團制度，若不採行，有罪無罪還是由職業法官決定，而且要由法官寫判決書，這時就很難做到法官不依職權調查或開庭前不看卷。

台灣經濟狀況已大不如前，窮人要有窮人解決問題的方法。當事人主義是一個非常昂貴的制度，職權主義則比較有效率，二者都有其長處與短處。我國司改一定要放棄當事人主義與職權主義的意識型態之爭，腳踏實地針對各項缺失提出解決方案，不要再陷於法官依職權調查或事先閱卷就會有違公平審判這種抽象概念之泥淖當中。

最後值得我們觀察的是，在院檢十多年來相互拉扯進步遲緩當中，刑事警察反而異軍突起，在辦案水準上有長足的進步，此點更突顯出院檢意識形態之爭之荒謬。

全國司法改革會議之「全國」二字，根據何在？

一、在「功能性」與「代表性」間遊走

（一）法務部

本委員在八十八年四月八日獲法務部邀請代表基層檢察官擔任司改會議籌備委員時，即曾以未經選舉而婉拒，後經部裡長官解釋籌備委員應著重其「功能性」，所以無庸太著重「代表性」，將來的與會代表，才有必要經過推選程序。本委員考慮後覺得蠻有道理，即接受法務部之指派。但從未料到司法院竟會違反過去司改會議之慣例，決定此次司法會議之法官代表不經票選，而改爲官派，致使法務部馬上跟進，而將「代表性」拋諸腦後。

（二）籌備會

至於籌備會這方面，本委員在第一次籌備會議時，即強調司法改革會議應著重其「功能性」，故主張非法律人的民間人士，不宜在此階段即大量引進。且民意的探討，不一定要有所謂的「非官方」人士與會，而應在司改會議討論出各種制度及其配套後，透過立法院、民意測驗甚或全民公投讓民意決定我國到底要採何方案。但因爲與會的多數委員均堅稱此次改革是「全民改革」，是要著重「代表性」，以往司改會議失敗的原因，是因爲太著重「功能性」，而不著重「代表性」，故此次一定要以「官方」與「非官方」的方式來分配名額等語。爲使會議順利進行，此種以「代表性」爲中心之理念遂爲大家所接受，而支配整個代表

比例之分配過程。但當配額爭取到後，當人選問題浮上檯面後，「片面指定代表」之思潮卻凌駕一切，成爲審、辯、學及法務部的共識，而其合理化的藉詞竟是「功能性」的考量。各位，本委員實在有人格分裂之感，爲何人的理念可在一夜之間做如此大的改變？到底支配本次司改會議者，是「代表性」？還是「功能性」？如果各位委員願意承認還是應該回歸到「功能性」，而不是「代表性」，則本委員建議重新檢討名額的分配比例，因爲「官方」與「非官方」的劃分基礎已經喪失。而且，本會議應改名爲「司改改革大會」，而不能使用「全國」二字，其性質就如同美國獨立建國時的制憲會議，則本協會即願意接受審、辯、學均以指定方式產生代表，並繼續留在會內。

二、檢改會所爭何事？

檢改會這次強硬爭執的原因，並不是在爭檢改會成員名額之多或少，而是在爭代表產生的程序，檢改會至今未看過法務部提名之名單，而且拒絕先看。如果各位委員認爲此次司法改革會議仍應以「代表性」爲主，則以指定方式產生代表在法理上根本站不住腳，因爲既然稱爲代表，當然有其推舉程序，若是片面指定，頂多只是「代理」而已。若各位委員內心深處眞有爲國家設計司法制度的誠心與理想，若各位委員珍惜此次司法改革契機，則本委員誠摯呼籲不要讓代表產生方式的獨斷性傷害到此次大會的正當性。本次司法改革會議既冠上「全國」二字，代表的產生一定要有相當的民意基礎，否則僅能稱之爲「司法改革大會」。也許有某些人認爲此次大會有總統背書，別人怎麼質疑都是狗吠火車。但是，政治實力可以代替正當性嗎？總統的背書可以代替民意基礎嗎？面臨代表產生的正當性質疑時，各位內心眞的沒有半點不安嗎？這些不安眞的可以合理化掉嗎？如果我們都以翁大院長的子弟自居，爲了保護翁老師的清譽，我們眞的可以漠視別人指責本次會議爲「欽定會議」嗎？

三、包裹投票的可行性

本委員非常珍惜能夠擔任此次大會的籌備委員，檢改會也深知此次大會是檢方絕地大反攻，爭取人力物力最佳的機會。所以我們絕不輕言退出。但是，我們絕不願意在毫無民意基礎下參與會議，身爲改革份子，我們絕對不願意去擁抱一個不公平的制度。有鑑於審、辯、學似乎都擔心內部屬意的人選無法當選，或內部排斥的人選透過選舉滲透入會，本協會相信這些權謀的運用是爲了司法改革。本委員謹此做最後一次的努力，爲賦與本次大會的正當性，是否可採「提名同意」方式賦與官派代表的正當性。也就是刑事訴訟法的「金三角」：法官、檢察官、律師之代表名單（不包括學界代表），分別由司法院、法務部與律師全聯會提出，然後由全體法官對法官名單投票，方式有兩種選擇：第一是針對個別名單做圈選，只要取得投票人之過半數即認爲已取得同意。而且，爲爭取時間，避免有人未獲得同意再補提名之麻煩，可由司法院提名一倍半或二倍之人，再由當選人中遴選出席代表。第二種方式是「包裹式投票」，司法院提名同額之人，但法官投票時只投「贊成全部名單」或「不贊成全部名單」，法務部則比照辦理。至於律師代表名單，則由全聯會發函給各地律師公會，取得多數律師公會之同意即可。以上建議之方式，提名機關絕對能將人選控制在一定範圍之內，可謂兼顧「代表性」與「功能性」，最主要，它賦與「全國」二字的民意基礎。請各位委員深思本委員以上之訴求。

本委員謹此代表檢改會宣示退出本次司法改革會議，如果各位委員願意接受本委員之建議，以可行的投票方式推舉代表，則檢改會非常樂意重回司改會共襄盛舉。如果各位不願意接受檢改會的建議，檢改會雖然退出會議，仍會繼續推動司法改革，在會外與各位共同為司法改革而努力。現在放在各位桌上的「檢察改革實錄」，是本協會一年以來所為與所思的紀錄，請各位參考。如果各位認為本委員代表檢改會提出的議題，有其道理與可行性在，敬請各位不要因為檢改會之退出，即讓這些檢方內部改革的議題成為無人問津的孤兒。本委員深信此次大會不是政治協商會議，不是司法資源的分贓，有無委員存在應無礙於眞理的追求。

本委員謹此預祝大會成功！司改成功！謝謝各位！

（1999/5/21發表）

法律人最後的良心

——檢改會退出全國司法改革會議宣言

當一個制度下之人，不論怎麼努力，都無法將工作做好時，一定是該制度出了問題，時下之我國司法實務即呈現這種情形。故檢改會對本次司法改革會議，自始即寄予厚望，並全心投入，希望藉此徹底改善刑事訴訟制度與檢方體質。然在這次出席人員代表性的抗爭過程中，檢改會逐漸認清一事實：包括司法院、法官、律師與學者，對與會者名單，內心深處均有強烈之獨占企圖。當檢改會主張以票選方式產生部分之與會代表時，各方之籌備委員私下紛紛表示反對，理由竟然是「害怕不同意見的人進來」，逼使檢改會費盡心思提出「包裹投票」、「倍數提名」、「回函同意」等折衷方式爲各方解套，藉以取得最起碼本會議的民意基礎。然司法院、法務部，甚至律師界，竟然連這種最容易控制名單，幾乎穩操勝算的投票方式也不敢嘗試。而「非官方」籌備委員，在提出學界代表名單時，也堅決反對由「官方」提出相對名單供籌備會參考。

到底大家在怕什麼？難道全國司法改革委員會議裡面，已有人處心積慮以「綁人選」與「綁議題」之方式爲某特定司改版本護航？此至高無上的欽定版本權威來自何處？難道短短三天會議所達成的結論，來日連立法院亦無法抵擋嗎？爲何有這麼多的官員、法官、律師及學者，完全拋棄以往追求民主化與多元化的理念，而甘願爲此司改版本表現如此強烈的排他性格？難道這場司改大戲眞的在未上演前已有既定結局？所餘者只是割地賠償的談判與戰利資源的分贓？難道一切的討論只是既定儀式的演出，零星冒出的異見，不論對錯，只不過是點綴此嘉年華會的高空煙火？

一個國家的司法改造工程絕非易事，稍有差錯，即有可能造成國家災難，故本應集思廣益，做周全完善之規畫。但目前這種綁標手法，將完全剝奪會議應有之全方位思考功能，並逼使各種議題進入一元化的死胡同。所幸檢改會在這次抗爭中逐漸清醒，逐漸察覺此種危險的存在，而決心退出全國司法改革會議。

檢改會退出後將結合具有良知良能的法官、律師、學者與民間團體，在會場外同步監控此次會議之進行，並客觀評價即將現形之欽定司改版本，指出其缺點與盲點所在，並提出眞正能造福百姓的對案，供社會大眾比較與選擇。我們願意以寬容的心爲國家思索一套公平正義的司法制度，我們願意成爲法律人最後的良心！

（1999/5/28發表）

反對亂改是反改革嗎？

民間司改會與台北律師公會昨日在貴報投書，指責法務部不應再阻擋司法院所推動之刑訴一六一條與一六三條之修訂。身爲檢方之一份子，惟恐國人誤以爲檢方全都是「反改革，不願放棄權力」，謹發表聲明回應如下。

「無罪推定」與「檢察官全程蒞庭」不論是法務部或檢察官改革協會絕對支持。其實熟知內情的人都知道，士林、苗栗、台北三個地方開始實施檢察官全程蒞庭時，都是檢方與部分基層法官一頭熱，司法院官方態度始終是袖手旁觀。沒想到事後成功時，司法院卻將功勞一手獨攬，還反過來誤導媒體與民間團體指責檢方「反改革」，這種政治鬥爭的嘴臉，是檢方最痛心之處。

如果這次一六一與一六三草案的條文，是實現眞正的「當事人主義」與「無罪推定」，檢方沒有理由反對。但國人若仔細看這兩個條文，可發現法官可「依職權」命令檢察官撤回起訴，可「依職權」指示檢察官如何補充證據，且駁回起訴與無罪判決一樣有確定力，這些職權主義色彩濃厚的規定，都是採當事人主義的美國法所沒有的。從這兩個條文，我們完全搞不清楚司法院到底將來要採「當事人」還是「職權」主義？要採德國式的「輪替詢問」（法官主問）還是美國式的「交互詰問」（檢辯主問）？現行犯要不要從移給檢方改爲移給院方？檢方起訴時卷證要不要從併送改爲不併送？院方如何能做到準備程序不做實質調查？院方如何能做到集中審理？院方如何能落實合議制讓三位法官都能全程到庭？司法院與律師界如何讓無資力的被告能有國選辯護人？

司法院說：「頭過身就過。」亦即只要前述兩個條文通過，其餘的問題在日出條款生效前立法解決即可。但如果做爲「火車頭」的兩個條文是國際拼裝車，是各種主義的混合種，讓人搞不清楚司改方向，將來的配套立法如何做？法務部多年來只側重「擋法案」，從未主動拿出所謂「配套」法條爲何，當然有不對之處。數日前檢改會與部長會面時，亦催促法務部一定要主動端出全盤之修法條文。但如果一六一與一六三條照目前一讀的條文通過，說眞的，沒有一位法律學者能爲這兩條「四不像」定出完整的配套立法。

檢改會認爲司法改革應從刑訴的核心即法庭活動下手，我們必須先決定檢察官全程到庭負舉證責任時，到底是要採德國式的「輪替詢問」還是美國式的「交互詰問」？如是前者，現行犯之移送應可維持現狀由檢方收受，偵查一段時日後再行起訴，這時起訴門檻自然應拉高，卷證也應併送，檢察官人數不用大量增員（約三百七十名）。若要採美國式的交互詰問，則現行犯應改由法官收受，讓案件自始即繫屬在法院，此時因精緻偵查已不可能，起訴門檻即不能太高，而須引進認罪協商制度來砍掉案件數量，檢察官人數也須大量增加（約五百五十名）。這些問題的解決，遠比一六一與一六三的意識型態之爭重要。

檢改會謹建議司法院放棄單點突破式的立法，儘速召集審檢辯學組成「司法安定聯盟」共商修法大計，將原來預定做爲日出條款之時間，用來討論出具有全盤性與完整性之「安定版」草案，若無法定出一版，可定二版，再至立法院進行表決，如此始能定出行之百年的刑訴制度。

（2001/1/23發表）

錯亂的司改，倒楣的百姓

大法官會議釋字第五三〇號之後，司法院儼然成為集「司法行政」與「司法審判」於一身的變種怪獸，加上其「就審理事項有發布規則之權」，以及原先已經爭取到的「預算獨立權」，日後的司法院大可千山獨行盡情揮灑。但，我們要問的是，如此虎虎生風的司法院，到底要將司改帶向何處？

「公平審判」與「當事人主義」是司法院這幾年來自我加冕的道德光環，無人能擋。但這兩面大旗的眞正內涵，司法院似乎從未認眞探討。先是「公平審判」已被司法院壓縮成「法官的中立性」：只要法官對案件調查有任何的介入，就會破壞審判的公平性，從而影響司法威信。姑不論這種立論在大陸法系國家能否成立，司法院若眞的服膺美國式的司法正義，也應貫徹到底，但我們看到的卻是一片混亂。

例如司法院在倡導交互詰問制度時，強調法官將發問權下放給檢辯雙方後，因本人不介入，所以中立性於焉而生。但當司法院在制訂交互詰問規則時，卻規定被告無辯護人時，得由法官實施詰問，這不是又將法官推進火線嗎？如果司法院認為法官在被告無辯護人時加入詰問，是維持公平審判所必需，這不是又回到大陸法系職權主義的思想嗎？司法院為何不等到我國建立起美國式的全面強制辯護制度後，再開始推廣美國式的交互詰問？

又如司法院最近趁選戰之亂，在立法院運作的「起訴審查」刑訴修法（即法官認為檢方的起訴證據不足時，得將案件退回，讓檢方補足證據後再行起訴或根本放棄該案）。這種制度在美國稱爲 motion to dismiss，必須由辯方聲請，而且必須在審理期日之前（即審前程序時）提出。但這種制度被司法院引進後，成了法官得「依職權」（而非「依聲請」）判決不受理（從而剝奪了被告被宣判無罪的權利；更嚴重的，從而破壞了法官的中立性），而且其判決時間不受任何限制，不但在開始審判後，甚至在二審時也可如此判決！這種濃厚的職權主義色彩司法院如何解釋？這種制度下如何防止偷懶的法官爲了方便結案而濫用此權？司法院所要的，到底是當事人主義的眞實內涵，還是這塊招牌而已？

當我們認眞思索司法院這幾年來所做的司法改革時，我們眞的會不寒而慄。爲了政策性的法案，原本高唱司法獨立的司法院高官，可以帶著北部地區的地院院長們到立法院「拜會」各黨團，而不去顧慮此舉是否會大開日後關說案件之門。更可怕的，當人類文明之諸種崇高理念（例如「令狀主義」、「無罪推定」、「公平審判」）被司法院獨占爲司改口號時，司法院所想到的，只是用一兩個條文去「宣示」某某主義已移植我國，而完全不去深入探討該等制度應有的配套與文化背景。如此政客型的短線操作下，我們所擔憂的，是當司法院將全國司改會議所選定的招牌一片又一片的掛了起來後，老百姓卻發現等了這麼多年，重新開張的法院裡面賣的，不但還是原先的狗肉，還多出了一大堆法官推卸責任與逃避挨罵的店規矩。屆時倒楣的，還是老百姓與司法威信！

（2001/10/24發表）

刑訴一六一與一六三修正案是亂源條款

許多國人均誤以為一讀通過的刑事訴訟法第一六一與一六三條修正條文，是「當事人進行主義」的火車頭條款，而倡言支持。但事實上它是美國漢堡麵包裡面夾著德國豬腳、日本壽司與台灣蚵仔煎的混合飼料，不但沒有指標作用，反而會將刑訴意識形態之爭，導向烽火連天的百年戰爭。

依一六一條第二項草案規定，承辦法官可以為被告之利益，「依職權」（即不待被告聲請，此為德國制）諭知檢察官在期限內撤回起訴，不從時即駁回起訴（等於是命令撤回起訴，應為台灣首創）；亦可為被告之不利益，「依職權」指示檢察官如何補強證據（此為德國制）。這種基因混合制度，所呈現的職權調查主義色彩遠超過當事人進行主義。

除了主義不明外，一六一條草案另有其嚴重的實務面問題。首先，為了避免法院在浪費了數年的司法資源後才駁回起訴，草案一六一條第二項雖規定「於第一次審判期日前」始可為之，但問題在於我國院方實務在審判期日前通常定有經年累月的「調查庭」，一直到要宣判前才定一次「審判庭」，故法條定為「於第一次審判期日前」，並不能迫使法院早日做起訴門檻之審查。

其次，一六一條草案規定「檢察官指出之證明方法顯不足認定被告有成立犯罪之可能時」得駁回起訴，將「證據之證明力」引進，而混淆了「有罪無罪」與「起訴門檻」判定的分際，就如美國判例所指出者；法院在審查起訴門檻時，並不是在對證據之證明力（充分性）做判斷（因爲這已是有罪無罪之操作），而是站在既有的證據上（包括傳聞證據），對「被告犯罪可能性」（既有無「相當理由」）做判斷。我國草案將二者混淆，等於同意承辦法官在案件尚未進行眞正的審理之前，即以預斷方式對證據證明力做等同於無罪判決的評價，這不是標準的「未審先判」嗎？

第三，一六一條草案規定，起訴被駁回後「非有第二百六十條各款情形之一」不得再行起訴（仿自德國）。然我國實務對刑訴二百六十條之「新事實、新證據」一向採非常嚴格的認定，此種規定等於是斷送檢方補強證據後重新起訴之大半生路，亦爲採當事人進行主義的美國所無之制度。

一六三條草案所引起的問題亦不遑相讓，其第二項規定：「法院爲發現眞實，得依職權調查證據。但於公平正義之維護或對被告利益有重大關係事項，法院應依職權調查之。」此段日本色彩濃厚的條文一方面漏掉了當事人進行主義所強調的法官「應」指揮訴訟發現眞實的義務，一方面加進了當事人進行主義所無的法官「應」依職權調查證據的義務，這種混合條文稱得上是指標性條文嗎？加上該條文以「於公平正義之維護或對被告利益有重大關係事項」這種極度模糊的語言課予法官「應」調查之義務，來日所產生的爭議將更難處理。

最後，一六三條草案第三項規定，法院在依職權調查前，「應予當事人、代理人、辯護人或輔佐人陳述意見之機會」（此應爲台灣首創），更是完全違反犯罪調查的祕密性原則。

國人可以輕易想像，當一位法官依此規定向被告說「為維護公平正義，我明天要到你公司去扣押出貨憑證，請問您意見如何」後，屆時法官能否扣到資料？所扣到者眞實性又如何？

這次一六一與一六三之爭議，司法院故意避開了採行當事人進行主義所引發的最困難問題；現行犯逮捕後應否改送院方？應否設置「預審法官」？為了要做到集中審理與美式交互詰問，國人願否每年多花幾十億元的預算？如果國人眞的願意做這麼大的司法投資與挺進，那麼刑訴一六一與一六三條就應改為純粹當事人主義下之文字。如果國人認為只要落實檢察官全程到庭負起舉證責任即可，不願花大錢改採當事人進行主義，則頂多只須修改一六一條。不論採哪一條路，都比目前一讀條文所引起的無窮混亂好上幾倍。

（2001/12/23發表）

在將檢察官逐出法院組織法之同時

司法院在贏得一場沒有掌聲的「勝利」後，據聞下一個戰略目標是「法院的白澳政策」：一個單一種族的「法官的法院」。從法制言之，就是將「檢察機關」從法院組織法中刪除。此點，檢改會早有心理準備與對策。司法院打從「法官法草案」一讀當天起，就開始後悔讓檢察官準用，法官法早已成爲司法院欺敵的煙霧。下一屆立委上任後，法務部與檢察官們要注意的，應該是法院組織法的修法，而非法官法的立法。

姑不論將檢察官逐出法院，是否符合大法官釋字第三九二號解釋之精神（依該號解釋，我國事實上應制訂「司法機關法」（含法院與檢察署）與「司法官法」（含法官與檢察官））；姑不論在執政黨已成爲立院第一大黨後，司法院之如意算盤能否得逞。如果司法院眞的動得了法院組織法，做爲一個向歷史負責的改革者，司法院應同時進行法官族群的內造，否則司改運動將成爲「造福法官運動」，而得不到人民的肯定。

從近年來刑事訴訟的修改，我們已可逐漸看出刑事法官多出了一些新的工作：（一）羈押審查（未來可能加上「所有現行犯逮捕後之人犯收受」）。（二）令狀審查（不僅搜索票，將來連監聽票、拘票甚至傳票，都已是司法院鎖定的獵物）。（三）證據能力排除（尤其是違法搜索）之審查。（四）起訴門檻之審查。（五）「交付審判」（不起訴處分後）之審查。對這些新的工作，司法院應嚴肅思索創設「預審法官」（或「偵查法官」）的必要性。

一九二八年，我國刑事訴訟制度的開山祖師們（Founding Fathers）將預審工作交給檢察官，而決定不設立「預審推事」（此由刑事訴訟法第二十六條之立法理由：「他國法律，以預審事務，屬審判廳預審推事管轄，本律則擬以預審事務歸檢察廳管轄，故擔任預審之檢察官，亦不可無迴避拒卻引避等情形，其理甚明」可看出）。現在司法院已推翻開山祖師們的想法，開始著手將檢察官之預審工作逐一拿掉，在這同時，司法院豈可再以「人力不足」爲由，一再迴避預審法官之創設問題？

事實上預審法官的創設，正可配合院方「金字塔化」後的人力調整，在三審法官往二審擠，二審法官往一審擠後，一審法官應往何處擠？除了將候補法官改派檢察官以快速補充檢方人力外（笑話？），創設預審法官應是解決之道。此外，爲了應付檢方移民潮下大量請調院方的檢察官，亦可由預審法官制度開拓人事空間。

對於往後的司法改革，我們可預測到檢方與院方的分頭進行的內部分裂運動：檢察官分裂爲「一般偵查檢察官」（大量運用核退、發查、聲請簡判與緩起訴，幾乎不主動偵查）、「特別偵查檢察官」（挑選指標性案件，領導檢察事務官或司法警察主動出擊）與「蒞庭檢察官」三大族群。刑事法官則分裂爲「預審法官」與「審判法官」兩大族群。預審法官有其不同於審判法官的法律與人生哲學，預審程序有其不同於審判程序的證據法則（從某些角度而言，預審法官是在替審判法官擋子彈）。在司法院將刑事訴訟徹底顚覆後；在檢察官不再擔任預審工作後，司法院所長期追求的「法官的中立性與崇高性」，惟有在預審法官建立之後，才能顯現出來。

如果司法院僅會一味擺脫檢察官，而不設法接下檢察官離開法院後所遺下的工作，也不用心去思索這些工作與原來的審判工作有何不同，也不設置一群專門處理這些工作的法官。則人民終究會發現，「當事人主義」這片招牌的背後，竟然是比原來的職權主義更集權的糾問主義。而且，更悲慘的是，這個集權的司法制度，竟只有能力對自白犯罪的被告定罪。對那些否認犯行的被告，則只能一味責怪檢警調為何將這麼棘手的案件丟進法院！

（2002/1/27發表）

交互詰問可能引起的司法變革

將發問權下放給檢辯雙方後，所可能引起的司法制度變革，並不限於法庭活動。它可能正好觸動司法地殼之車籠埔斷層，而引發一連串的地質構造變動。本文所關心者，不包括來日立法者所刻意塑造的司法制度改造，僅限於在現制下實施交互詰問後，司法實務不得不產生的自然變動。底下謹嘗試從刑事程序之角度來預測這些變動，供司法界思索因應之道。

一、**公設辯護人之復活？**

先從震央九分二山即交互詰問活動看起。實務界所面臨的第一個問題，可能是誰來「發問」？控方有檢察官到庭，當然沒問題，但辯方呢？非強制辯護案件被告未選任辯護人時，依刑事訴訟法第一百六十六條第一項之規定，審判長似不能拒絕被告本人直接詰問證人及鑑定人（尤其在已經准許檢察官為正詰問後），但由一位非法律人兼嫌犯來進行正反詰問（不論是直接或聲請審判長爲之）所引發的問題，絕非任何一位法官所能解決。其結果只有兩種，一是在沒有辯護人的案件中，審判長乾脆完全禁止交互詰問（雖然法律上有問題，但實務上已行之多年）。一是依公設辯護人條例第二條由國家替被告找一位公設辯護人或律師。在第二種情形，司法院可能須面臨財政問題：按件計酬的「國選辯護人」較合算，還是廣增公設辯護人較合算？在司法院既定政策下，公設辯護人原已進入「休火山」狀態，此休活山是否會因交互詰問之實施而再度成爲「活火山」？

二、被告緘默權之活用與檢警的蒐證實務

交互詰問的第二個問題，是被告能否「被問」。雖然一六六條並未將被告列爲詰問對象，但一六三條第二項有將之列爲「詢問」對象，故檢辯雙方應能對被告爲「輪替詢問」。當被告由「被法官（審判者）問」改爲「被檢辯雙方問」時，被告對於「問而不答」之忌諱將大爲降低（亦即，若由法官問話，被告通常會因害怕不答話會引起法官不利之認定，而有問必答），因此，被告在面對檢方的詢問時，極有可能選擇緘默權。隨之而來的，是辯方的策略極有可能再往前推，從警方調查至檢察官偵查時，即開始選擇完全緘默。這對於以往「先取得被告自白，再找旁證」的偵查實務，將造成極大的衝擊。檢警的蒐證工作勢必改爲「由外向內」與「由物至人」。

三、檢方舉證責任之前置化

交互詰問的第三個問題是：誰先被問？亦即，在眾多證人與鑑定人中，何人先排在第一

位被檢辯雙方來交互詰問？在法官訊問之現制下，哪一個證人先被問是由法官排棒。但若改由檢辯雙方發問，如何排棒即成爲問題。英美法之訴訟程序著重檢方的檢證責任，所以應先由檢方聲請點呼檢方證人入庭，至於多名檢方證人誰先上證人席，是由檢察官排棒（須隔離），每位檢方證人先由檢察官主詰問後，再由辯方反詰問。俟所有檢方證人均交互詰問完後，法官可先爲「成案或不成案」（表面證據是否完備）之中間判決。若成案，再由辯方聲請點呼辯方證人（包括放棄緘默權的被告）入庭接受交互詰問（多名辯方證人間之排棒，則由辯護人爲之）。此種操作方式極有可能爲我國實務所採用，因此，所有檢方證人先被交互詰問完畢後，蒞庭檢察官可決定是否要撤回起訴，以達訴訟經濟之效。

四、警察出庭頻率與正當程序的要求

交互詰問時，檢方亟需利用對承辦員警的正詰問來建立被告之基本犯罪事實（另一重要證人是被害人），這使得警察必須接受辯方之反詰問，而對警察之反詰問當然會將有關「證據排除法則」（蒐證程序是否正當，包括警局內之指認程序）之問題帶入。其結果警察蒐集犯罪證據時勢須嚴守程序正義，以免日後在法庭被嚴厲指責。另「如何出庭做證」也將成爲每位警員的必修課程，檢警雙方因須在法庭內併肩作戰，檢警關係將更爲密切，檢察官對案件調查之介入時點亦將被迫提早至蒐證之始。

五、機關鑑定之沒落與專家證人之興起

交互詰問之主要對象之一是專家證人，以往由法院所指定之鑑定機關出具書面意見之做

法可能受到挑戰，檢辯雙方均有可能儘力聲請傳喚對己有利的專家證人出庭作證。當然，有錢的被告在此方面是占盡地利。

六、偵查中訊問證人之省略與起訴書之簡化

檢方爲達在審判期日反詰問時突襲「敵性證人」之效果，在策略上會避免在偵查程序時詳問敵性證人（另方面會加強對友性證人之訊問以及物證之蒐集，以盡舉證責任）。另爲避免證明力之辯論主軸太早曝光，起訴書「證據並所犯法條」欄勢將加以簡化（僅列舉編號之證據），其結果是「起訴狀一本主義」之半套實現。

七、檢方集體辦案雛形之出現

檢方之現行人力無法實現「己案己蒞」之要求，蒞庭檢察官與偵查檢察官必須開始嘗試集體辦案的操作（榮辱與共，有罪判決之辦案成績共享），雙方如何連繫、蒞庭檢察官如何繼續加強舉證、如何將法庭內之變化傳達給偵查檢察官，做爲日後偵查應注意事項，均有待檢察一體正面功能之發揮。來日以「組」爲單位之檢察官辦案組合（資深檢察官帶同資淺檢察官偵查辦案，並由資深檢察官蒞庭），可能因交互詰問催化之而提早出現。

八、準備程序之「審前會議化」

爲使交互詰問之「被問人」與「詰問事項」減至最低以提高效率，事先的證據揭示、舉證排棒成爲不可或缺之程序，來日準備程序可能逐漸失卻其「調查證據」之功能，轉而爲犯罪事實與證據方法之釐清與整理，其結果是促成審判期日之早熟。（期日早日訂爲審判期日

之另一重要因素，是筆錄無庸當庭製作完畢）。此外，為使準備程序順利進行，圓桌會議式的法庭布置亦有可能引進。

九、庭外面會證人檯面化與正當化

以往辯方庭外接觸證人均被視為有勾串或恐嚇之嫌，然在交互詰問制度下，審前會面證人（不論是己方或對造證人）是必要之準備工作，此方面審檢均應在態度上做大轉變。（當然，律師職業倫理之建立，亦是當務之急）。為避免證人因懼怕交互詰問而拒絕出庭，事先檢辯雙方之勸說，亦是不可或缺的工作。

十、集中審理之提早實現

交互詰問下，不論檢方或辯方均有其詰問證人之策略考量（包括排棒），這些策略不可能在現制「間隔審理」之狀態下完成，而且證人也不可能多次出庭應付冗長的詰問。故集中審理將是大勢所趨，刑事案件在進入審判期日前將等待一段頗長的時日（半年或一年），但一旦等到，將是連續數日開庭至結案為止。

十一、認罪協商與簡易程序之盛行

由於交互詰問程序之煩瑣，審、檢、辯三方均有強烈之動機尋求認罪協商與簡易程序之可能性。偵查、移審至言詞辯論前，「認罪與否」之問題重複出現，應可預見。

十二、法官中立性之突出

法官因交出發問權而退居聽訟角色，其中立性開始突出。實務上可能在羈押之聲請、接押與否之決定、通緝犯羈押與否之決定等程序引進小型之辯論（士林院檢已有此共識），將更能突出法官之中之性。

十三、法庭席位與法庭布置之調整

爲使被詰問人能同時面對發問者與審判長，現行之馬蹄形席位應會被維持，惟被告之旁聽座位可能會移至辯護人席之旁，至接受詰問時始移至中間。證人席與被告應訊席應會合一，均置於馬蹄形開口處之中間位置，並擺設座椅。此外，由於檢辯雙方均有可能協同出庭，檢辯之席位亦會加長，法庭中亦應留有空間供檢辯雙方擺置大型文字圖表或其他圖說證據。

十四、法官來源之檢討

隨著交互詰問之實施，要求法官必須先當過檢察官或律師之聲浪必會高漲，因爲若不清楚檢辯雙方之想法、策略與目的，實難妥適控制交互詰問之進行。剛從司法官訓練所結業即當法官之例，可能會逐漸消失。

結論

相傳九二一地震當天，九分二山衝向天際，地底紅光四射，震波隨即向北延至東勢，向南擴及瑞里。全國司改會議所催生的交互詰問即將在六月一日登場，它所觸動的地殼變動將會如何浩大？對此吾等法律人惟有心存敬畏。天佑司法，天佑台灣。

（2002/12發表）

檢察官的三種臉譜

檢察官與司法警察緊密合作的情形有二：一是檢察官積極主動查出偵查目標，並擬妥偵查計畫，再指揮司法警察執行偵查作爲（跟監、搜索扣押、監聽、函查、約談、拘提、移送）。另一是司法警察已鎖定某目標後，再請求檢察官給予強制處分方面的支持。前一種合作關係需要眞本領，不是每一位檢察官均能做得到；後一種合作關係，只要檢察官願意當橡皮圖章，再加上幾場觥籌交錯，可說是一拍即合。不論何種合作關係，若能破大案，對外均是光鮮亮麗，一切都在檢察官的一念之間。

當然，司法警察在鎖定目標後主動求見檢察官，有時要的不是強制處分權，有時是在請示檢察官法律意見或偵查要領，但這是從上述第一種合作方式所發展出的互信關係，只有那些具有眞本領的檢察官才能成爲司法警察請益的對象。第二種橡皮圖章型的檢察官們，永遠只能在司法警察將案件搞定之後，臨門一腳發給拘票或搜索票。坐享其成慣了之後，乾脆將橡皮章交出，發給空白搜索票，以打散彈方式到處越區捕魚。若抓到小魚，趕緊命警移送別的地檢署或收案後立即移轉他署；若抓到大魚，則欣然收案聲請院方羈押被告，揚名立萬，檢察界有哪些人專門做這種事，日子久了大家均心知肚明。

不過，大部分的檢察官並未與司法警察走的如此近，他們認爲第一類的檢察官是「刑事組長型」的檢察官。他們不會去當第二類的橡皮圖章，但也不願當刑事組長。他們認爲檢察官在偵查方面的作爲，頂多只要將不成熟的案件退回給警方補充調查（現行刑事訴訟法第二百三十一條之一）或發交查證（新修訂第二百二十八條第二項）即可。除了這些，檢察官應該將戰場從犯罪調查的原野，移至法庭的地板（即公訴組）。在案件負荷量嚴重超載的客觀環境下，這「第三類檢察官」成了多數派。他們沒有享受到第一類與第二類檢察官的掌聲與鎂光燈，他們沒有司法警察當他們的「子弟兵」，只是默默工作。

橡皮圖章型的檢察官當然不足爲訓，但如果全部的檢察官都成爲「第三類」，是否是件好事？筆者認爲國人可能會感到失望，畢竟國人仍希望檢察官能發揮主動「摘奸發伏」的檢察功能，所以，檢察官似不能完全退出偵查，檢察官仍應保留最後一支武力，在司法警察因政治壓力或同流合污而全面潰敗時，傾力出擊，力挽狂瀾。如此說來，結合若干「刑事組長型的檢察官」與一群幹練的檢察事務官的「特偵組檢察官辦公室」，似乎是檢察官固守偵查最後一片版圖的終極武器。在這種模式下，檢察官與一般司法警察的關係應退卻到「核退」與「發查」，而其「子弟兵」必須從檢察體系內部，即檢察事務官中去自行發展。

換言之，「偵查組」、「特偵組」與「公訴組」檢察官，可能是未來檢察官較健康的三種臉譜。

（2002/12/20發表）

若未更好，何必改革 v. 若未改革，如何更好

—— If not better, why change? v. If not change, how better?

當今台灣社會，可謂已到了「聞改色變」的地步。從教育改革、政黨輪替、政府改造、民營化與自由化，人民看到的是一團亂象。司法改革是否也會隨著這種腳步，讓老百姓徹底失望而吶喊：「若未更好，何必改革？」面對這種質疑，如今又有多少有志之士敢再大聲回應：「若未改革，如何更好？」

失變的改革所造成的社會危害，不僅在於經濟成本的浪費，更在於人文精神之淪喪。當一個社會對理想產生幻滅時，人們開始責怪先前走在前端的改革派人士，很不幸的，這些人在舊時代原本是被推崇爲「清流之士」，如今不但除害未果，反須承擔舊時代所累積下來之所有過錯，其結果是社會上沒有一個人是大家所共同推崇，於是人們開始懷念死去的一代，封建主義逐漸復活，社會不再向上提昇。更可怕的是，先前消聲匿跡的妖魔鬼怪們開始結黨而起，理直氣壯的發聲。是非混淆，黑白模糊之下，社會公義何能求得？所以做爲一個改革者，必須認清：改革失敗的原因，固然不全在於改革者本身，但失敗的改革所引起的後遺症，改革者必須負起全部的責任，尤其改革是由執政者來推動時，更是如此。

台灣進十年來的司法改革，誠如張升星法官所指出者，是從個人的衝撞走向集體的抗爭；從個案的爭執走向體系的改造。這種大規模的行動固然是治本之道，但在快步前進的同

時，我們也必須檢視改革方向有無偏差。大體言之，本人同意張法官之看法，即「司法獨立」、「檢察官與法官角色之區隔」、「法官與檢察官人事民主化與自清運動」是我國司法改革較成功的三個項目，剩下來的應是最難的部分：即如何提高案件品質，給予當事人及時的正義。此部分當然牽涉到「制度」與「人」的問題。

在制度面部分，司法院與民間司改會似乎認爲美國式的「當事人主義」（adversary system）是在訴訟結構上必走的改革之路。但欲到達此路之目的地（一言以敝之，一個不再發生蘇建和案的司法仙境），是否一定只有建造一條如此昂貴的公路？有無其他更節省人力物力的方法？即將於二〇〇三年九月一日上路的新刑事訴訟制度（含交互詰問 cross examination 與傳聞法則 hearsay rules），在缺乏配套制度下，不但不會使偵審速度從「爬行」進化到「步行」，甚至會從「爬行」退化至「全身痲痺」（from crawling to paralysis）。事實上，欲改變以往檢察官將半生不熟的案件丟給法官去接力進行且不到庭負舉證責任的情形，只要引進德國式的輪替詢問（即仍由法官主問，之後再由檢辯雙方補充詢問），並貫徹現有的「直接審理主義」（法官原則上須親聞證詞），即可達到目的。

在人的方面，法官來源應立即調整爲「從優秀的檢察官、律師、學者」中遴選，以避免「無能」或「不敬業」的人坐上法官席位。且應將刑事法官區分爲「預審法官」（專事審理令狀之聲請、羈押之審查與證據能力之判定）與「審判法官」兩大類別，以避免預斷之產生。相對地，檢察官陣營亦應分裂爲「一般偵查組」（處理警方移送案件之退案審查或人民告訴告發案件之發交查證）、「特別偵查組」（以團隊辦案方式處理檢方主動出擊之重大案件）、「公訴組」（到法庭舉證與辯論）與「執行組」（執行刑事判決），而不再「包山包海」。換言之，除了特殊案件外，檢察官應從犯罪調查原野跨進法庭地板，而將犯罪調查之工作逐步交給司法警察。

集體的司法改革，如果成功，是司法品質的全面提昇。但若失敗，換來的將是集體的冷漠與沉淪。台灣沒有失敗的本錢，司改沒有第二次的機會。天佑司法，天佑台灣。

（2003/3/15發表）

司改豈可造就富人獨占正義市場

十年教改造成「高學費」政策，二〇〇三年九月司改是否亦會造成「高訴訟費用」之結果？台灣的改革難道只是徒然讓富人乘勢而起，獨占社會資源，甚至獨占正義市場？

刑事當事人主義是一項昂貴的訴訟制度，在法官將大部分之訴訟進行主導權下放給雙方當事人後，證據之保全、蒐集、提出與釋明，完全落在檢辯雙方之肩膀上，法官在開庭時退居「聽訟」角色。故九月之後，法庭內將任由當事人雙方使出渾身解數，互相廝殺，以重金延聘知名律師與專家證人勢將成為勝訴關鍵。請不起律師之被告，何來能力去蒐集提出對己有利之證據？何來能力去進行規則複雜難懂的交互詰問？

當事人主義下，不僅人民須要花大把銀子，國家更須投入大量預算，理由是實施交互詰問後，法官開庭的時間從過去的平均每庭一小時至少延長至四小時，這意味著國家必須蓋更多的法庭，培養更多的檢察官與法官，花更多的證人日費與旅費，投入更多的人力物力去將交互詰問之內容錄音並譯成文字。當然，如果政府投入大量司法資源、人民繳更多的稅後，能夠換取到公平與正義，那二〇〇三年之九月司改當然有其意義。但問題是，我們的政府真的願意編列大量預算在五到十年後才能看得到成果的司法改革嗎？我們國家的財力真能負擔這麼昂貴的訴訟制度嗎？

昔日刑事訴訟為人詬病的是：警方辦案時有違反程序正義情事；檢察官未能在提起公訴之後全程到庭善盡舉證責任；法官審判延宕時日導致正義遲來。過去數年來的司改，我們引進了「證據排除法則」以促使警方注意辦案程序，我們推行「檢察官全程到庭」將檢方之戰場從犯罪原野延伸至法庭地板；我們推行「訴訟制度金字塔化」以達一次解決訴訟之目標，這原本均是正確的做法。但檢察官到庭執行公訴時一定要採用美國式的交互詰問嗎？美國（英美法）制度的特色，是將「事實之裁判者（陪審團）」當成一張白紙，所有的證據必須由檢辯雙方在法庭內一點一滴地以交互詰問之方式呈現出來（絕大部分的證人都是在陪審團面前才第一次接受問話），而不能事先將證據透露給陪審團，以避免預斷。但我國九月司改所創設出之新刑訴制度，是一方面要求檢察官要以「日本式之精緻偵查」將所有犯罪證據徹底調查一遍（換言之，檢警調必須將所有證人全部鉅細靡遺地問過至少一次），然後將所有證據以「卷證併送」之方式讓裁判者（法官）全部事先核閱（這是大陸法系的做法）。另一方面卻要求大家在檢方起訴後要像美國一樣，「假裝」法官尚不知案情；「假裝」所有證人尚未被偵訊過，所有證據全部在法庭內重新回鍋炒過一次（幾乎所有證人全部再問過一次，甚至加上幾位辯方在偵查中「故意藏起來」的證人）。此種重複調查之制度令人擔心的是，在投入大量人力物力之後，事實眞相反而更加模糊，判決結果反而距離正義越來越遠。

當今之計，應是採納檢改會在上次立法院會期結束前所提出之建議：將新刑訴實施之日期從二〇〇三年九月一日延至明年九月一日。此舉之好處有：（一）二〇〇三年十二月及二〇〇四年九月即將有二期的司法官結訓，預計共有兩百名左右的檢察官與法官可投入司法行列，應可適度紓解人力問題。另警調亦可趁此調整內部之人力分配，增加刑事偵查之辦案人員比例。（二）可趁此段期間重新研議，在檢察官全程到庭後，到底是要採美國式的交互詰問，還是較省事的德國式輪替詢問（仍由法官主問，檢辯僅是補問），如果仍要採前者即美國制，那就須進一步探討是否應改爲「卷證不併送」以避免預斷及重複舉證；並引進「認罪協商」以避免過多的案件進入法庭？當然，採美制的另一後果國人也須有充分準備：即「事先做好財務規畫」。（三）另可趁此期間從速修訂配套法律，例如法官法（因裡面有廢除司法官官等的規定，可鼓勵一流人才留在一審）及其他刑事證據法則之補充。

以法律扶助法去幫忙窮人打官司，就好像以「無息貸款」去幫助窮人念大學一樣，是本末倒置「債留子孫」的做法。我們能否避開高學費政策？我們能否避開以金錢換取正義的訴訟制度？在二〇〇三年九月之前，我們還有機會讓司改避免重蹈教改的覆轍。請暫緩一年再實施新制，並趁機重新思索台灣的未來吧！

（2003/7/22發表）

十年舊案可以駁回起訴？

司法院最近提出的速審法草案第六條規定，刑事案件起訴後十年仍未能判決確定時，法官可以「裁定駁回起訴」，引起不少批評，原因在於司法院把「法官的錯」與「檢察官的錯」弄混淆了。

當今司法最爲人詬病的現象之一，就是案件一拖一、二十年，讓當事人「法庭流浪數十載」。所以如何加快審判的腳步，自然成爲司改的重點項目。但司法院所提的藥方（速審法第六條），可能犯了「推責任」的毛病了。

駁回起訴（dismissal）基本的意義是「拒絕審判」，屬於「程序判決」，並沒有對於

「有罪或無罪」做實質上的認定。所以，邏輯上當然是在「判決之前」才能駁回起訴，而且，原則上駁回起訴之後，是可以再行起訴的。

司法院草案第六條的第一個問題在於，起訴十年之後仍未能判決確定的案件，絕大部分都已經過一審（地方法院）或二審（高等法院）判過了（不論是有罪或無罪）。法院都已經判過的案件，怎可以「駁回起訴」呢？

草案第六條的第二個問題是，駁回起訴是否表示檢察官還可以再提起公訴？如果答案是肯定，結果豈不是法官與十年老案脫勾，但被告卻又被檢察官的魚鉤勾住另一個十年，這難道符合司法院推動「速審法」之保障人權理念嗎？

草案第六條雖然另外在第二項規定駁回起訴後，檢察官必須在「發現新事實或新證據」後才能再行起訴。但這種規定仍然無法迴避第三個問題：如果案件起訴十年後還未能仍判決確定，是因爲證據不足，爲何法院不乾脆判無罪讓被告脫離苦海，卻反而設計出「駁回起訴」讓被告陷入「十年輪迴」的惡夢？

美國聯邦速審法（Speedy Trial Act）雖同樣規定案件進度違反法定期限時，法官得駁回起訴。但美國法官在下駁回起訴的裁定時，必須同時宣告該駁回是 without prejudice（無實質影響）或 with prejudice（有實質影響），如是前者，檢察官可以再行起訴，後者則否。亦即，法官在裁定駁回起訴時，對於「能否再行起訴」必須負責任地說清楚講明白。我國草案第六條卻規定法官可以在駁回起訴時，對於能否再行起訴隻字不提。

講明白一點，依照我國司法院草案第六條之規定，案件起訴後如果因爲法官偷懶或無能（不是因爲檢察官蒐證不齊全）而拖了十年以上未決時，法官仍然可以駁回檢察官的起訴，而將球丟給檢察官。檢察官如果不再行起訴，一定會被社會指責「放水」，法官的錯就變成檢察官的錯；反之，檢察官如果以「發現新事實新證據」再行起訴，等於是承認先前的第一次起訴是「證據不足」，法官的錯還是變成檢察官的錯。

司法改革如果只是淪落爲「法官推責任運動」，那人民何在？公平正義何在？

（2009/9/13發表）

後記

刑事妥速審判法於二〇一〇年五月立法通過後，並未採行原來草案第六條的「駁回起訴」機制。但這次的立法過程，又再次令人懷疑司法院的司改思維一向是以「避免法官被罵」爲中心。爲了避免被罵，有兩個大方向可走，第一個就是「推出」，把所有調查事實的責任全推給檢察官與警察，案件沒查好就與法官無關。第二個「拉進」，把最喜歡罵法官的人拉進審判程序與法官人審會，讓他們一罵就罵到自己。

當然，把所有調查事實的責任全推給檢察官與警察，學理上剛好可稱爲「法官中立」與「公平法院」；把最喜歡罵法官的人（律師）拉進訴訟制度就是「當事人進行」與「武器對等」；把最喜歡罵法官的人（律師）拉進人審會就是「司法有責性」與「傾聽人民的聲音」，這到底是一種巧合，還是精心設計，我們永遠搞不清楚。我們只能奉勸司法院：司改是要建立一個能夠發現眞相實現公平正義的偵審程序，當這個理想實現時，自然就沒人罵法官了。

甘蔗哪有雙頭甜？
——卷證不併送的後續效應

二〇〇一年我國試行交互詰問制度，所引發的後續效應，讓我國刑訴陷入十年混亂（尤其是傳聞法則），如果此次「二次司改」又引進「卷證不併送」，我們眞的準備再混亂十年嗎（尤其是證據揭示程序與訴因主義）？

主張卷證不併送者所欲達到的主要目的應有二：（一）落實檢察官舉證責任；（二）防止法官預斷。但我們必須深思，卷證不併送的代價爲何？欲達此二目的，有無其他替代方式？

一、**卷證不併送與精緻偵查是互相違背的**

卷證不併送之下，檢方爲了防止「過早曝露在敵方炮火之下」，一定是延後出招，延後調查證據（例如延至審判時再於法官面前第一次訊問證人，美國檢察官的偵查粗糙即是一例）。院方不能一面要求檢方要精緻偵查，一面又要卷證不併送。

二、**卷證不併送之下，即無所謂之「爭點整理」**

審查庭與準備程序中的爭點整理是司法院近年來自傲的司改成果，但如果卷證不併送，法官即無從在準備程序時整理爭點，訴訟勢將嚴重延遲進行。被告因爲不清楚檢察官的底牌爲何，認罪的時點亦會往後延。卷證不併送之下，正義勢必再遲到。

三、**卷證不併送之下，審判長的訴訟指揮將更加困難**

卷證不併送時，證據調查程序是由檢辯（尤其是檢方）主導，若檢辯雙方天馬行空胡亂進行，審判長因手中無卷證，縱欲導正訴訟主軸，亦是無用武之地。

四、**卷證不併送之下，承審法官變成有責無權**

我國未採陪審團制度，法官必須寫判決書而且要詳列理由。卷證不併送時，法官無法主導審判，卻要對判決結果負全責，甚至被責罵爲「恐龍法官」，此點法官們能甘心接受嗎？證卷不併送本就是陪審團制度下的產物，我國採職業法官制，眞的看到證卷就會產生預斷嗎？

五、卷證不併送之後，所引進的證據揭示程序與訴因制度是美國颶風加上日本海嘯

揭示證據程序（discovery）是傳聞法則之外的另一個法律迷宮，它所隱藏的法律爭議（片面或雙面義務？全部或部分揭示？哪些是應揭示 must，哪些是得 should 揭示？各應於何時揭示，未揭示的法律效果爲何），可謂是亂如麻，理還亂。日本的訴因理論亦是一門玄學（公訴事實對象說、訴因對象說、訴因之變更追加與撤回、預備訴因與擇一訴因等等），台灣眞的有另外的十年嗎？刑事訴訟到底是用來解決紛爭？還是用來製造紛爭？

六、卷證不併送須有堅強的法律倫理做後盾

卷證不併送之「法治面」的配套是「證據揭示」與「訴因制度」，「人治面」的配套，則是管理檢察官與律師的法律倫理。卷證不併送制度下，檢察官對「有利於被告」之證據有可能惡意不揭示；相對地，律師對檢方遵守證據揭示所提出的證據，極有可能做「庭外使用」（例如在法院開庭前夕將檢方證人的偵訊錄音錄影拿給媒體爆料藉以影響審判）。我國對於此方面的法律倫理，不論是在規範法令或實務判例，皆是一片空白。在「當事人主義下的遊戲規則」尚未建立之前，即貿然引進卷證不併送，司法不僅會出現恐龍法官，還會有暴龍檢察官與迅猛龍辯護人！

七、卷證不併送對被告與辯方亦有不利之處

現行卷證併送制度之下，檢方在起訴後可謂是「全部揭示」full disclosure，故辯方在充分閱卷後即能順利建構出辯護策略。但採卷證不併送時，檢方是一張一張出牌，此點對辯方

非常不利（如果我國只採卷證不併送，但又不採證據揭示程序，那對辯方更是不利到極點）。況且，爲了配合卷證不併送，我國極可能採行「辯方抗辯的失權效」規定（例如不在場與精神抗辯必須在一審的準備程序以前提出），這對辯方亦是不利。

爲了要達到（一）落實檢察官舉證責任（二）防止法官預斷此二目的，卷證不併送不是惟一的選擇。例如「由預審法官來審查令狀與羈押、起訴門檻與證據能力」，就是一個可行的替代方案。集中建立一個大水庫對生態影響太大，分散將水源儲存在各個小池塘與水田，亦可達相同目的。三峽大霸式的司改對吸引媒體與政績宣傳效果當然比較大，但司法是要政績？還是要務實？

卷證不併送，對偵查檢察官而言，是一種解脫（所有偵查作爲可以簡化爲「證據清單的提出」），對公訴檢察官而言，是一個篡奪法庭主導權的絕佳機會，所以檢方無所畏懼，甚至張臂歡迎。但我們必須冷靜想一想，卷證不併送對國家與人民而言，是好？是壞？基於歷史責任，我必須慎重在此次會議提出警告，引進「卷證不併送」是另一個「十年混亂」的開始。

（2011/7/28發表）

後記

本文是筆者在「司法院刑事訴訟改革成效評估委員會」第八次會議的發言單。甘蔗哪有雙頭甜是筆者從司改會議以來就不斷提醒司法院的用語，但司法院好像一直認爲可以創造出「集全世界所有優點」的一套司法制度出來。

卷證不併送，簡單來講，就是把檢察官的偵查庭搬到法官的審判庭。所有證人都必須在法官面前逐一訊問，所有物證都必須在法官面前逐一調查，這種做法怎可能逼迫檢察官做精緻偵查？檢察官爲了避免做白工，也爲了怕問太多查太多而讓被告知道手中王牌，當然後延後出招，不可能在偵查中即盡調查之能事，怎可能做日本式的精緻偵查？

例如偵查中被告舉出不實的不在場證明時，在卷證併送下，檢察官在偵查中就會出招拆穿被告謊言，讓法官知道被告說謊。但在證卷不併送下，檢察官若在偵查中就讓被告知道手中王牌，到了審判時，因爲所有證據都要在法官面前重新調查，被告就會趁機編出第二種甚至第三種版本的不在場證明，讓檢察官苦於對應。所以檢察官只好在偵查中一切都只是點到爲止或按兵不動，等到法官面前再做實質調查，這怎麼可能做到精緻偵查？

國內主張卷證不併送者應徹底了解一下，採該制度的美國檢察官的起訴門檻是低到令人瞠目結舌的地步，與搜索逮捕一樣，幾乎有百分之五十的可能性就先起訴再來認罪協商，或等候遙遙無期的冗長審判。論者又謂美國有人民組成的大陪審團可以對檢察官的起訴門檻做把關，但美國大陪審團實際上是檢察官的調查工具（憑介其強大的對人與對物傳票），聯邦最高法院甚至判定大陪審團可以僅憑傳聞證據起訴被告（Costello, 1956），檢察官也可以對大陪審團隱匿對被告有利之證據（Williams, 1992），絕非想像中的完美制度。

最重要的是，有鑑於卷證不併送下，所有審判變成冗長無比，爲了減輕案件壓力，勢必引進偵查中的認罪協商制度，將來只有不到百分之十的案件能進入實質審判，這種變革老百姓眞的願意接受嗎？

窮人要有窮人的解決方式，昂貴複雜的卷證不併送制度眞的是台灣的惟一選擇嗎？

警方辦案品質是司法大河水源區的污染指數

——上游倒污泥，下游徒蓋淨水廠

每當司法改革大戲的鑼聲響起時，警察總是無法軋上一角，頂多披上「加強科學辦案」的戲服跑龍套一番，隨即被收入籠仔內。但警察通常是第一個趕到犯罪現場的人，也是第一個接觸到嫌犯的人，若其上游的蒐證工作未能做好，處在中下游的檢察官、辯護人與刑庭法官再怎麼努力，也無法挽救流失的證據。積弱不振的警方，將成爲吞噬一切司改努力的黑洞。

•改造漠視偵審結果的警察文化

在警界的一般觀念中，線索從無到有，嫌犯輪廓漸現，最後鎖定目標下手逮捕，案件即大功告成。但國家賦與警察犯罪調查權之最終目的應不止於此，將逮捕到案的人犯送進法庭，歷經司法程序終至有罪判決確定，才是國家宣布正義獲得伸張的時刻。然長久以來，我國警界已發展出自成一格的辦案評分標準，即「績效評比」制度，其案件計分是以警方「移送書」所載罪名與嫌犯人數為準，原則上一移送就給分。至於檢察官來日起訴或不起訴，法官判有罪或無罪，都不影響已取得之分數（當然也不影響警察長官之升官圖）。眞正引導我國警察作為的，不是六法全書內的刑事訴訟法，而是「績效評比」這部地下刑事訴訟法。其結果當然造成警界長期漠視法庭內所發展出的法治精神與證據法則，連帶人權保障也遭波及。此種「只問破案行賞，不問偵審結果」的「反法治」文化，甚至將影響至此次司改的成效。

即以此次司改重頭戲之一「證據排除法則」（違法程序所取得的證據，不能做為被告有罪判決的依據）之引進為例。此法則之哲學是「放過眼前壞人，迫令警方來日依法辦案」。但若被告的不起訴或無罪判決，對警方而言不痛不養，社會縱使付出重大代價讓「壞人從容走出法庭」，也無法獲得來自警界「來日改善」的任何回報。所以此次司改應透過「全國司法改革會議」場內與場外的聲音，一致要求警方之辦案計分標準應改以起訴書或判決書為準，如此始能迫使警方虛心接受檢察官或法官所傳遞給他們的法律訊息，並在案件調查之初，即主動向檢察官請教蒐證程序的合法性問題，甚且在案件起訴後，還能在法庭內與檢察官併肩作戰，產生榮辱與共的感情。

•充實警察偵查作爲的法律依據

在要求警方應「依法辦案」之餘，我們若仔細檢視我國警察之偵查作爲，將會發現其中至少有如下事項至今尚無明文規範：現場封鎖線與勘驗、警察盤查、行政臨檢、跟監時視覺與聽覺輔助工具的使用、該管機關協查請求權、同意搜索、搜索時在場第三人之處理、控制下交付、誘捕、逮捕後之登簿作業與盤點搜索、嫌犯人身之穿刺性採證、指認程序。這些作爲警察幾乎天天面臨抉擇，然因法無明文，或應爲而不敢爲，致證據滅失，或不應爲而爲，致侵犯人權。多年來立法者未曾將眼光放這片灰色地帶，故此次司改應結合場內與場外人士，認眞檢視警察一切作爲，替立法院開出「警察偵查作爲立法清單」，讓警方想「依法」辦案時有「法」可循。

•提昇警方蒐證能力

警方辦案品質，除「依法辦案」外，「蒐證完備」亦是指標之一。蒐證能力是建立在設備與經驗上，而經驗必須文字化，始能累積與傳承。一九九七年十二月十九日修訂之刑事訴訟法第二百三十一條之一，規定檢察官得將調查未完備的案件退回警方重查。一般檢察官在退案時，會列出應補充調查事項，是極爲珍貴的辦案要領資料。故此次司改可結合場內外聲音，一致要求法務部會同警政署彙整各地檢署退案偵查指揮書，將案件類型化後編訂出「警察辦理刑事案件手冊」與「犯罪現場標準作業程序」發交各警察單位確實遵行，如此始能徹底改善警方辦案品質。

警察是「法律之執行官」（law enforcement officers），是第一線的蒐證者，其辦案品質的高低是司法大河水源區的污染指數。民眾所要的是純潔的司法水質，不管它貼的標籤是「當事人主義」或「職權主義」。在陷入主義之爭之同時，不要忘卻水源區的維護才是司改之第一要務。

（1999/6/26發表）

後記

本文刊出後，因爲標題聳動，曾引起警界學者的不快，但往後的歷史證實檢改會在警政改革所顯現的努力與誠意。事實上檢警之間不是沒有意識形態之爭，就是「偵查主體」誰屬，但檢改會在立法院仍盡全力爲警界爭取法律地位與經費支援（尤其是刑事鑑識中心之建置）。檢改會透過立法委員提案或出席公聽會「充實警察偵查作爲的法律依據」至少有：（一）附帶搜索範圍之擴大（刑訴一三〇條）；（二）同意搜索之引進（刑訴一三一條之一）；（三）搜索現場之封鎖（刑訴一四四條）；（四）逮捕後之鑑識措施（刑訴二〇五條之二）；（五）犯罪現場封鎖線之建立（刑訴二三〇條與二三一條）；（六）警察盤查（警察職權行使法六至八條）；（七）社區監視錄影（警察職權行使法九至十條）；（八）警察跟監（警察職權行使法十一條）。

我國近年來幾乎所有改革都被質疑成效不彰，但如果要排「顯有成效」的前三名，警政改革絕對在內。

警察績效評比的七大惡果

筆者於六月二十六日在自由廣場投書，呼籲司法改革莫忘警察在刑事訴訟所扮演的重要角色，引起中央警察大學章光明副教授的回應（六月二十七日），並提供寶貴之補充意見。有鑑於績效評比對我國治安工作所造成的嚴重扭曲，及對基層員警所形成的無情壓力，筆者認為國人應打鐵趁熱，認眞考慮是否將此制廢除。依據筆者多年來觀察，績效評比至少有下列七大惡果。

一、**「治療」勝於「預防」**

目前績效評比係採配額制，即各分局視其所屬等級，每月均有其最低之分數要求，未達標準者分局長即有遭懲處之虞。依理轄區內若無重大刑案發生，表示該分局平日之預防犯罪工作優良，本應受獎勵。然在「配額式」績效評比下，各分局長反而擔心轄內無案件發生，其結果當然犯罪調查優先於犯罪預防，原來負責預防犯罪之各警備隊與派出所員警，均被迫放棄本職變成刑事偵查員，到處外出尋找績效。預防犯罪之工作淪爲自毀前程的傻事，台灣治安好的起來嗎？

二、下游撈魚，上游止步

績效評比是經年累月持續進行之事，老道的警察均知辦案不可件件往上游追查，否則斷了「案源」，次月豈不餓死？留個毒品小盤商做爲線民，往後每個月交得出績效，何樂不爲？如此「養案」心態，台灣治安好的起來嗎？

三、灰色警察，昂首闊步

苦幹實幹的警察勤於外出查訪，不一定挖到案件，黑白通吃的灰色警察坐在辦公室內即案源不斷。在績效評比的壓力下，各分局長對灰色警察縱知操守有疑，也不得不提拔重用。如此績效掛帥的用人原則，台灣治安好的起來嗎？

四、案有大小，片面正義

績效評比對民眾的最大影響，是不幸成爲「非重點案件」之被害人時，受理報案員警的冷漠態度。當內心深處驅使警察奮力查案的動力，並非「公平正義」，而是「績效分數」時，台灣的治安好的起來嗎？

五、只見樹木，不見森林

破「大案」的基礎，在於辦理無數「小案」時所累積之工作經驗與情報資訊。績效評比下之「選擇性辦案」方式，不僅使警察喪失無數「辦案基本動作」的訓練機會，更使警方無法窺知轄內之犯罪全貌，致在面臨「大案」時陷入能力與資訊均不足之窘境，如此好高騖遠的經營理念，台灣的治安好的起來嗎？

六、誇大戰果，漠視人權

目前績效評比的計分方式，係以警方移送書所載之罪名爲準，嗣後檢察官或法官的偵審結果，並不影響警方原已取得的分數。此結果造成警方在移送案件時常常誇大戰果，將妨害自由灌水成擄人勒贖；轉讓毒品灌水成販賣毒品，非但侵犯人權，亦使檢方在警方一波波之「掃蕩」後，疲於對排山倒海而來的案件進行案情與罪名之釐清。如此兵疲馬困的辦案方式，台灣治安好的起來嗎？

七、另創文化，架空司法

任何法治國家中，警方在檢察官尚未提起公訴前，與檢方併肩作戰繼續蒐證，乃天經地義之事。然在我國績效評比制度下，檢警榮辱與共之團隊精神蕩然無存。任何檢察官均可感受到指揮警方偵辦非重點案件時，對方有氣無力之回應。刑案之不起訴處分竟對警方之分數毫無影響，使人不禁要問：國家賦與警察犯罪調查權之目的，到底是給警察宣告破案論功行賞？還是要將嫌犯定罪科刑？

結論

「防止警察偷懶與吃案」與「建立客觀之升遷標準」，是績效評比制度最常被提到的正當化理由，但多年來實踐結果，不但效果不彰，反已浮現如上惡果。國人目前似有兩種選擇：一是將計分標準改爲以「起訴」或「有罪判決」爲準（此點章教授似持反對意見）；一是乾脆廢除績效評比制度。不論如何，爲政者如再拒絕改變現狀，國人就只能在底下兩個命題中去尋找解答：（一）當政客們宣揚自己的治安政績時，量化後的統計數字是其最亮麗的外衣。（二）當政客們深悟量化後的分數可左右警察行爲時，績效評比已成爲政客操縱警界的現代科學制度。

（1999/6/30發表）

第三篇

司法不能成爲無牙老虎

〔前言〕

司法不是行政機關，是審判機關，是要判定有罪無罪、須否賠償、是否離婚的嚴肅場所。司法院一味強調「溫馨的司法」，如果是指開庭態度要和藹，或許有其道理，但如果是指「親民」、「便民」，則是矯情。檢察官與法官擁有寬廣的裁量權，是最容易施以小惠贏得喝采的職位，但在這獲取掌聲的同時，必須捫心自問，是否犧牲了社會正義，是否忽略了被害人？

司法並非萬能，正義的實現除了司法系統外，另須有立法與行政部門之參與，如何藉助立法與行政（含司法互助）之力建立司法威信，亦是國人應思索的方向之一。

一帖司法強心針

所謂司法是社會最後一道防線，其意涵除了「訴諸司法程序是最後手段」外，更重要的是「當司法發威時，它能施展其他國家機器所無的強大制裁手段」。如果司法是一隻無牙老虎，刑事案件將只有坦白承認犯行的被告才會被定罪，民事案件法院的效率亦將低於黑道。能夠展現司法威信的因素，當然是「人」與「制度」均有。在「制度」方面，我國司法有其重大缺陷。

舉例而言，被告棄保潛逃被通緝到案後，在我國理論上是得以「有逃亡之虞」為由收押，但，在證據尚未調查完畢前，是否「罪嫌重大」有時難以決定，而且縱使罪嫌重大，有時並無羈押之必要，所以往往又是再次交保，被告玩弄司法可謂是家常便飯。

另一事例是交保在外的被告勾串證人或湮滅證據，理論上我國也得以「有事實足認為有湮滅、偽造、變造證據或勾串共犯或證人之虞」」為由將之收押，但就是因為罪證已被勾串湮滅，被告很有可能會判無罪，法官也不敢押人，司法於是又被玩弄一次。

以上這兩種事例我國司法之所以會束手無策的原因，在於法官於檢察官只能在「本案羈押」的思維裡打轉。國人難道沒想到，既然「棄保潛逃」或「勾串證人」本身就是一種罪惡，立法者為何不將之單獨設立一項罪名，讓法官與檢察官得以「另外犯罪」為由來收押被告，甚或先將之定罪關進監獄呢？

這種「單獨成罪」之做法非「兄弟所獨創」，因為美國就是這麼做，「棄保潛逃」得成立「藐視法庭罪」（criminal contempt），「勾串證人」得成立「妨害正義罪」（obstruction of justice）。

美國的妨害正義罪內容多樣，不限於妨害司法程序，尚及於妨害行政調查與國會調查（參考美國聯邦法 18 U.S.C.§1501-1020）。妨害司法正義方面的罪名包括「攻擊傳票送達人」、「不當影響官員或陪審員」、「竊取或變造證據」、「意圖干擾司法聚眾遊行」、「刺探大、小陪審團之評議祕密」、「妨害法院執行」、「妨害刑事調查」、「妨害執法人員」、「對證人、被害人或線民施以不當影響（Tampering）或報復（Retaliating）」等等，法定最重刑期可達二十年有期徒刑。

藐視法庭罪則包括在「庭內」與「庭外」侮辱法院或違抗法院命令（參考加州刑事法 California Penal Code §166），含無故未到庭或拒絕作證、對法院程序做不實報導、違反保釋條件、違反保護證人或被害人之限制命令等等，法定刑期通常在一年左右。

我國司法改革十年來一直強調「親民」、「便民」，但司法不能一味扮演白臉，司法要成為社會的最後一道防線一定要有其嚴肅冷峻的一面，「妨害正義罪」與「藐視法庭罪」正是樹立司法威信不可或缺的霹靂手段。

（2009/1/4發表）

後記

證人到庭後無正當理由拒絕做證，在我國僅能處新台幣三萬元以下之罰鍰，在美國則會成立藐視法庭罪，且通常是當庭宣判送執行，直到做證完畢才能釋放，如此，事實真相才能發現，司法也才是有牙老虎。

但若證人有正當理由拒絕做證時，司法就束手無策了嗎？例如共犯證人（即共犯間彼此立於證人之身分應訊）不論在我國或美國，都可以主張「不自證己罪權」來拒絕做證（例如：「如果我做證說是我老闆指示我做假帳掏空公司資產，那麼我不就是在證明自己犯偽造文書罪嗎？」請參本書〈證人的不自證己罪特權〉一文），此時即屬「有正當理由，拒絕做證」。那司法如何突破此困境？

一般來講，認罪協商是最常走的一條路（我國是緩起訴），亦即，由檢察官與小魚談判，放過小魚，換取小魚出庭做證指認大魚的意願。但，如果小魚拒絕與檢察官合作呢？

美國聯邦法 18 U.S.C.§6002, 6003 就是用來解決此司法困境的設計，該法規定法官可以依檢察官之聲請，禁止（共犯）證人主張不自證己罪，但檢察官以後不可以使用該證人之對自己不利的證詞來追訴該證人。如此，一方面法官可以強迫證人做證（如不從就成立藐視法庭罪），但又可以擔保該證人做證後沒事。既可以發現真實，又可以保障共犯證人之人權，可謂是兩全其美的設計。

值得一提的是，依前述聯邦法之規定，檢察官向法院聲請此種強迫共犯證人做證之命令時，法官不得拒絕，必須發出命令（法條是使用shall issue）。這種規定並未侵犯到審判獨立，因為要不要「以小魚換大魚」，純屬偵查手段（招數）之選擇，法官應尊重檢察官之判斷。此時法官只立於類似見證人之地位，保護共犯證人日後不會因為做證而被檢察官追訴。

被告湮滅證據有罪嗎？

被告交保獲釋後，因知悉檢察官尚有物證未扣押，立即返家將所有犯罪證據銷燬掉，這種行為是否另外構成犯罪？若不構成，起訴前羈押被告之必要性自然增高。

我國刑法第一百六十五條規定：「偽造、變造、湮滅或隱匿關係他人刑事被告案件之證據者，處二年以下有期徒刑……」明白指出所謂的「湮滅刑事證據罪」只限於湮滅「他人」的犯罪證據，湮滅「自己」的犯罪證據並不構成本罪。我國最高法院並且在一九三六年的判例中做擴充解釋：如果被告不是單獨犯罪，而是共同犯罪，縱使其所銷燬的犯罪證據關係到其他共犯，也不構成本罪。換言之，僅湮滅「純粹他人」之犯罪證據才成立犯罪，若該證據是被告本人與他人所「共有」，則不犯罪。

其次，我國最高法院在一九三五年的判例中指出，既然被告本人自行隱避並不犯罪，則被告教唆他人出面爲其頂替犯罪，亦不構成「教唆頂替罪」，僅該出面頂替之人犯此罪。

最後，在我國交保的被告逃匿無蹤，或無正當理由拒不出庭時，除沒入其刑事保證金（俗稱交保金）外，亦不另外構成犯罪。

但在美國，情況則大不相同，因爲美國有「妨害正義罪」（obstruction of justice）。此罪名從普通法（common law）時代就有，美國各州與聯邦亦有相關立法。在聯邦法方面，此罪之條文主要規定在 18 U.S.C.§1501-1020，與前述情節有關者係 18 U.S.C.§1512與§1519，依據該二法條，任何人（含被告本人）湮滅、僞造、變造或隱匿自己或他人之犯罪證據，或教唆他人作僞證（含頂替犯罪 voluntary false confession），或脅迫證人，均成立妨害司法正義罪，最高可判二十年有期徒刑。

接下來，美國之被告雖然有緘默權，但一旦決定棄權，願意在大陪審團（決定起訴或不起訴）面前或法庭內應訊時，他就必須以證人身分宣誓願說實話，若說謊就成立僞證罪（perjury）。所以美國之被告是「有不說話的自由，但沒有說謊的權利」（反之，我國被告在檢察官或法官面前說謊，並不犯罪）。

至於棄保潛逃（jump bail），在美國各州不僅是被沒收保證金，而且另外成立「藐視法庭罪」（contempt）。刑期雖然不高（通常是一年有期徒刑上下），但已足以讓法院馬上抓人送進大牢執行，再提出來審訊。

近日國內部分人士一再指稱我國刑事訴訟法羈押被告之理由過廣，應加以限縮。但問題是，被告若不羈押而從事妨害司法調查之滅證行爲時，在我國根本不犯任何罪，如此放任被告在外，如何能維持司法的完整性？故與其修法限制羈押，不如引進「妨害正義罪」與「藐視法庭罪」，讓我國檢察官與法官較能放心讓被告交保，「人權」與「治安」自然會達到更適當的平衡點。

（2008/12/28發表）

逃犯應否喪失上訴權

我國常見的現象是：被告在一審或二審被判有罪，上訴後逃往海外，案件從此懸而未決，數年後重要證據消失、社會傷痛遺忘後，被告再現身接受審判，幸運者獲判無罪確定，運氣較差者至少也獲判較輕罪刑。難道立法與司法對此束手無策嗎？

美國德州刑事訴訟法有一規定（Texas Code of Criminal Procedure Ann., Art. 44.09），即是用來對付這種狀況。該法條規定被告上訴中自監所脫逃者，若未在十天內自動歸案，法院得依檢方之聲請，駁回其上訴。若被告在下級審是被判死刑或無期徒刑，則前述之歸案期限延長爲三十天。

此種規定的合憲性，業經美國聯邦最高法院在一九七五年的 Estelle 案判決予以肯定。該案被告 Dorrough 因犯強盜罪被判有罪並處以有期徒刑二十五年，案件上訴至德州刑事上訴法院後，被告挾持一部聯邦郵車從達拉斯郡立監獄脫逃，兩天後落網，德州上訴法院於是依據檢方的聲請駁回被告的上訴。

被告 Dorrough 後來向聯邦地方法院聲請人身保護令狀，主張德州刑事訴訟法之前述規定違法美國聯邦憲法第十四條之「法律平等保護原則」（Equal Protection of the Law，類似我國憲法第七條之「中華民國人民，無分男女、宗教、種族、階級、黨派，在法律上一律平等」）。聯邦地方法院駁回被告的聲請，聯邦上訴法院則推翻地方法院判決，認爲該規定對於「有無提出上訴」與「是否被判重刑」的被告之上訴權做不同處理，確是違反「平等原則」。但聯邦最高法院再推翻上訴法院的判決，認爲德州的立法者可以基於「嚇阻脫逃」之政策考量，針對脫逃犯的上訴權做不同處理，而判定該規定合憲有效。

但被告若僅是「棄保潛逃」（交保在外後逃亡不出庭），而不是自拘禁中脫逃呢？是否也可剝奪其上訴權？

事實上美國聯邦最高法院早在 Estelle 案之前，就以判決來駁回棄保潛逃者（通緝犯）的上訴了。例如一九七〇年的 Molinaro 案，該案被告犯墮胎罪經紐澤西州一、二審法院判決有罪後，上訴至美國聯邦最高法院，在上訴期間，被告棄保潛逃（未定期向當局報到），聯邦最高法院得知後即將其上訴駁回，理由是被告逃亡後法院即無法得知其主張與事由爲何，訴訟無法進行，因此逕行駁回其上訴。

我國司法院近日在社會壓力下提出「速審法」草案，嚴格限定司法案件的辦案期限，以避免「法庭流浪三十年」慘劇的發生，誠屬保障人權的具體表現。但案件延宕多年未決的原因，除檢察官舉證不足、法官怠疏職責外，被告藐視司法無故拒不到庭，亦是原因之一。

對於棄保潛逃的被告，在我國除應增列「藐視法庭罪」外，另模仿美國德州立法，在刑事訴訟法規定「通緝犯喪失上訴權」，應是可行之道。

（2009/8/16發表）

對證人能否限制出境

二〇〇九年一月三十一日晚上，陳前總統女兒陳幸妤搭機前往美國，引起社會一陣譁然，部分人士強烈指責最高檢特偵組何以未對其限制出境。特偵組陳雲南主任則回應陳幸妤至今為止僅為證人身分，依法尚不得對其限制出境。故問題在於，限制出境是否僅得對「嫌犯或被告」為之？對「證人」可否限制出境？

此問題之探討，可從另一問句出發：限制出境的目的，是在於保全「人」或保全「證據」？如是「人」（確保出庭接受審判，並確保判決有罪後能入監執行），則僅限於「嫌犯或被告」，如是兼含「證據」（由人所講出來的「供述證據」），則應包括「證人」（尤其是「重要證人」〔material witness〕，黃芳彥在SOGO案與洗錢案之身分即屬之）。

從法條文字而言，我國關於限制出境的法律是不去區分「被告」或「證人」的。例如國家安全法第三條第二項規定：「人民申請入出境，有左列情形之一者，得不予許可：經司法或軍法機關限制出境者。」入出國移民法第六條第一項則規定：「國民有下列情形之一者，入出國及移民署應禁止其出國：因案經司法或軍法機關限制出國。」

此二法條都是使用中性的「人民」或「國民」之字詞，並未對被限制人之身分做任何的定性，其理由在於被限制出境者，其法律依據與權限機關均屬多樣化。例如依據銀行法，財政部得對被勒令停業銀行之負責人限制出境；依據稅捐稽徵法或關稅法，財政部或司法機關得對欠稅人限制出境；依據兵役法施行法，基於國防軍事需要，行政院得停止辦理一部或全部役男出境。

那爲何陳雲南主任會將法條中的「人民」或「國民」限縮到「被告」呢？原因在於我國法院通說認爲檢察官的「限制出境」是屬於「限制住居」的一種方法，而限制住居依據刑事訴法第九十三條或第二二八條都是對「被告」才能爲之，並不包括「證人」。

把「限制出境」定性爲「限制住居」所造成的另一個「偵查困境」，是「限制住居」必須經過「訊問」後才能爲之。但在偵查實務，檢察官通常有必要在搜索前即先限制被告出境，以防止被告在搜索當天緊急出境（消息走漏時更有可能在搜索前夕即已出國，例如王又曾案）。如果要求檢方在訊問後才能限制出境，被告接到傳票即可開溜，如何能防止「落跑」現象？

解決這些爭議的方法是修法，立法者可以在刑事訴訟法加入「限制出境」的規定，授權檢察官必要時得對嫌疑犯、被告或證人限制出境，然後加上法院「事後審查」的機制，讓當事人在知悉境管時（含到了機場才得知被限制出境），得向法官請求解除限制出境，如此始能在「治安」與「人權」間尋獲一平衡點。

（2009/2/8發表）

人民有向政府說謊的權利？

八八水災過後，政府官員在災民申請救助時，要求提出現場照片或鄰里長證明做爲依據，被罵顢頇迂腐。但我們曾否想過，是何種因素讓我國政府不敢相信人民？

數年前我在士林地檢署當檢察官時，受理過一件海關移送的案件。被告在出口電腦產品時，出具切結書，向海關保證電腦中絕無盜版軟體，而得以快速通關，但後來該產品在進入美國國境時被查獲灌有侵犯著作權之「大補帖」軟體。

偵查終結後我以「使公務員登載不實罪嫌」起訴（使海關人員在通關文件上登載「內無盜版軟體」的不實事項），但最後法院判無罪，理由是我國最高法院有一判例指出，「使公務員登載不實罪」一定是「人民講什麼，公務員就登記什麼」才成立，若公務員對人民之陳述「有查證其眞僞之義務時」，即不成立該罪。士林法院認爲本案之海關對於「出口產品中有無盜版軟體」有查證之義務，所以被告雖出具不實切結書，仍無法成立該罪。

再舉一例，車禍目擊者在警察詢問時謊稱是車子闖紅燈（其實是路人闖紅燈）時，在我國並不成立犯罪，原因是僞證罪之前提，是作證時有具結（簽署切結書保證說眞話），而警察並無命證人具結之權利，所以證人在警詢時縱使故意陳述不實，仍未犯罪。

前述二例如果發生在美國，行爲人至少會成立「不實陳述罪」（false statement），依聯邦法可處五年以下有期徒刑，但我國並無此種罪名。而且，美國人民如果向政府騙錢，是成立另外一種「詐取政府財物罪」（government fraud），其刑責比一般的詐欺取財罪（向老百姓騙錢）更重。

美國這種「禁止人民向政府說謊」的基本精神，在司法訴訟程序最明顯的例子就是：美國被告一旦在法庭內放棄緘默權開口說話時，他就必須以「證人」身分宣誓說實話，若陳述不實，得處以僞證罪（perjury）。更有甚者，美國聯邦最高法院在二〇〇五年的 Binion 案，判定被告在法庭內「裝病」（malingering or feigning illness）延宕司法程序時，可以成立妨害司法正義罪（obstruction of justice）。

美國的立法者在遇有人民須向政府講實話之必要時，往往以法律規定「申報如有不實，論以僞證罪」（所得稅申報即是一例）。這種「禁止人民向政府說謊」的嚴厲態度，看似封建，卻是政府與人民互信的基礎，因爲有這種強大的刑事責任做後盾，政府才能充分相信人民而快速行動。

故我國的災害防救法實應增列一條：「災區民眾申請救助、安置或重建時，應出具切結書。其對於重要關係事項爲虛僞陳述者，以僞證罪論。」如此，公務員始能免除「被騙」或「圖利他人」之憂慮，從而促進救災與重建的效率。

（2009/9/20發表）

人頭戶所犯何罪？

警察大學葉毓蘭副教授日前公開指責警察、檢察官與法官，動輒對電話詐欺案受款帳戶之開戶人約談、起訴與判罪，是把被害人當被告，違反無罪推定原則。事實是否如此，不可一概而論。

電話詐欺案之歹徒所使用的受款（收受被害人匯入之款項）銀行帳戶，當然不可能是其本人帳戶，而是人頭帳戶，其來源有二：一是冒（盜）用他人名義所開的帳戶；一是開戶人自願（非受騙，通常是出售）提供的帳戶，會被檢察官起訴並被法官判決有罪的人頭戶，僅限於後者。葉教授所指責的，應是檢警不應該把前者當成後者來調查。問題是，警方如不約談開戶人，怎可能查明事實？

當然，檢警若要追緝詐欺正犯，應可跳過開戶人而直接從帳戶之資金去向以及電話通聯著手，但魔高一丈，歹徒們早就以現金提領製造「金流斷點」，並以人頭手機製造「人流斷點」（電話大多從大陸轉來），讓檢警甚難查出其真實身分，故要揪出正犯，其破案率確實偏低。

因此在刑事政策上，在追緝正犯的同時，著手杜絕人頭帳戶，亦是遏止電話詐欺的方法之一（如果沒有人頭帳戶，電話詐欺根本無法完成），這當然免不了傳訊開戶人，並追訴處罰那些自願提出者。

其實在法律上最令人頭痛的是，這些自願提供帳戶給歹徒的人，應該定他們什麼罪名。現今實務的做法是論以「幫助詐欺罪」（正犯處五年以下有期徒刑，幫助犯得減輕至二年六月以下），但嚴格來講，這些開戶人通常只知道歹徒「要去犯罪」，而不知「要去犯何罪」，所以在犯意上甚難證明。而且，以「犯罪結果來推論犯意」有時會有不公平的情形發生，例如歹徒使用該帳戶來收受販賣海洛因之價金時，難道開戶人就要被處以幫助販賣一級毒品罪嗎？（正犯處死刑或無期徒刑，幫助犯得減輕爲無期徒刑或十五年以上二十年以下之有期徒刑。）

根本解決之道，應是在法律上創設一種獨立的「人頭戶罪」，例如：「交付合法申請之金融、通訊戶頭供他人犯罪使用者，處三年以下有期徒刑。」且應模仿公務員財產來源不明罪，加一項舉證責任逆轉的規定：「前項提供人對於交付戶頭的原因，負說明責任。」

此種人頭戶包括銀行、證券、電話與網路等所有可能用來犯詐欺、賭博、內線交易與販毒等罪之戶頭，其「故意」當然包括「間接故意」，即雖非直接有意使犯罪發生，但「縱使戶頭被拿去犯罪，也無所謂」。

人頭戶之出售交付雖然看似單純，所獲利益亦甚低微，然卻因爲有此人頭戶，常令眾多的受害民眾家破人亡，故人頭戶對社會的危害性絕對不容忽視，我國立法者實應愼重考量人頭戶單獨成罪之必要性。

（2009/10/11發表）

線狀共犯與輪狀共犯

兩人決意搶劫銀行，一人進去持槍迫使行員交款，一人駕車在門外接應逃逸，該駕車人被視為共同正犯，應可接受。但如果是多人前後接力犯罪，或在不同地點分工犯罪呢？

第一個例子是違反商標法的案件，工廠生產仿冒品後賣給大盤商，大盤賣給中盤，中盤賣給小盤，小盤賣給零售商，零售商再賣給消費者。檢察官能否把工廠負責人、大盤、中盤、小盤與零售商全部當成共同正犯起訴？還是只能個別當成「單獨正犯」起訴？這就是「線狀共犯」（links or chain）的問題。

第二個例子是前述例子的最後一段，即小盤商將仿冒品賣給數個零售商時，因該些零售商均是與小盤商單線聯絡，小盤商宛如車輪中心之轂（hub），而零售商們則為車輪之輻條（spoke），檢察官能否將這些零售商與小盤商連結起來當成共同正犯起訴？這就是「輪狀共犯」（wheel）的問題。

是否成立共同正犯有什麼要緊？第一個重點是「共同正犯必須對其他正犯的行為負責」，例如共同殺人時，擋住被害人去路的被告與實際拿刀砍人的被告，所負的刑事責任完全相同。其所延伸的民事責任亦同，例如前述之商標法案例，若成立共同正犯，則工廠與大、中、小盤與零售商全部須對商標權人之所有損害（即全部之仿冒品件數）負連帶賠償責任。若僅成立單獨正犯，則零售商或盤商僅須對其經手之仿冒品件數個別負責，這當然「差很大」。

第二個重點是「罪數」（count）問題，共同正犯須承擔其他正犯的犯罪件數。例如甲乙丙三人共同販賣毒品，甲出面交易二次，乙出面交易三次，丙出面交易三次，將來檢察官以共同正犯起訴時，甲乙丙的罪數應均爲八次。我國刑法在二〇〇六年修正時已取消連續犯的規定，改爲一罪一罰，八次販毒須判刑八次，是否成立共同正犯，當然「差很大」。

美國聯邦最高法院針對「共謀不法罪」（conspiracy），曾經在一九四六年的 Kotteakos 案否定有所謂之「輪狀共犯」，但在一九四七年的 Blumenthal 案肯定「線狀共犯」的存在。我國最高法院則僅在「空頭支票」買賣之案例中，承認前後手間（屬線狀共犯）可以成立詐欺罪之共同正犯，但對於其他案型，例如前述違反商標法案例，通常是以「單獨正犯」處理。

國內外法界均不願過度擴張共同正犯的範圍，是因爲擔心刑罰會倒退到封建時代的「抄家滅族」。但有鑑於國際恐怖主義份子通常是環繞其精神領袖單線聯絡犯罪，以及國際人口販運份子通常是前後手接力犯罪（從招募、買賣、質押、運送、交付、收受、藏匿、隱避、媒介到容留），將「輪狀」與「線狀」共犯運用到這兩種犯罪，已成爲當今刑法共犯理論的新議題。

（2009/11/8發表）

兩岸三通外之第四通

二〇〇八年二月二十八日，經台灣高等法院判刑六年八月確定之前中興銀行總經理王宣仁，遭大陸當局依據「金門協議」從馬祖遣返回台發監執行。接著又引發檢方查出前立委蔡豪與梁柏薰等人涉嫌於去年十月間協助王宣仁從澎湖偷渡至大陸福建廈門的案件，並於三月十一日提起公訴。這是兩岸司法互助的一件大事。

隨著兩岸經貿與人力交流的日益密集，司法糾葛亦層出不窮，以往是台灣的經濟犯債留台灣錢進大陸，現在也漸有大陸之電話詐欺犯逃至台灣享福者，故兩岸均深感加強司法協助的需要，從十八年前簽訂的「金門協議」往前踏向「司法互通」的第四通時機應已成熟。

因罪犯是人類社會共同的仇家，所以司法互助應是兩岸公權力互動中政治色彩最淡的平台。一九九〇年十月三日兩德統一前西德之做法，值得我們借鏡。

戰爭分裂了德國的領土，然無法斷然切割東西德雙方舊有及新生的民刑事糾葛，所以西德在一九五三年五月二日制訂了「德國內部刑事案件及法律與公務協助法」（簡稱RHG），其基本思想是將東西德間的司法互助從「引渡法」或「外國法律協助法」的層級，降低至「刑事訴訟法」之法院（檢察署）間之「囑託執行職務」層級，從而避開了敏感的「主權」爭議。換言之，是兩德間司法機關與司法機關直接對口，而不透過外交部或法務部，就好像海德堡的法院囑託漢堡法院執行職務一般。該法提及東德地區之法院時，不稱

「東德法院」，而稱之爲「本法適用區域以外之德國法院」，人犯之移交不稱之爲「引渡」（Auslieferung），而另創「提交」（Zulieferung）一詞，可謂用心良苦。當然，有鑑於東德係共產國家，該法爲了避免司法協助「助紂爲虐」，亦詳爲規定提供協助的實體及程序要件，並賦與當事人向法院提出抗告之救濟程序，俾能過濾違反人權的司法協助。

兩岸於一九九〇年九月十二日簽訂的金門協議亦是不使用「引渡」，而使用「遣返」二字，同樣展現出中國人的智慧。但金門協議的缺點在於只限於「人的提交」，而未及於一般司法互助所應包含的「訊問」、「協查」、「搜索」、「檢送卷宗證物」、「判決之執行」、「犯罪前科之註記」等事務，致一般刑事案件之偵查，只要人、資金或犯罪工具追查至大陸地區，即產生「斷點」與「盲點」而觸礁。相信大陸的公安在偵查涉及台灣人民的案件時，也有同樣困擾。

在國人爲應否立即徹底三通而猶豫不決之同時，若能先大力推動第二個金門協議（第四通），或許兩岸能很快找到一個共通點，而從司法互助建立起互信的第一步。

（2008/3/30發表）

第四篇

對最高法院之批判

〔前言〕

最高法院的法律見解，對辦案人員來說是偵查行爲的準則，若未遵守，證據會被排除。所以基層檢察官非常注意最高法院的新近判決，知道後都會研讀再三，並伺機轉達給警察人員。但我國最高法院部分判決卻有兩極現象，一是對案件中重要法律問題視而不見，盡挑一些「證物未提示」或是「到底幾槍」等細節問題將原判決撤銷發回，而不願表示法律意見；第二種極端是無視偵查實務，提出與現實完全脫節的法律見解，這兩種極端都會讓檢警無所適從，並影響司法威信。

最高法院的羽毛筆革命

一九九三年三月，我與美國哥倫比亞大學法院學碩士班的同學們一同去拜訪首府華盛頓特區的傑出校友。令我印象深刻的是，不論是參議員、證管會執行長或是大型律師事務所的老闆們，共同向我們這群在校學弟妹炫耀的，就是指著牆上玻璃鏡框內一排排的羽毛筆，驕傲的說「本人曾參與聯邦最高法院的言詞辯論多少次」。

美國聯邦最高法院多年來有一傳統，就是放置羽毛筆在法庭內，讓出庭參與言詞辯論的雙方訴訟代理人（含檢察官）使用，並拿回家當紀念品。持有羽毛筆越多，表示其實務經驗越豐富，其地位也越崇高。

我國最高法院甚少言詞辯論，二〇一二年四月二十八日最高法院舉行十五年來第一次的言詞辯論，堪稱法界盛事。雖然該案（柯居財案）的判決理由引起檢察界極大反彈，成爲「檢察官六四運動」的議題之一，但舉行言詞辯論本身仍獲各界人士的一致肯定。除了眞理越辯越明之道理外，最高法院舉行言詞辯論另有其多項實益。

第一項實益就是讓雙方訴訟代理人明確知道最高法院法官們所著重的爭點何在，以避免「突擊性裁判」發生。我國最高法院判決最令人詬病者，就是事先讓人猜不到法官們到底會挑何毛病來撤銷（廢棄）原判決，當事人接到判決後往往大感意外，例如被告到底是朝死者開幾槍等，這都是因爲未舉行言詞辯論，才會讓法官有如此廣大的「揮灑」空間。

第二項實益就是逼迫法官們深入了解案情。書狀交換與言詞辯論最大的不同處，不在於雙方訴訟代理人辯論空間之大小，而在於法官們對案情了解的深淺。由於言詞辯論必須公開爲之，而且法官們須針對問題發問，此種操作方式自然會讓法官不敢掉以輕心，眞正的合議制（多位法官共同討論後才下決定），也才能落實。

第三項實益是讓法官們認眞思索其判決在政策面對社會所造成的衝擊有多大。美國聯邦最高法院的言詞辯論僅給雙方各三十分鐘的時間，但九位大法官往往會打斷雙方的發言直接發問。其中最常問的問題是：「如果本院採用您的主張，會對社會造成多大的衝擊？」因爲他們深知最高法院判決之影響並不止於個案，而會成爲日後社會之行爲準則，如果只是書狀交換，雙方都會隱瞞己方論點所造成之負面影響。但法官們可以在言詞辯論時經由直接發問，讓雙方之弱點無所遁形。

從二〇一一年十月開始，美國聯邦最高法院每案言詞辯論之後，其全部譯文與全程錄音，都會於該週的星期五之前公布在其官方網站。我國最高法院距離此種開放程度，雖尙有一段時日，惟在此之前，本人建議最高法院精心設計具有我國特色的手工毛筆，贈送給所有參與最高法院言詞辯論的律師與檢察官們，以榮譽感建立司法威信。另最高法院檢察署也應趁此機會成立「最高檢公訴組」，以短期調辦事之方式，針對案情，徵調全國一二審的精英檢察官到庭辯論，爲實現公平正義而積極迎戰！

（2012/5/24發表）

最高法院應勇於自為判決

據媒體報導，最高法院二〇一二年六月七日宣判，認爲「驚世媳婦」林姓女子二次弒夫未遂部分，是在其殺死母親與婆婆之後，二審法院卻仍認其「素行良好」，僅處無期徒刑，有所不當，而將判決撤銷發回。

本件最高法院若欲插手下級審的量刑判斷，認爲被告非處死不可，其實可以言詞辯論後自爲判決（檢察官有上訴），敢做敢當，卻不爲之。最高法院不願意直接面對死刑案件，而一再找理由將案件撤銷發回，是我國更審案件數字偏高的原因之一。「驚世媳婦」案是屬於最高法院認爲「要判死刑」的類型，另一類型則是最高法院「不判死刑」。

以二〇〇〇年發生在高雄地區的兩件連續殺人案爲例。該案被告於二〇〇〇年九月七日掐死在舞廳認識的王姓女子，取其隨身財物再脫光其衣服後埋屍在公園，並將死者所穿黑色套裝送洗，贈與給一位不知情的趙姓女友當禮物。兩個月後的十一月二十四日，被告又掐死另一位在舞廳認識的鄭姓女子，同樣取其財物脫光其衣服後埋屍在公園。後來警方從被告與鄭姓女子的電話通聯紀錄先破後案，再追查出殺害王姓女子的前案（此部分破案關鍵在於前述趙姓女友將王姓被害人的套裝交給警方做爲證據）。

本件一審以強盜殺人罪判被告死刑，第二審改論以殺人罪加上竊盜罪（殺人後再臨時起意竊取死人之物），仍判死刑，案件到了最高法院後，同一庭法官卻連續發回五次，一直到更五審的法院改判兩次無期徒刑，最高法院才駁回被告上訴，讓案件確定下來。

本件值得探討的，並不是「該不該判被告死刑」，而是最高法院爲了要撤銷下級審的判決所依據的理由，諸如：（一）被告係遭兩位被害人分別辱罵「小氣」、「小白臉」才殺人埋屍，原審卻認爲被告「生性暴戾」，不無疑問。（二）被告殺人後對屍體予以掩埋，並未予丟棄暴露，原審卻認爲是「手段凶殘」，亦有疑義。（三）原審以被告「掐住被害人頸部達三至五分鐘」，即認其「手段凶殘」，亦有疑義。（四）被告取得死者的提款卡後，雖自白有多次在提款機預借現金失敗，但紀錄上只有一次，故原審認定被告「需錢孔急」，亦有疑義。（五）鄭姓女子在生前有服用安非他命與酒類，並出言辱罵被告「小白臉」，所以其情狀與王姓女子被殺不同，王姓女子部分既已判死刑，鄭姓女子部分何以仍須判死刑，原審未予說明，亦有疑義。

請問這些質疑與普通常識相符嗎？老百姓會接受嗎？

最高法院在歷次發回的理由中，固然有兩項是直接與構成要件有關，就是：若被告在「殺人之前」即已有強盜之犯意，（一）爲何一直等到被辱罵時才下手？（二）爲何對於王姓女子是在殺人後一小時，對於鄭姓女子是在殺人後十小時，才取走財物？但針對此兩項疑義，更三審認爲（一）縱然兩位被害人在被殺之前都有出言辱罵被告，亦只是更加強被告原有之強盜殺人犯意而已；（二）被告在處理屍體與死者車輛完畢後，才取走財物，當然會有時間差。但最高法院對此些解釋，卻執意不肯接受。更何況到了更四審，法院已依照最高法院的指示，改論以殺人罪及竊盜罪（仍判死刑），最高法院還是撤銷判決，明明就是對量刑有意見。

眞相的發見，是司法正義的首要原則。最高法院法官如果反對死刑，就應身先士卒，接受下級審對犯罪事實之認定，然後自行改判無期徒刑（必要時開庭舉行言詞辯論），並在判決書中明白闡述生命價值與反對死刑的理由，才能贏得人民對司法的尊敬。而不應編織一些常人無法接受的理由，不斷撤銷判決，逼迫下級審變更犯罪事實（從而變更法條與量刑），不但浪費司法資源，也嚴重損害司法威信。

（2012/6/10完稿，2013/5/24發表）

後記

本案最高法院發回後，台灣高等法院更審改判死刑，被告上訴後，最高法院眞的在二〇一三年五月二十九日針對本案舉行言詞辯論，最後判決維持被告之死刑。不論贊成死刑或反對死刑，最高法院能夠舉行言詞辯論，勇於面對死刑問題對案件做一了斷，總是值得肯定。

事實上最高法院不僅應勇於自爲判決，也應適時「依職權」主動（*sua sponte*）挑出其所審理案件中之重要法律問題，發表法律意見。亦即，雖然檢辯雙方都未提出該項法律問題做爲爭點（即未在上訴理由指摘），但最高法院認爲該法律問題才是案件眞正關鍵時，可以主動對該問題做出判決。

法律審對於法律問題本來就有職權調查的本質，此點連在採當事人主義的美國亦不例外。例如美國聯邦最高法院民事訴訟之名案Erie（一九三八年，當事人州籍不同時案件之準據法應是州法）與刑事訴訟之名案Mapp（一九六一年，違法搜索之證據排除法則對州法院亦有適用），都是針對檢辯雙方都未提出的法律問題做出判決。此種依職權挑出案件之重大法律問題做判決之例子，在各州之法律審亦是屢見不鮮。

當然，美國法律審法院依職權對法律問題做出判決，在美國是備受律師界批評，認爲嚴重違反當事人主義。但其等所舉之例，都是法院未通知當事人命其補提書狀或舉行言詞辯論，即做出突襲性裁判。所以只要法院在主動挑出法律問題後，有事先通知雙方當事人針對新議題表示意見，應即無違反公平審判之虞。

我國刑事訴訟法第三九三條規定最高法院在例外情況下可以依職權調查，其中有一款理由是「對於確定事實援用法令之當否」，其實已經爲「主動挑出法律問題」開放一條路，若最高法院能善加利用，並配合言詞辯論，則我國之法律審必能更活潑，更具開創性。

最高法院如何製造更審案件

刑案久懸未決，檢察官要負一半的責任，另一半的責任則在於最高法院。有許多在二三審間翻滾多年的案件，是最高法院刻意製造出來的。

以一九九八年發生在馬祖的一個案件爲例。該案被告涉嫌共同虛報幽靈人口使投票發生不正確之結果，由於其中一戶之住戶高達一百三十五人，加上多名共犯自白，所以一二審法院都判被告有罪。

但案件到了最高法院後，首先是第十二庭以原審即金門高分院漏未告知被告「變更有罪法條爲僞造文書罪」爲由，第一次撤銷判決發回更審。更一審法院審理後仍然判有罪，並依最高法院的指示告知被告「變更法條爲僞造文書」。被告再上訴，最高法院第十庭竟以「根本不能成立僞造文書罪」爲由，撤銷原判決。兩庭之法律見解顯然不同，金門高分院徒然被最高法院耍了兩次。

更二審，還是維持有罪，被告再上訴，輪到最高法院的第六庭審理。從此次起，最高法院不再挑法律問題，改挑犯罪事實的毛病，其中之一就是：「被告到底虛報多少名幽靈人口？」第六庭指示說，二審判決書列出一百六十八人遷戶口，扣除未投票之三十二人還有一百三十六人，這一百三十六人「不能僅憑戶籍資料與部分人之供述」即認定是幽靈人口。

更三審時，金門高分院仍維持有罪判決（筆者剛好調到金門高分檢以蒞庭檢察官身分參與該審之辯論庭）。被告上訴後，同樣是最高法院第六庭，再度撤銷判決，理由還是「幽靈人口人數不明」。更四審時，筆者發現第六庭好像有意要金門高分院傳喚所有的一百三十六名馬祖的幽靈人口到金門開庭，然後全部都承認自己沒眞正住在馬祖四個月以上，才甘罷休，這簡直是一件「登陸月球式的任務」（雖然證人傳喚未到庭可以拘提，但要全部拘提到庭根本不可能），遂在蒞庭時當庭提出這些選民的一九九八年的薪資所得稅務資料，並聲請法院調查勞健保資料，用來證明這些人該年度都是在台灣本島工作，以免除法院傳喚一百三十六名證人之艱辛任務。二審法院準此聲請，並努力傳喚證人，終於另有二十四人到庭（此時筆者已調離金門高分檢），仍然維持有罪。但案件經被告上訴到了最高法院第五庭（五名法官中有四名與先前之第六庭相同），該庭還是堅持不能僅憑三十三名證人之證詞與在台灣本島的領薪資料即確定幽靈人口之人數，再將判決撤銷。（依照這種邏輯與審理速度，以每次更審有二十五名證人到庭計算，本件大概還會被發回五次，大約到二〇一七年才能結束。）

本件更五審時，法院還是無法傳喚全部幽靈人口到庭，但仍維持有罪判決。案件再上訴到最高法院時，第五庭法官剛好全部換人，終於駁回被告上訴，理由是下級審先前所爲之有罪判決，「並未違背經驗法則與論理法則」，案件才確定下來，前後費時整整十年。

從此案例可知最高法院創造案件之常用手法是：先以「法院未依職權調查有利於被告事項」之高貴理由（注意不是「不利於被告」），將判決撤銷，然後賦給下級審一項「登陸月球式的不可能任務」（例如本案之「查明幽靈人口究有幾人」，或鄭太吉案的「查明被告總共開幾槍」），再分段釋出各項問題，讓下級審先解決一項，等再度上訴時再丟出另一項，反覆爲之，即可一案數吃。在最高法院限量分案之情形下（每位法官每月十八件），若每月都有這種回籠案件，豈樂得輕鬆愉快？而司法資源、社會正義與當事人的青春，就這樣流失掉了。

（2012/6/6發表）

法官犯錯，檢察官負責？

最高法院一〇一年度刑庭第二次會議認爲法官應依職權調查的範圍，僅限於有利於被告的事項；若屬不利於被告之事項，必須在檢察官有聲請調查時，法官才有查明的義務。不少百姓認爲這僅是法官與檢察官間分工問題，何必吵到靜坐抗議？但問題是，法官對現有證據判斷錯誤，而檢察官不知道，所以未聲請進一步調查時，責任誰來負？

以該決議通過後最高法院宣判的一件性侵害案件爲例。該案檢察官起訴與一審判有罪的重要的證據之一，是一位正好在案發後打數通電話給被害人之張姓女證人。該證人證稱被害人在電話中語帶哽咽，但說沒事，一直到被害人回到家後，才向證人說她在汽車旅館被強暴了，接電話時被告就在她旁邊，威脅她不能講。

在性侵害發生後，時間緊密與被害人交談之人，通常是性侵害案件最重要甚至是惟一的證人（用來檢視被害人指述之眞實性），故該證人之可信度一向是檢辯攻防與法官調查的重點。本件二審判決改判被告無罪理由之一，就是否定該張姓證人之可信度，判決書指出：張姓證人說她在打電話給被害人時，前面約十通被害人都沒有接，後面數通才接，但是依據卷內的電話通聯紀錄（偵查中檢察官調得），只有六通打通的紀錄，「並無打了十通不接之紀錄」，可見證人所述先前有十通未接通，「顯與事實不符」，其證詞「自不得遽為不利被告之認定」。

二審法院這種推論是犯了重大錯誤，因爲本件被害人與證人都是使用遠傳電信的手機門號，而該公司的電話通聯紀錄，對於通話零秒者，並不會顯示在通聯紀錄上（中華電信的通聯紀錄才會顯示零秒），所以通聯紀錄當然看不出是否有十通未接，這是任何一位曾經分析過電話通聯的檢察官的基本知識，但二審法官卻渾然不知。

本來這種錯誤是可以由上訴來補救，最高法院可以用「應調查而未調查」之理由（即本來應查明遠傳電信通聯紀錄的記載方式，而漏未查明），將原判決撤銷。但本件二審檢察官上訴到最高法院時，刑事第七庭竟然將上訴駁回，其理由是：爲何二審檢察官在審理中不聲明調查遠傳電信通聯紀錄的記載方式？爲何不聲請傳喚張姓證人問明到底有無前十通未接之情形？檢察官既未聲請，就不可以做爲上訴理由。

問題是，二審檢察官怎會知道二審法院會對遠傳電信的電話通聯紀錄如此陌生？又怎麼會知道二審法官突然會在判決時以卷內既有的通聯紀錄來推翻張姓證人的證詞？在法官不說、不問、不查的情況下，檢察官怎可能在審理中去聲請調查呢？最高法院怎可以要求檢察官負起猜測法官心證過程並防止法官犯錯的責任呢？千錯萬錯都是檢察官的錯？連法官犯錯都要檢察官負責？

最後值得我們注意者，同樣是卷內的一份遠傳電信通聯紀錄，一審法官是用來證明張姓證人確實在案發以後有與被害人通話，所以是「不利於被告之事項」；而二審法官卻用來證明張姓證人之證詞不可信，所以變成是「有利於被告之事項」；到了最高法院，又認爲這是檢察官應聲請調查的事項，又變回是「不利於被告的事項」。有利、不利，一變再變，更足以證明一項證據到底是「有利」或「不利」於被告，並非一成不變，不僅事先無法判斷，甚至事後亦無法確定。而最高法院竟以「有利」、「不利」來做爲「應否依職權調查」之區別標準，眞是荒謬不可行！

（2012/11/13發表）

一件荒腔走板的最高法院判決

最高法院在二〇一二年五月二日宣判柯居財等僞證案，認爲被告柯居財被帶進地檢署的偵查庭之時間爲下午五時四十二分，卻遲至下午七時五分二十一秒才開始錄音並製作筆錄，其間有一小時二十三分的空白，「其遲延訊問是否有正當理由？抑或專以取得柯居財之自白及不利於正犯之證據爲主要目的？」原判決未予調查釐清，而將原來之有罪判決撤銷，發回更審。

本判決特別之處在於，以往類似案件，被告供述之任意性之調查，是專以筆錄爲準，即正式開始製作筆錄後，有無全程錄音、訊問前有無告知罪名與權利、訊問中有無刑求或其他不當取供、有無律師在場等等。而本案這些事項下級審都調查過了，都認爲沒有不法情事，但最高法院卻以「因爲進入偵查庭至開始問筆錄間有一小時二十三分之空白，即推定檢察官有不法取供」之方式，硬將原來的有罪判決撤銷。

用「偵訊前」的「可能之臆測情事」來推翻「偵訊中」之取供合法性，在我國並無任何判例（相反的，最高法院在九六台上三五七七判決中指出檢察官與受訊人談話沒做筆錄，至多僅是該次之「陳述」不存在，並不當然影響往後筆錄之證據能力），所以最高法院只好往外國尋找理論依據，但最高法院所引的美國 McNabb-Mallory rule 是指「當逮捕機關遲延將人犯移送給治安法官時，其在偵查中取得之被告自白」推定爲「不法取供」，而本案之柯居財是在二十四小時內即送給法官裁定羈押，並未逾時，最高法院卻將 McNabb-Mallory rule 套進來，根本是錯誤類比。更何況 McNabb-Mallory 這兩個老判例（一九四三年與一九五七年）所提供的保護被告方式，絕大部分都已被一九六六年的 Miranda 警語所取代。美國國會也在一九六七年制定 18 U.S.C. §3501(c)，明定如果自白是在逮捕後六小時內取得，不得僅因遲延移送即認定爲無證據能力。柯居財案的檢察官只不過遲延一個小時二十五分訊問，就被推定爲可能有不法取供之情事，最高法院不僅錯誤類比，另外還加碼四小時！

最高法院還有一項理由是本案的檢察官遲延一小時二十五分才問案，是違反刑事訴訟法第九十三條第一項「被告或犯罪嫌疑人因拘提或逮捕到場者，應即時訊問」之規定。但此規定之「即時」並未有明確之標準，且同樣的用語，在同條第五項也有，該項規定法院於受理檢察官聲請羈押之人犯後「應即時訊問」。但現行實務，法官在審理羈押時因閱卷了解案情，或爲讓被告休息而遲延數小時才開始問案比比皆是，最高法院援引第九十三條顯然是「寬以律己，嚴以待人」，根本站不住腳。

最高法院還在本案之判決理由創造出至少三項驚世駭俗的新理論。

第一個新理論是「傳喚原則說」。該判決理由說「國家機關實行刑罰權，以被告之陳述爲證據方法時，以傳喚爲原則，拘提、逮捕手段爲例外」，此段話與實務之偵查作爲完全違背。拘提逮捕在法律上有其嚴格要件，並不代表偵查時要少做。如果檢警對犯罪之調查只會發約談通知書或傳票，等於是在通知被告「行使逃跑權與勾串權」。所以檢警當然是不動聲色地先從蒐集「被告自白以外之證據」下手，等到拘提逮捕的要件成熟之後，再動手抓人，那有可能「以傳喚爲原則」呢？

該判決所創的第二個新理論是「逮捕留置目的說」。該判決理由謂：「偵查機關依法拘提、逮捕被告或犯罪嫌疑人後之暫時留置期間，應以防止其逃亡、湮滅罪證、勾串共犯或證人及確認犯罪嫌疑是否重大等保全事項而爲處置，非以實施積極偵查爲其主要目的。」等於是說逮捕之目的不是在發現眞實，只能決定要不要押人。從事犯罪調查實務的人都知道，再怎麼「科學辦案」，最後還是要把所蒐得的證據在被告面前攤牌，且攤牌後又馬上要對被告當場提出的辯解進行查證，這都是要「積極偵查」，怎可能只是決定要不要押人？

該判決所創的第三個新理論是「內勤檢察官問話有限性說」。該判決理由謂：「檢察官對依法拘捕到場之被告……訊問之內容，以釐清聲請法院羈押或認無羈押之必要，逕命具保、責付或限制住居等事項爲限。」等於是說檢察官接受人犯後之問話，只限於「要不要押人」這個事項。這段話完全將我國檢察官的角色與美國治安法官的角色混爲一談了，美國治安法官（即收受人犯的 magistrate）他確實僅在決定有無 probable cause 繼續拘束一個人的人身自由，但我國檢察官是偵查主體，絕對是以「積極偵查」爲目的，在寶貴的二十四小時之內一定要有積極作爲。如果我國內勤檢察官只是 magistrate 角色，那眞是太好當了。但這種定位對國家有利嗎？最高法院到底是要我們「好好當檢察官」？還是讓我們高興地大喊「檢察官好好當喔」？

最高法院刑事庭的判決，是全國兩千名檢察官與六萬名司法警察的偵查作爲的指導原則，本案判決等於是指示檢警知悉有人犯罪後，只能發傳票請他到場，然後只能有禮貌地問「請問您有無犯罪」，那我國豈不成爲犯罪者的天堂？這件判決難道不是荒腔走板嗎？

（2012/5/20發表）

檢察官們在吵些什麼？

二〇一二年六月四日上午十點吳巡龍檢察官要到最高法院門前靜坐抗議，各地檢察官也會有人到場聲援。外界有不少質疑，檢察官們在吵什麼？何以非靜坐不可？

這次檢察官在吵的，並不是「身分」（status）的爭取，而是「功能」（function）的定位。我們要問最高法院的是：法官的功能，是當一位中立公平的裁判者？還是當被告的辯護律師？法官可以因爲檢察官應負舉證責任，即免除掉其本身發現眞實的義務嗎？

我國刑事訴訟法第一百六十三條第二項規定：「法院爲發見眞實，得依職權調查證據。但於公平正義之維護或對被告之利益有重大關係事項，法院應依職權調查之。」最高法院刑事庭總會在二〇一二年一月做出一項決議，認爲「基於公平法院原則」，條文所指「公平正義之維護」限於「利益被告之事項」，故不包括「不利於被告之事項」。此決議等於是指示法官依職權調查時，只能替被告找有利證據，與律師聯合起來對抗檢察官與被害人。

全世界沒有一個國家會禁止法官「依職權調查不利於被告之事項」，理由在於法院是發現真實的地方，只要法官採開放的中立態度，不偏向檢察官與被害人，亦不偏向被告與律師，其適時適度地依職權調查，反而會提高訴訟效率並有助於還原事實真相。況且，大部分的證據在未調查之前，根本無法判斷對被告有利還是不利（例如將凶刀送驗，驗出被告指紋是對被告不利，未驗出則是有利）。所以連採「純正當事人主義」的美國，其聯邦證據法 Rule 614 都明文規定法官得依職權（on its own）傳喚證人，並得自己主詰問證人，問完後再交給檢辯雙方去反詰問，並未區分有利或不利於被告。

我國最高法院多年來「雞蛋裡挑骨頭」，每每指摘下級審未依職權調查「被告到底朝死者開幾槍」、「被告虛報的幽靈人口到底有幾人」等細微事項，甚或將一次可以解決的問題故意分段釋出，一而再、再而三地將案件發回更審，致被告流浪法庭數十載，二三審法院積案如山。如今自己不思改革，祛除這種「分割發回理由，創造更審案件」的惡習，竟想以「限縮法官應依職權調查事項」的方式，將案件遲延的責任全部推給檢察官，而置法官發現真實義務與社會公平正義予不顧，怎不令人憤慨呢？

檢察官應負實質的舉證責任是天經地義之事。我們深知案件久懸未決，檢警蒐證不足是主因之一，我們也從未主張檢察官可以將半生不熟的案件丟給法官去「接力調查」。但證據永遠是處於流動狀態，被告的辯解可能前後有不同版本，證人可能翻供，不同證人間可能說詞互異，甚至連物證有時會有不同的鑑定結果。案件進入審判後，訴訟指揮者是法官，寫判決書者也是法官，當法官內心有若干疑問時，他當然可以曉諭公訴檢察官補足證據（或曉諭律師聲請調查證據），但也不能因此即禁止法官自己依職權蒐集證據。亦即，檢察官的舉證責任與律師的聲請調查權，只有優先性，並無排他性。法官的功能不僅在於保障被告人權，另須兼顧發現眞實。

檢察官這次出來抗議，就是要告訴大家，我們應該禁止的，是最高法院濫行以「事實審未依職權調查」爲由將判決撤銷發回，而不應禁止法官依職權調查對被告不利的事項。

最高法院以立法者自居用決議推翻法律，此次並非首創，早在二〇〇八年最高法院就以一則決議限制檢察官的非常上訴範圍。當時最高檢立即正式以公文表達法律意見，但最高法院卻相應不理，至今已三年多尚未函覆。此次決議出爐後，最高法院面對外界的嚴厲批評，依然不動如山。除了靜坐抗議引發社會關注外，還有什麼方法能夠將最高法院從山洞中煙燻出來？最高法院既然敢公然違背法律明文與社會正義，就應該有勇氣舉辦公聽會針對此決議進行辯論，好好向社會大眾說明何以法官可以拋棄發現眞實的義務！

（2012/6/4發表）

後記

本文發表後，有次在司法院刑訴研修會開會時，在座的兩位最高法院刑庭庭長前輩向筆者說，本件最高法院一〇一年度第二次刑事庭會議決議之眞義僅止於「法官沒有依職權調查對被告不利事項之義務」，並未進一步「禁止法官依職權調查對被告不利之事項」，所以如果法官眞的依職權調查對被告不利之事項而為有罪判決，其判決也不會因此即被上級法院撤銷。

果眞如此，筆者在寫這篇文章時就是過慮了。但筆者所聽到的，不少下級審法官，仍然認爲法官不應依職權調查對被告不利之事項，而該項決議之理由，亦多少認爲法官依職權調查對被告不利事項就是違反公平法院原則。

筆者到美國加州柏克萊大學擔任訪問學者後，於二〇一四年一月下旬找到一則美國首都哥倫比亞特區上訴法院之判決 In Re TC（2010），該判決指出當法院自行訊問證人時（即不是交由檢察官詰問時）應非常中立，不得讓陪審團感覺出法官不相信該位證人之庭內陳述，法官若超過該範圍，則被告之有罪判決應由上級法院撤銷。但若是在沒有陪審團之「法官審判」（bench trial），法官在自行訊問時態度即可比較積極，爲發覺眞相，甚至可以追問證人證詞之矛盾處與不合理之處（該案中，辯方的不在場證人證稱搶案發生時其與被告一起打籃球，但法官一直追問當時所有在場人穿什麼衣服，爲何別的證人講的不一樣，以及爲何在大熱天還穿厚衣服打球等等，等於是在幫檢察官做反詰問，該案判有罪之後，上訴審仍然維持下級審的有罪判決）。由此判決可知，在當事人主義之母之美國，法官依職權調查對被告不利之事項，雖然少見，但並非一定違法或違憲。

依筆者看法，如果眞的要修法，不如直接將刑事訴訟法第一百六十三條第二項之但書「但於公平正義之維護或對被告之利益有重大關係事項，法院應依職權調查之」整個拿掉，只保留前段「法院爲發見眞實，得依職權調查證據」，讓法官可以依職權調查對被告有利的證據，也可以調查不利的證據，如此既可維持法官的中立性，亦可發現眞實。不論如何，最高法院在還沒修法之前，就以決議推翻法律，應是違憲之舉。

第五篇

公平法院之追求

〔前言〕

有公平的檢察官與公平的法官，才有公平的法院，如何促使法官與檢察官不敢犯錯？有些人主張法官與檢察官應該也要有「執業失當」（malpractice）的民事責任（須對當事人負損害賠償責任）與「業務上過失」之刑事責任。有些人主張平常就要讓人民進入法官與檢察官的人事系統，考核他們的表現。但這些方法是否會讓法官與檢察官不敢下決定，是否會引進民粹而影響司法獨立？都值得我們深思。

預審法官的設置

社會各界對陳前總統羈押與分案的爭執，真正的恐慌可能來自於「裁定不羈押的法官，將來一定判被告無罪」與「裁定羈押的法官，將來一定判被告有罪」之預期心理，這種對司法的不信任，其實可以從制度面加以改善。

重點在於：裁定羈押與否的法官，與判決有罪無罪的法官，如果不是同一人時，人民對司法的猜忌是否會降低？

在有「預審法官」（或稱為「偵查法官」）的國家，關於偵查中之「令狀（搜索票、拘票、監聽票、羈押票）」的審核工作是交給「預審法官」，這些法官將來都不是審判本案（決定有罪或無罪）的法官。

預審法官（美國聯邦法稱為 magistrate judge，德國稱為 Ermittlungsrichter）其實是一個相當理性的設計，他們是一群中立的司法官（judicial officials），人員與組織都與審判法官（trial judge）不同，專門審查偵查中檢察官與司法警察「強制處分」之合法性與妥適性。但也因為他們過早介入案件，對被告犯嫌是否重大，已有先入為主的危險存在，所以應該迴避掉本案的審判工作。

基於這種「避免先入為主」的理念，有些國家的預審法官另外處理「證據是否因違法取得而無證據能力」的問題。例如被告坦承犯罪之自白是否違法取得，如果由審理本案的法官審查，縱使其判定是違法取得（例如警察刑求）而無證據能力，但因其已經知悉有這一段自白，審判時內心深處仍可能被影響而傾向判決有罪（即所謂「心證已被污染」），所以「證據是否排除」之問題，亦交給預審法官處理。

當決定羈押與否的法官與審判法官分開後，人民就不會發出「周占春法官放了陳水扁，就是準備判無罪」，或是「蔡守訓法官押了陳水扁，將來怎可能判無罪」之質疑，因為不論是周占春或蔡守訓，將來都不會是審判本案的法官。

二〇〇一年刑事訴訟法大修時，爲配合「搜索決定權」從檢察官移到法官，檢改會與林鈺雄教授草擬的「邱太三委員版」，曾提出設置「偵查法官」的法院組織法修正草案條文：「地方法院刑事庭設偵查法官，負責搜索、羈押相關事項聲請之審核」，可惜未獲立法院採用。

經過這次陳前總統羈押事件後，我國立法者如果願意重新考慮設置預審法官之必要，我的建議如下：（一）現行法規定起訴後之第一次羈押（俗稱「接押」）是由法官依職權決定，並非由檢察官聲請，此點有失法官的中立性，故應改爲與偵查中（起訴前）羈押一樣，都是由檢察官聲請。（二）雖然其他國家僅將偵查中的羈押審查交給預審法官，但慮及我國人民對司法長期的不信任，我國可將起訴後之第一次羈押（接押）也交給預審法官去審查，如此應能減少人民對司法的疑慮。

（2009/1/18發表）

美國大法官任命程序簡介

二〇〇九年五月二十七日美國總統歐巴馬提名拉丁裔女性聯邦上訴法院法官索托瑪雅（Sonia Sotomayor）爲聯邦最高法院法官（大法官），參議院即將進行同意程序，這是美國司法的一件大事。

依據美國聯邦憲法第二條第二項，聯邦最高法院法官係由總統提名，經參議院同意後任命，爲終身職，地位崇高，所下判決足以影響人民日常生活，故其提名與同意備受全球矚目。

美國大法官人選名單依法先由總統送到參議院的司法委員會審查，該委員在舉行聽證會之前，會先請被提名人填具一長串的問卷調查，內容包括自傳、財產報告、對憲法與法律之看法、有無犯罪或懲戒紀錄等思想背景的說明（以二〇〇五年布希總統提名失敗的候選人 Harriet Ellan Miers 爲例，其問卷與做答即多達二十七項，共五十七頁）。司法委員會同時會經由聯邦調查局及私人管道，對相關事項進行查證，此段期間爲期約一個月。

這期間被提名人通常會親自到國會辦公室拜訪參議員個人，稱之爲 courtesy calls。當然，民間也會有一些公共辯論，例如美國律師公會通常會對被提名人之清廉度、職業水平、司法性格（integrity, professional competence and judicial temperament）進行評鑑，然後做出非常適任（well-qualified）、適任（qualified）或不適任（not qualified）之結論。白宮則隨時替被提名人準備資料與擬答，做爲後援。

接下來就是司法委員會正式的聽證會，會中先由主席致詞並做程序說明，然後由一位委員引薦被提名人（通常是其所屬州之參議員），接著由被提名人做開場陳述（opening statement），再開始接受質詢。慣例由主席先發問，接著依輩份、黨別穿插質詢，過程中並聽取若干公眾證人（public witness，律師公會理事長、民間團體發言人）之證詞。此種審查會通常是公開進行，但在一九九二年曾經舉行祕密審查會。

大約經過一個星期的聽證之後，司法委員會會準備一份對院會（full Senate）之報告，建議「支持」（favorably）、「不支持」（unfavorably）或「不表態」（without recommendation）。

至於院會的討論，則是公開舉行，並有媒體直播，由參議員們輪流發表論點（floor remarks）與辯論，然後進行投票，採過半數之普通多數決。

依據統計，美國大法官被提名者約有五分之一不獲通過。其原因可歸爲八類：（一）反對總統本人而非被提名人；（二）反對被提名人先前之法律見解或意識形態；（三）不贊同被提名人對目前最高法院見解之態度；（四）對被提名人個人之嫌惡；（五）政治立場與執政黨不合；（六）資格能力有問題；（七）利益或壓力團體之反對；（八）擔心被提名人之加入會改變最高法院之評議結果。

我國大法官提名與同意權之行使，較無固定模式與傳統，容易淪爲八卦爆料與意識形態之爭，美國之程序或可供我國參考。

（2009/6/7發表）

大法官應有的中立性

從美國聯邦大法官被提名人索托瑪雅（Sonia Sotomayor）的同意任命聽證過程，我們可以了解到美國社會對一位大法官的優先要求是什麼。

索托瑪雅是第一位被美國總統提名為大法官的西班牙裔（Hispanic）公民，下個月如獲參議院投票通過，將是該國有史以來的第三位女性大法官。由於其能出線一般認為是因屬少數民族，故人們最關心的問題是，將來她的判決，是否會偏袒少數民族？

二○○九年六月三十日紐約市律師公會將索托瑪雅評鑑為「極適任」（highly qualified）大法官，這是自從一九八七年以來，該公會第一次給大法官被提名人如此高的評價。但就在前一天，美國聯邦最高法院宣布 Ricci 案的判決，卻讓索托瑪雅留下「中立性不足」的話柄。

Ricci 案是索托瑪雅曾經參與審判的一個案件。該案中，康乃迪州新港市因消防局有數個主管職缺，舉辦一次遴選考試，結果在八個副隊長職缺部分，前十名都是白人（依規定及格者人數是職缺數加兩人）；在七個隊長職缺部分，前九名中有七個白人與兩個西班牙裔人。市府高層在經過一番激烈討論後，基於「統計上種族懸殊」（statistical racial disparity）之考量，撤銷該次考試。於是原可錄取的消防隊員即對市政府及相關官員提起訴訟，主張市政府撤銷考試是出於種族考量，有違民權法案及聯邦憲法第十一條所保障的「平等保護權」。

被告市政府則辯稱如果他們肯認考試結果，一樣會被落榜者控訴種族歧視，所以只好以「種族不平等對待」（disparate treatment）的手段，來避免「種族不平等衝擊」（disparate impact）的結果。聯邦地方法院判市政府勝訴，案子上訴到聯邦第二巡迴上訴法院時，包括索托瑪雅在內的三位法官組成的合議庭維持地院判決，但聯邦最高法院推翻下級法院判決，將案件發回更審。

聯邦最高法院等於是宣告新港市市政府撤銷消防隊升官考試，是「不當的種族考量」，但索托瑪雅的判決卻贊成市政府的做法。於是乎索托瑪雅的反對者（大部分是共和黨籍的參議員）即趁機大做文章，指稱索托瑪雅在判決時會將「種族」列入考量因素。

更令人難堪的是，原告之一即白人消防隊員 Frank Ricci 也在七月十七日出席參議院司法委員會的聽證會，指稱索托瑪雅的判決確實對他們產生不公（讓具體案件的當事人出席聽證會指稱承審法官辦案不公，其妥適性確會引起爭議）。索托瑪雅則堅持其辦案絕對中立，只將法律與判例列入考量。

不論反對陣營對索托瑪雅的指控是否公允，但可看出美國社會對大法官的要求，就是「心中無黑白（種族）」。這在我國其實一樣，國人也是希望檢察官與（大）法官「心中無藍綠」。可見司法官的中立性，是中外人民的共同願望。

（2009/8/2發表）

司法官應有業務過失罪嗎？

近日有數位立委連署提案，欲將業務過失的概念引進司法官斷案的領域，亦即，檢察官與法官因過失，在證據不足時將被告起訴或判有罪，或在證據充足時不起訴或判無罪，均應負刑事責任，得處三年以下有期徒刑。

立委們的立論基礎，簡單來講，就是貨車司機開車過失撞傷（死）人要負過失傷害（致死）責任，為何司法官過失誤斷就不用負刑事責任？

立委們會有這種想法，表示人民對於司法有所不滿，身為司法官當然要自我檢討。但問題是，全世界沒有一個國家對於司法官「因過失」斷案錯誤處以刑事責任，其道理為何？

司法官斷案犯錯原因繁多，有些是「故意」，有些是「過失」，有些是根本與故意或過失無關（例如因證人做偽證而誤判）。我們要思考的是，要阻止這些錯誤，應用何種方法？

我國對於司法官斷案故意犯錯，本即有處以刑事責任的法條，即刑法第一百二十五條，最重可處七年有期徒刑，因而致人於死者，更可處無期徒刑。另民事責任方面，亦須在國家賠償給被害人後，對國家負清償責任，這些規定其實比美國嚴厲。

先從民事責任來講，美國有所謂的「司法官豁免權」（judicial immunity），法官與檢察官的「司法行為」是絕對無民事責任的（absolute immunity）。相對地，美國一般公務員在「公務行為」僅享有「附條件豁免權」（qualified immunity），被害人如能證明「一般公務員在同樣狀態下不會犯同樣錯誤」時，公務員仍應負民事賠償責任。

其次從刑事責任而言，美國對於法官與檢察官的過失司法行爲是完全不處以刑罰，此點與我國相同。在故意方面，並未如我國獨立制訂一罪，僅非常少見地針對檢察官論以「藐視法庭罪」，或針對法官論以「僞證罪之共犯」。

所以美國制度並不藉由民事或刑事責任來督促司法官盡注意義務，其理由是「避免司法官在做判斷時瞻前顧後而喪失司法獨立判斷的精神」，聯邦最高法院從一九二七年的**Yaselli**案，一直到二〇〇九年一月才宣判的**Kamp**案，都是堅持這種看法。

其實我國大法官釋字第二二八號解釋理由書也有一段相同哲學：「各級有審判或追訴職務之公務員，就同一案件所形成之心證或見解，難免彼此有所不同……上述難於避免之差誤，在合理範圍內，應予容忍……唯其如此，執行審判或追訴職務之公務員方能無須瞻顧，保持超然立場。」

筆者認爲與其以民刑事責任督促司法官不要犯錯，不如直接淘汰不適任的司法官。人的淘汰效果顯著，而且不會有「妨害審判獨立及追訴不受外界干擾」的副作用。所以立法院若欲思改革，應從司法官的退場機制下手，而不是創設全世界獨一無二的「司法官業務過失罪」。

（2009/6/21發表）

美國的司法官民事豁免權

我國法官與檢察官在執行職務時侵犯人民權利，僅限於「故意犯職務上之罪」時才負民事損害賠償責任，美國亦有此制度，且範圍大於我國。

英美普通法長久以來即有所謂「司法官豁免權」（judicial immunity），即法官判案時犯錯，不論是故意或過失，均絕對不用負民事賠償責任。美國各州從獨立之後亦繼受此原則，其中印地安那州的最高法院更在一八九六年的 Griffith 案，將此原則擴展到檢察官。

至於美國聯邦法方面，有關侵犯人權之民事賠償責任法條是 42 U.S.C. 1983，條文之主詞是「任何人」（every person），字義上好像包括法官與檢察官。但聯邦最高法院於一九六七年的 Pierson 案判定在這種條文結構下，法官仍保有普通法所認許的民事豁免權。接著在一九七六年的 Imbler 案，再判定檢察官亦有此豁免權。

法官爲何應享有民事豁免權？Pierson 案的判決所給答案如下：此種豁免權並非在保護惡性或貪腐的法官，而是在保護一項公共利益，就是讓法官們能夠「獨立且無後顧之憂地自由發揮他們的功能」（be at liberty to exercise their functions with independence and without fear of consequences）。

爲何檢察官可以比照法官享有絕對的民事豁免權？Imbler 案判決所列理由如下：（一）檢察官在做起不起訴之決定時，如果須慮及「將來會不會被訴請損害賠償」，勢必減損其公正性。（二）被告總是會把被起訴的不滿轉化爲檢察官的「濫權」，一旦開放民事求償，檢察官會被大量湧入的案件淹沒，致無力處理其他案件。（三）影響刑事判決結果的因素繁多，連上訴審的法官們彼此間都會有不同見解。而民事求償訴訟等於是重新審理該刑事案件，這些不確定因素對檢察官相當不利。（四）在民事責任的壓力下，檢察官對於可能生變的證據（例如證人之證詞），將會儘量避免提出，如此，會有很多原本有相關性的證據不能進入法庭，而有礙事實的發現。（五）如果刑事判決結果會影響到檢察官的民事責任，則法官在審判時多少會將檢察官的個人因素列入考量，如此反而讓司法制度無法充分發揮功效。

不過，檢察官的作爲，必須與法院之訴訟有關者才是所謂的「司法行爲」，所以並不包括「在犯罪調查階段提供法律意見給警察」或「對媒體發言」等作爲。但此關連性並不須「緊密」，例如聯邦最高法院在二〇〇九年一月的 Kamp 案判定，檢察長官對檢察官法庭活動的「訓練與監督」，仍屬司法行爲（即不得以「督導公訴檢察官不周」爲由，訴請檢察長官損害賠償）。

Hand 法官曾說：讓壞的官員免負民事責任，與讓好的官員活在被求償的憂慮中，我們寧願選擇前者。Imbler 案判決則進一步指出，督促司法官不要犯錯的更好方法應是「職業倫理的懲戒程序」。

（2009/6/28發表）

法官須要託管給民間團體才能奮發向上嗎？

民間司改會透過民進黨提出的法官法草案第四條修正案，說白一點，就是認定法官無法自律，只得託管給民間團體。換言之，院方從此將淪陷爲「民粹主義的殖民地」。

沒錯，依據國際法，當一個落後地區民不聊生時，是可以託管給某一個強大國家或國際組織去進行基礎建設並重建新秩序（international trusteeship）。但，我國的法官團體眞的淪落到這種地步了嗎？司法院如果在第四條讓步，就是大聲的喊出：Yes。

法官自律是司法獨立的核心價值，當一個法官團體是經由外力才馴化時，它或許會是一匹能做好工作的馬，但隨之而來的是「奴性」，一種殖民地人民在結束託管之後仍然會持之百年之劣根性（有人管時才會好好表現，沒人管時就原形畢露）。更危險的是，重建不成時，反而成爲受託強國的「屬地」，永不得翻身。

在民主國家，人民的聲音在法官之進場與退場機制，確實有其必要，所以「法官遴選委員會」與「法官評鑑委員會」有外人加入是可以接受。但「人審會」是兼管「平調、陞遷、考核、獎懲」等司法行政事項之機構，連法官能不能從新竹調台北、書類送審合不合格都要「傾聽人民的聲音」嗎？法官一旦開始媚俗，司法獨立即成爲空談。

在司法黑暗時期，曾有一群英勇的法官在人審會中發揮了相當大的作用，讓司法風氣一步一步地改善。現在部分年輕的法官不知這段過程，輕易地相信民間司改會一句「以前的人審會到底做了什麼」，而同意打開山海關。我還是願意相信法官們應會有自律能力，現在應不是下猛藥的時候（更何況這種猛藥是不是良藥根本是未知數）。

司法威信與尊榮是 case by case 建立起來的，並不是掛上某個招牌（例如「改良式當事人主義」）或通過某個法案（例如「速審法」）就能奏效。籲請司法院不要被政治思考（競選支票之兌現）所左右。制度建立是百年大計，不要因爲急著要通過法官法，而失去司法獨立。

（2011/5/13發表）

法官的烙印

人審會引進外人的條款若經立法通過，它將是法官法的一個「烙印條款」（stigma，烙鐵印在人體身上的傷痕，古代污辱犯錯者或奴隸的方式），用來向世人宣告「法官沒有自律能力」。

人審會有外人進來後，司法或許會變得更好，但難道沒有別的方式可以達到相同效果嗎？我從一開始就在問這個問題：現在是引入此種治療方式的時機嗎？

如果是在兩年以前，在「恐龍法官」與「貪污法官」還沒被釘在我國法官身上以前，司法院主動邀引外人進入人審會，或許會讓人相信司法院是出於「人民的司法」的理念。但，在白玫瑰運動之後，人民會認為「司法院管不了法官，只好讓外人進來管理了」，也就是我在先前貼文所稱之「託管」。

一個被黥面的司法，有何光榮可言？

或許有人會問，司法因自律而更好，與司法因他律而更好，有何差別？很簡單，後者會讓人相信「法官欠管，而且可以管」，然後不久之後，干預審判的黑手就會披著「改良司法」的外衣伸進法庭。

世界各國的法官倫理都一再強調法官的「公正性」（impartiality，或有譯成「中立性」），此理念有多項內涵，其中針對「不受外界左右」這項，美國人有兩句解釋：A judge may not be swayed by partisan interests, public clamor or fear of criticism.（法官不得因黨派利益、公眾責難或恐被批評而改變立場）；A judge may not.....permit others to convey the impression that they are in a special position to influence the judge.（法官不得……容許他人表現出其能夠影響該法官之印象）。

所以美國威斯康辛州之司法行為諮詢委員會才會給他們的法官如下建議：法官得在其辦公室接見特定利益團體（例如主張從重量刑的反酒駕協會），但須注意三件事：（一）不得讓人有該利益團體能夠影響該官法之印象。（二）不得有該法官因怕被批評而改變立場的危險。（三）不得有片面溝通，如果該團體之話題已觸及特定審理中之案件，法官應立即終止該會談。

美國人是如此努力、不畏外力去維持法官的公正形象，我國司法院難道要背道而馳嗎？

所謂「司法爲民」是爲「全民」，而非爲「特定之講話特別大聲之人民」，當所謂之「人民」被限縮在：「○○黨」、「○○聯盟」或「○○會」時，它就是「利益團體」（a special interest group）。第四條修正動議所引進人審會之「外人」之「人」會是「全民」嗎？

司法改革本就是一條漫長之路，在司法獨立之後，本就會有一段混亂期。當然，老百姓已等不下去了。如果要以淘汰或懲戒法官與檢察官來改革司法，也應走「評鑑」與「職務法庭」之路，而非從「人審會」下手。因爲前者才有一定之訴訟程序與證據法則，且才能有判例出現，讓法官與檢察官們有行爲準則可循。

總之，司法只能自療，不能被治療。（The judiciary can only be cured by the judiciary, not by others.）在人審會引進外人，從象徵意義與實質意義而言，對司法都是一種嚴重傷害。

（2011/6/8發表）

後記

法官法於二〇一一年七月立法通過後，第四條已確定引進「非法官」人士擔任「人事審議委員會及其他人事相關之多種委員會（例如院長庭長之任免）」之委員，僅於第三項規定「學者專家對法官之初任、再任、轉任、解職、免職、候補、試署法官予以試署、實授之審查及第十一條所規定之延任事項，有表決權；對其餘事項僅得列席表示意見，無表決權」，而對「非法官人士」在人審會之表決權做若干限制。

筆者至今仍堅信，在法官遴選委員會（掌管法官的「進場」）與法官評鑑委員會（掌管法官的「退場」）是應該有「非法官」成員，但人審會（掌管法官之平時考核）就不應有「非法官」成員，以維法官自律與司法獨立。

檢察官與法官必須有人文關懷精神，不能孤立於象牙塔中。但檢察官與法官，也不能「辦案給報紙看」或「看著報紙辦案」。如何在「傾聽人民的聲音」與「司法獨立」間求得一平衡點，正在考驗司法的智慧。

第六篇 法律倫理

〔前言〕

一九九九年五月我參加全國司改會議籌備會議時曾說過一句話：「要達到司改效果，改一百個法條，不如淘汰一個司法官。」至今我仍然相信這是眞的。制度再怎麼改，還是要歸結到人。問題是，誰該被淘汰以及爲何要被淘汰，這就是法律倫理要探討的課題。我國檢察官與法官倫理規範，一直到二〇一一年法官法制訂後，才正式上路，檢察官評鑑委員會與法官評鑑委員會也都剛開始有具體決議出爐，能否達到督促敬業或淘汰不適任者之效果，有待觀察。

律師倫理的發展，在我國則是走在司法官倫理之前。但當事人主義引進後，律師倫理不論在規範面或執行面，均有加強的必要。

法官生錯氣

法官開庭時動怒，若是夾雜個人情緒，有時會影響到公平正義，甚至導致法官被撤職，這是發生在美國紐約州的實際案例，值得我國參考。

二〇〇五年三月十一日，紐約州尼加拉瀑布市（Niagara Falls City）家暴事件法庭 Restaino 法官開庭時，多名被告與律師一起在法庭裡面候審，被點名者逐一上前接受審問，由法官裁決交保、羈押或其他處置。當時在法庭裡，還有多位檢察官、觀護人、庭務員、法警與旁聽民眾。當天庭期滿檔，約有七十名被告待審。

開庭後約一小時，已有三十多名被告訊問完畢，其中有十一名經諭令「飭回候傳」（即不用繳保釋金）。此時法庭後方突然有手機響起，坐在庭上的 Restaino 法官抬起頭來，不悅地說：「手機的所有人馬上交出機子來，否則所有在場者均須到牢裡待上一個禮拜。」但沒人承認。經過再次警告，並休庭五分鐘後，仍然無人交出手機。

Restaino 這時動怒了，他開口問面前應訊的一名被告手機是何人的，該被告答稱不知道，Restaino 即撤銷先前「飭回」的裁定，而改爲交保一千五百美元。

接下來應訊的三十四名被告都逐一被 Restaino 質問手機的所有人爲誰，但他們都答稱不知道，Restaino 即連續將所有原已諭令「飭回」者均改爲「交保」，原已「交保」者則加重保釋金額。其間有數名被告以「家有老母」、「探視小孩」、「與律師有約」、「剛找到新工作」等多種理由向 Restaino 求情，但他均不爲所動。結果有四十六名被告因交不出保釋金，統統被銬上手銬，送到郡立看守所關進牢裡。

一直到隔天下午，Restaino 經書記官通知已有媒體在探聽此事後，才趕緊下令釋放被關在看守所的被告們。

一年之後，紐約州「司法行爲委員會」（the State Commission on Judicial Conduct）以九比一的投票數做出決定，認爲 Restaino 因違反法官守則，恣意剝奪被告之人身自由，應予「撤職」（remove from the office）。Restaino 不服，依法向紐約州最高法院起訴請求撤銷委員會之決議，但遭該法院於二〇〇八年六月五日判決駁回而維持撤職之決議。

Restaino 法官的抗辯著重在「精神狀態」，強調其因婚姻不美滿壓力過大，導致一時衝動而犯錯，並有兩位心理學專家證人爲其出庭做證。但紐約州最高法院在判決文中指出，Restaino 法官所犯錯誤並非單一，其原本有四十六次的機會檢討自己的做法是否妥當（即手機響後訊問了四十六名的被告），但其卻仍連續將「交保」目的從「保證被告日後能夠出庭」扭曲成「報復的工具」，此情形「確已非比尋常」（truly egregious）。

紐約州最高法院進一步指出：法官懲戒程序的目的並不是在懲罰，而是在防止不適任的人坐上法官的席位。所以認爲本案光是「公開譴責」（public censure）尚不足夠，而必須採取「撤職」處分。

（2009/8/9發表）

法官講錯話

法官生錯氣會被撤職，若講錯話，有時也同樣嚴重，美國紐約州 Onondaga 郡法官 Mulroy 的丟官記就是一例。

Mulroy 法官於一九九六年八月承審一件共同侵入住宅強劫殺人案，被告一共有四名，被害人是一名六十七歲的非洲裔婦女。在開庭前的一個晚上，Mulroy 法官在某個鄉村俱樂部打完高爾夫球吃晚餐時，遇到該案的蒞庭檢察官，即向他表示，該案件中有兩名被告他不想審判，檢方最好答應認罪協商，而且檢方不用擔心外界反應，因爲被害人只不過是一名「黑鬼母狗」（some old nigger bitch）。

到了開庭當天，檢方礙於形勢，即同意其中兩名被告有期徒刑五年至十二年的認罪協商。Mulroy 法官當庭又說檢方雖然應將被害人列入考量，但該名被害人「並沒什麼了不起」（no great shakes）。

Mulroy 法官的種族歧視語言並不止這一次，同年七月間，其競選連任法官時，在慈善晚宴碰到一位競選連任的檢察長，該檢察長向 Mulroy 法官抱怨說「有些人疲於競選，但有些人卻是坐在那邊等人用銀盤奉上席位給他坐」。Mulroy 法官明知該檢察長是義大利裔後代，卻仍挖苦說：「對呀，你也知道你們義大利人與黑手黨掛勾多深。」（You know how you Italian types are with your Mafia connections.）

除了種族歧視語言外，Mulroy 法官也在開庭時使用極其粗鄙的語言。同年二月間，他在審理一件強姦案時，因不耐陪審團在密室評議過久，急著要下班回家，當庭指責檢察官小題大作，不悅地說：「我想要回 Syracuse 的家，因爲現在是星期四晚上，是男人外出的晚上」、「你爲何不給這傢伙一個X他媽的輕罪，好讓我脫離這X他媽的 Utica（審判地點之地名）黑洞」（Why don't you give this guy a fucking misdemeanor so I can get out of this fucking black hole of Utica.）。但檢察官堅不讓步，不久之後陪審團做出有罪裁決。

事隔兩年後，紐約州「司法行爲委員會」接受告發進行調查，並在一九九九年決定將 Mulroy 法官撤職（remove from the office）。理由是 Mulroy 法官所使用的種族歧視語言令人懷疑其能否公平審判案件，其所顯現的偏見與「低敏感度」（insensitivity）不容在法官身上發生。

此外，該委員會並認爲 Mulroy 法官二度逼迫檢察官同意認罪協商，完全是基於「減輕案件負荷」（to lighten the caseload）與想要快點回家的「個人便利」（personal convenience）考量，所以應處以「撤職」的最嚴厲懲戒。

Mulroy 法官不服委員會之決定，上訴至紐約州最高法院，辯稱其之所以有不當發言，或是爲了要安撫檢察官的不安，或是被對方挑撥而起。但該法院於二〇〇〇年四月六日駁回上訴，並認定 Mulroy 法官已經違反紐約州法官守則（Code of Judicial Conduct）第一條「法官應維護司法之獨立與完整」、第二條「法官應避免不當與看似不當的法官作爲」以及第三條之「法官應公平謹慎行使職權」的規定而應撤職。

（2009/8/23發表）

法官有言論自由嗎？

澎湖地檢署吳巡龍檢察官出席公投說明會，公開表明其本人反對在澎湖設置賭場的立場。法務部長王清峰在面對立委質詢時回應說「是有不妥」，引發「司法官有無言論自由」的爭議。

檢察官言論自由範圍大於法官，所以我們可以用更嚴格的標準來檢視：如果吳巡龍是法官，他的行爲有無違反「法官倫理」？

美國各州爲確保法官的公平（impartiality）形象，在「法官倫理規範法」除明文規定法官不得對美國境內任何訴訟中的案件發表看法外，另有所謂的「禁止宣誓或承諾條款」（pledges or promises clause），規定法官（含法官席位競選人）除宣誓善盡職責外，不得對外做任何其他之誓言或承諾。此外，大部分的州又有所謂的「禁止表態條款」（announce clause），規定法官不得對爭議性的法律或政治議題發表看法。

從這些條款來看，法官的言論自由確實受到限制，但，後二條款有無違憲？其內涵又爲何？

一九九九年紐約州尼加拉郡一位檢察官 Watson 出馬競選該郡洛克市的法官時，對外宣稱：「我們亟需要一位願意與警方合作，而非與其作對的法官。我們需要一位願意在執法人員積極清掃我們城市街頭時，願意幫忙他們的法官。」在 Watson 當選法官後，其對手向紐約州司法行爲委員會提出檢舉，指稱其違反「禁止宣誓或承諾條款」。

就在司法行爲委員會尚未決議時，美國聯邦最高法院在二〇〇二年的六月做出 White 案的判決，宣告明尼蘇達州法官規範法的「禁止表態條款」違憲（違反保障言論自由之聯邦憲法第一增訂條款）。

White 案是由一位明尼蘇達州最高法院法官席位競選人 Wersal 所提出的訴訟，他在一九九六年的競選文宣批判該州最高法院的若干爭議性判決，遭其對手指稱違反「禁止表態條款」，逼迫他退出選舉。至一九九八年 Wersal 再度參選，並向聯邦法院提告，挑戰「禁止表態條款」的合憲性。

聯邦最高法院判定違憲之主要理由是，我們不可能要求法官對各項議題不得有「定見」（preconception），只能要求法官保持「開放心胸」（openmindedness）在聽完雙方意見後再下判決。所以絕對禁止法官對爭議性議題發表看法，所能達到「維護法院公平形象」的效果有限，比較之下，還是應保障法官的言論自由。

但紐約州司法行爲委員會認爲 White 案僅宣告「禁止表態條款」違憲，並不足以影響「禁止宣誓或承諾條款」之合憲性。而 Watson 法官之言論是偏袒「一方當事人」（即警方），並非僅偏袒「某議題」，所以仍然做出 Watson 法官應該「革職」的決議（上訴後減輕爲「公開譴責」）。

吳巡龍檢察官只是發表反對在澎湖設置賭場的看法，而非誓言「嚴懲所有在澎湖賭博的被告」，參諸前述兩判例，應屬其言論自由範圍。

（2009/10/4發表）

後記

我國媒體與名嘴動輒在社論或談話性節目中，逼迫承審法官或承辦檢察官對特定案件表態，無異逼迫他們違反司法倫理（即「禁止宣誓或承諾條款」）。其中一例是二〇〇六年四月我國立法院第一次行使檢察總長任命同意權之前，有部分立委結合電視名嘴與某檢察官，以群眾運動強烈要求被提名人謝文定（時任高檢署檢察長）對某些特定案件公開表示偵辦到底的決心，經謝文定拒絕，結果二〇八名立委中僅一〇一票同意，未過半數，該任命案遂遭否決。謝文定堅決遵守「禁止宣誓或承諾條款」，卻在群眾運動運作下未獲提名，雖敗猶榮。

逼迫檢察官公開宣示偵辦特定人物或特定團體決心，不僅違反司法倫理，亦違反無罪推定原則，試想如果一位檢察總長上台時對外宣示任內至少要偵辦十名部長級以上大官，那是不是表示縱使沒有證據也要抓十名大官來法辦？

清而不明的法官

法官的淘汰，是司法改革的重心之一。對於「不清不明」或「明而不清」之法官的淘汰，並非難事。然對於「清而不明」的法官的淘汰，則是最難決定的司改手段。換言之，一位法官操守良好，但因爲無能（或偷懶）而長期積案未結，我們可否將其淘汰？有兩件美國案例可供參考。

第一個案例是紐約州 Westchester 郡 White Plains 市的 Washington 法官，她是一位「兼職法官」，負責在每隔一週的星期三審理小額的民事案件，每年的案件量只不過七十五至八十件。但在就任四年後，Washington 法官即累積了六十七件的遲延案件（辯論終結後遲未宣判），其中有二十件遲延半年至一年；十九件遲延一年至一年半；十二件遲延一年半至二年；九件遲延二年至二年半。

這期間 Washington 法官不但故意短報未結案的件數，並且連續七次忽視「行政法官」（Administrative Judge，負責行政與管考的資深法官）的書面與口頭催辦。此外，法院爲幫助其結案，多派了一位助理給她，但她卻未交辦任何事務給該助理。

紐約州的「司法行爲委員會」在聽審後，援引紐約州的 Greenfield 案判例，於二〇〇二年十月決議將 Washington 法官撤職。該判例之要旨是：遲延案件並不足以將一位法官撤職，除非其在遲延後，仍抗拒行政督導（defy administrative directives），或是假報遲延資料。

Washington 法官不服，上訴至紐約州最高法院，但被駁回。

另一個案例是加州 Riverside 郡上訴法院的全職法官 Spitzer，他同樣是未結案過多（致其審判長不得不將案件打散給別的法官）。但他的麻煩顯然比紐約州 Washington 法官多，原因在於加州對於法官的結案速度有特別規定。

加州憲法第六條第十九項明文規定法官應在辯論終結後九十天內宣判（90 days after it has been submitted for decision），若未遵行，在宣判前不得支領薪資。因此，法官在每個月底都必須填具一份「領薪切結書」（salary affidavit），表明手上沒有遲延案件。所以 Spitzer 法官的不當行爲，不僅是遲延案件，另涉及在切結書做「不實陳述」。

Spitzer 法官另外被質疑的一件事是，其所爲書面裁定的日期，與公告日期之間隔，有多件長達六個月至十三個月，疑似倒填日期（backdating）。加上 Spitzer 法官曾經多次私下（未知會檢方）促請被害人家屬說服檢察官接受認罪協商，加州「司法行爲委員會」（The Commission on Judicial Performance）遂於二〇〇七年十月決議將其撤職。Spitzer 法官不服上訴，遭加州最高法院駁回。

由上可知，美國紐約州與加州均有指定資深法官監督承審法官的案件進度，而且會採取「催告」、「打散積案」、「協助擬訂清理計畫」等行政補救措施，若仍無法改善，法官即有可能被撤職。加州甚至將法官的結案速度與薪資支領結合，更是獨具創意。凡此機制，至今並未被宣告爲「妨害司法獨立」。

（2009/8/30發表）

被關說的法官有吹哨子義務嗎？

報載前最高法院院長楊仁壽自稱曾在卸任前銷燬他人關說之相關文件乙案，台北地檢署調查後認其所銷燬者係二審判決書，並非職務上掌管之公文書，已將毀棄公文書之刑責部分簽結。但仍有人質疑，楊前院長所爲是否有違法官倫理。

二〇一二年一月六日施行的「法官倫理規範」第二十六條規定：「法官執行職務時，知悉其他法官、檢察官或律師確有違反其倫理規範之行爲時，應通知該法官、檢察官所屬職務監督權人或律師公會。」明文規定前來關說者若是法官、檢察官或律師時，該被關說的法官有「應」舉發的義務。基於法律不溯及既往的原則，此條文對楊前院長應不適用。但這是一項前所未有的職業道德要求，其嚴重性可能大部分的國人與法官均尚未察覺。

此種職業團體內的吹哨子義務，其源來自律師倫理，但這種義務之強度如何，各國規定不一。例如我國律師倫理規範第四十四條是規定：「律師知悉其他律師有違反本規範之具體事證，除負有保密義務者外，宜報告該律師所屬之律師公會。」文字上是使用「宜」而不是「應」。因爲是「宜」，所以縱使違反舉發義務，尚不致於受到嚴厲懲戒。但美國有些州（例如伊利諾州）在規定律師之吹哨子義務時，是使用 shall（應）而不是 should（宜）。其中最常被提的一個案例是伊利諾州的 Himmel 律師發現另一位律師侵占了客戶的款項，不但未舉發，還安排該客戶與該律師和解，事發後 Himmel 律師被法院判定停止執行職務一年

（所以美國律師的吹哨子義務被稱之爲 Himmel Duty）。

美國聯邦法官守則對於吹哨子義務是使用「宜」而非「應」，而紐約州的法官守則是使用「應」而非「宜」，所以紐約州對法官的要求高於聯邦。實際操作結果，紐約州的承審法官在被其他法官關說後，不但要勇敢的提出檢舉，而且因爲事情已曝光，該承審法官還必須迴避該案件，以免司法的公正性受到質疑。換言之，不但須「砍同事」，還要「交出案件」，造成雙殺效果。

我國法務部在制訂檢察官倫理時，可能意識到「應」與「宜」之間甚難決定，就乾脆把草案中的吹哨子條文全部拿掉。但司法院在制訂法官倫理規範時仍將之納入，並使用「應」這個強烈用語。司法院這種抉擇當然有其高度的理想性，值得肯定。但在講究人情的我國社會，一般法官面臨法官同事關說時，大多是「表面聽聽，實際依法辦理」，而自認問心無愧。所以司法院實在有必要廣爲宣導，告訴法官們以前這種低調處理方式，現在有可能違反新制訂的法官倫理規範，以免發生「不教而殺」之情形。此外，司法院還須審慎設計一套被關說法官聲請自行迴避案件的遊戲規則，以確實維護司法的公正性。

（2012/5/21發表）

史帝文斯案的政治司法糾葛

當司法案件扯上候選人時，各種政治解讀隨之而至，連美國這種「民主先進國家」亦不能免，阿拉斯加州共和黨籍參議員史帝文斯（Ted Stevens）最近被起訴判罪，就是一例。

史帝文斯戰後畢業於哈佛法律系，早年在阿拉斯加州任職律師及檢察官，是促使該州於一九五二年成爲美國第四十九州之「建州英雄」，從一九六八年即開始擔任參議員至今，每次連任都是囊括百分之六十六以上之選票，從政期間爲該州爭取到無數的工農漁林開發奧援。

阿拉斯加由於人口稀少，政治生態與台灣非常相像，民意代表均是以「爭取地方經費」來吸取選票，而且這種服務是「一步一腳印」，無所不至，所以不論是州長或是國會議員，只要選上通常能數連霸。惟一能讓政治席位輪替的可能因素，似乎僅有司法案件。

史帝文斯這次所犯之罪，是「不實陳述罪」（財產申報時隱匿接受廠商二十五萬美元饋贈之事實），相較於眞正的貪污罪是有段距離，所以讓人有政治操作的空間。史帝文斯在二〇〇八年七月底被起訴後，其支持者便擁上街頭「情義相挺」，大喊「我們愛他」、「這四十年來他爲阿拉斯加爭取了多少經費」、「起訴書所列之犯罪事實？我倒想知道華府裡面的大官們誰敢第一個站出來斥責？」

史帝文斯本人亦在陪審團宣判有罪後，出面指稱整個審判都被檢察官的不當行爲誤導，而堅持上訴。這種抗拒司法的姿態，迫使同黨總統參選人麥肯與培琳面臨應否與其切割的難題。

不過，史帝文斯試圖將自己塑造成檢察官打壓的「政治被迫害者」，並無十足的正當性。美國政府倫理法（陽光法案）的法理基礎是，當一位政治家收受饋贈時，若與職務有對價關係，當然成立收賄罪，但若無對價關係，仍應將之充分揭露（限單一來源達三百美元以上），以便全民檢視日後有無利益輸送的情形。所以，如果故意在財產申報時隱瞞，除在法律上成立「不實陳述」罪外，在政治上自然會遭選民質疑背後是否另有隱情。

加上阿拉斯加州這種小州盛行的「豬肉桶政治」（pork barrel politics，分贓制度），讓該州一切公共事務都是由各方勢力「喬」出來，缺乏民主社會應有的透明度，連同黨的競爭對手 **Sean Parnell** 都無情指出「阿拉斯加人對於密室協商已是深惡痛絕」，而籲請史帝文斯退選。

美國聯邦檢察官其實早在四年前就開始對阿拉斯加的政治人物展開貪瀆調查，且已起訴並定罪三名州議員及數名商界人士，卻在對史帝文斯收網時碰到總統與國會選舉，當然免不了被貼上政治標籤，這是中外皆然的司法無奈。（史帝文斯目前贏對手 Mark Begich 三千五百票，尚有六萬多票的期前及境外投票在月底前才會開出。）

（2008/11/16發表）

史帝文斯所犯何罪

美國共和黨籍阿拉斯加州參議員史帝文斯因違反美國聯邦「陽光法案」，於十月二十八日經陪審團裁決有罪，無異對美國總統大選投下一顆震撼彈。

但站在我國人民立場，我們比較關心的是，美國是否也有「財產來源不明罪」？爲何他們沒有面臨「違憲問題」？

我國法務部所提「財產來源不明罪」草案規定，貪污罪嫌犯或其家人之財產暴增時，檢察官「得命本人就來源可疑之財產提出說明，無正當理由未爲說明、無法提出合理說明或說明不實者」，即成立犯罪。反對人士認爲此種立法方式，因違反被告之「不自證己罪權」（應由檢察官來證明被告有罪，而不是由被告來證明自己無罪）而違憲。

美國「陽光法案」是如何避掉前述違憲問題？如果我們細看史帝文斯的起訴書，就可發現他所犯的罪並非「財產來源不明罪」，而是「不實陳述罪」（false statement）。

美國陽光法案的正式名稱是 The Ethics in Government Act of 1978（一九七八年政府倫理法案），該法重點之一就是要求公務員揭露財產。而由於有申報義務，所以對於違反者檢察官就可以引用聯邦法 18 U.S.C. §1001(a) 有關「陳述不實罪」的規定，來追訴申報不實的公務員（該罪可以處五年以下有期徒刑）。這種方式因未要求被告說明財產來源，僅單純處罰申報不實，所以避開了違憲問題。

所謂陳述不實罪，是指當人民有義務向政府部門（包括行政、立法、司法機關）提出報告時，若內容有不符事實、隱瞞或捏造之情形，即成立犯罪，有點類似我國刑法第二百十四條「明知為不實的事項，而使公務員登載於職務上所掌之公文書」之罪。史帝文斯就是連續七年在申報財產時，均隱瞞先後接受廠商免費裝潢等共約值美金二十五萬元的饋贈，才被陪審團定罪。

那為何我國檢察官從來未對申報財產不實的公務員起訴「使公務員登載不實罪」呢？問題出在於我國最高法院的判例對該罪做了很大的限制，即限於「申報人講什麼，公務員就照抄」才成立此罪，若「申報人講什麼，公務員還要審查其眞偽時」即不成立此罪。而因為財產申報內容是否實在，政風單位還要負責審查，所以我國檢察官無法以「使公務員登載不實罪」，來起訴說謊的官員。

從上可知，我國若要以刑事責任來防止公務員財產不當增加，而且要避開違憲問題，應有兩條路可走，第一條是最高法院變更前述判例，讓檢察官可以用「使公務員登載不實罪」來提起公訴。第二條就是在公務人員財產申報法直接規定「故意申報不實（包括使用人頭帳戶隱匿財產）超出一定金額時」就成立犯罪（現行規定僅處以行政罰鍰），而不要在事後才去要求公務員說明財產來源。

（2008/11/9發表）

後記

二〇一四年一月二十一日維吉尼亞州前州長 Robert F. McDonnell 與他太太被聯邦檢察官以貪瀆罪起訴，又是因爲與商人走得太近，與史帝文斯案之情節有些類似，即「我公務員消費，你商人買單」。

值得觀察的是這次 McDonnell 的罪名有一項是聯邦法 18 U.S.C. §1951（俗稱 Hobbs Act）之「藉勢勒索罪」（extortion under color of official right）。此罪之成立，有些州的上訴法院認爲與一般之行賄與收賄罪不同，亦即，「金錢與公務員特定職務間，不須具有對價關係（*quid pro quo*）」，只要公務員一般性地應允將來有機會時，會在公務上有所回饋時（不論有無違背職務），即可成立。這種法院見解對檢方當然是比較有利，因爲「對價關係」是很難證明的（就此點而言，此罪翻譯成「揩油罪」可能更爲傳神）。「揩油罪」對於防止政商掛勾其實有強大的嚇阻效用，我國立法院或可考慮制訂之。

史帝文斯案大翻盤

二〇〇八年十月美國阿拉斯加州參議員史帝文斯因財產申報不實（隱匿廠商餽贈的別墅

修繕費用約二十五萬美元），經陪審團裁決有罪，並因而連任競選失敗。然史帝文斯及其辯護人於陪審團裁決後的量刑審查程序中，猛攻聯邦檢察官的辦案瑕疵，竟於二〇〇九年四月七日獲得大翻盤：承審法官 Sullivan 撤銷陪審團的有罪裁決，並反過頭主動舉發檢察官們涉犯藐視法庭罪（故意隱匿有利於被告之證據）。

Sullivan 法官在宣判時花了整整十四分鐘數落檢察官，甚至說出「在我將近二十五年的法官生涯中，從未見過像本案這樣子的不當與錯誤」的重話。

Sullivan 法官所指出的檢方第一個重大疏失是：修繕別墅的現場負責人 Williams 與 Anderson 在偵查中均說其等僅是兼差（part time）在場，但檢方在起訴時卻以全職（full time）計算勞務價值，致饋贈金額多出數千美元。

第二，檢方在去年九月審判中，未告知辯方與法院，即將證人 Williams 送回阿拉斯加。法官發現後檢方提出的解釋是其已病危（同年十二月間 Williams 確實病死），但後來檢方內部有人承認眞正原因是 Williams 在模擬庭訊時「表現不好」。

第三，廠商的記帳者提供的單據顯示 Williams 與 Anderson 都是全職，檢方明知此種記載與實際情況可能有出入，卻仍然提出當做證物。

第四，廠商總裁 Allen 在審判時證稱，雖然史帝文斯曾寫信表明願意支付修繕費用，不過史帝文斯的親信 Persons 告訴他該封信只是做做樣子。但事實上 Allen 在偵查中曾經說他並不記得與 Persons 有過類似談話，而檢方竟將這段陳述隱匿不報。

第五，檢方指控史帝文斯以一部老車向 Allen 交換一部新車而獲得兩萬美金的利益，辯護律師在審判時傳喚多名證人欲證明 Allen 買新車的價額並未達檢方所稱的四萬四千美元，等到辯方出證完畢，檢方才提出 Allen 付款的支票反駁辯方，辯護律師大爲光火，指控檢方故意讓其出糗，Sullivan 法官支持辯方，認爲檢方不當延宕出證。

誠如多位美國法界人士所指出者，本件聯邦檢察官並未嚴重到「白布染成黑」的地步，因爲只要在申報財產時隱匿三百美元以上即成立犯罪，而起訴時檢方已舉證到二十五萬美元，故縱使 Williams 或 Anderson 的勞務依 part time 計算，加上材料錢也絕對超過三百美元。至於史帝文斯曾經寫信給廠商表示要付費，是講眞的還是講假的，亦是無關緊要，因爲其終究未付錢，就是接受饋贈，依法就是要申報。最後，檢方在交互詰問時故意讓辯方出糗，應是策略運用，與隱匿證據尚有一段距離。

或許有人會認爲只因檢察官隱匿對被告有利的證據，就撤銷陪審團的有罪裁決是便宜了被告。但這就是美國司法標榜的最高原則：壞人在做壞事時可以不「照步來」，但好人在處罰壞人時，一定要「照步來」。

（2009/4/19發表）

美國聯邦檢察官的挫敗

二〇〇九年四月七日對美國聯邦檢察官是一個極爲難堪的日子，其精英份子廉政專組（the Public Integrity Section）的六名檢察官，不但輸掉了前參議員史帝文斯的案子，還反被承審法官 Sullivan 指定一名特別檢察官追查有無藐視法庭罪嫌。

美國聯邦最高法院在一九六三年的 Brady 案宣示一項重要原則，即檢察官在起訴後，應將「得降低被告嫌疑」（exculpating）或「得減輕被告刑度」（reducing the penalty）的證據，揭示給辯方知悉（這種證據後來被稱爲 Brady materials），聯邦檢察官在史帝文斯案就是違反此原則而陷入法律與倫理困境。

依據美國聯邦刑事程序規則第二十九條及三十三條，在陪審團裁決有罪後七天之內，被告得以「證據不足」或「有違公平正義」爲由，聲請承審法官撤銷原裁決改判無罪（a judgment of acquittal）或許可重新審判（a new trial），史帝文斯與其辯護律師就是利用此些程序先阻止法官量刑，再猛烈攻擊檢察官辦案程序上的多項瑕疵，而翻案成功。

本件檢方的潰敗始自內部人的檢舉。去年十月底陪審團裁決有罪後，參與偵辦的一位聯邦調查員寫了一封檢舉信，指控聯邦檢察官諸種不當行爲，其中最爲八卦的，是指稱女性調查員 Mary 與本案的重要檢方證人 Williams 關係曖昧，因爲 Mary 平常都是穿長褲，但在 Williams 出庭做證當天，竟然改穿短裙以做爲給 Williams 的「禮物」。

前述檢舉信於去年十二月曝光後，承審法官 Sullivan 在二〇〇九年一月命令聯邦檢察官將所有相關資料交給辯護律師團，但檢方不從，Sullivan 憤而以「藐視法庭罪」法辦兩位聯邦檢察官，致使新上任的司法部長 Holder 於二〇〇九年二月撤換整個檢察官團隊。

新檢察官團隊是民主黨歐巴馬總統執政後的人馬，對揪出「前朝錯誤」當然毫不留情，在檢視所有資料後，他們發現了更多有利於被告而未經檢方揭示的證據，其中最重要的就是關鍵證人 Allen 在偵查中有某段陳述與他後來在審判時之陳述互相矛盾（爭點在於史帝文斯別墅的修繕費用，是其欠廠商的債務，還是廠商對其的餽贈），但檢方卻始終未提出該項偵查中之陳述，使辯方喪失在陪審團面前駁斥 Allen 的機會。

這個大發現是壓垮檢方的最後一根稻草，司法部長 Holder 罕見地主動在二〇〇九年四月一日聲請法院駁回檢方對史帝文斯的追訴。原已對檢方極度不滿的 Sullivan 法官當然乘勢而爲，在四月七日撤銷陪審團的有罪裁決，並進而主動舉發舊檢察官團隊涉犯藐視法庭罪。

聯邦檢察官們若是「故意」隱瞞證據，依據聯邦法律 18 U.S.C. Sec. 402 是有可能被判處六個月以上之徒刑，且依據職業行爲規範（Rules of Professional Conduct）亦有可能被吊銷律師執照（美國檢察官均具有律師資格）。打虎不成，反遭自己人、被告與法官咬得渾身是傷，眞是情何以堪。

（2009/4/26發表）

檢察官的悲歌

當檢察官因辦案程序上的瑕疵而搞砸案件時，他所看到的，是被告的歡呼、律師的得意、法官的斥責、名嘴的糟蹋、同儕的拋棄與長官的落井下石，美國史帝文斯案就是一個血淋淋的例子。

美國聯邦檢察官於二〇〇八年七月底以申報財產不實罪起訴共和黨籍阿拉斯加州參議員史帝文斯時，就已注定要捲入政治風暴。因爲史帝文斯已在參議院連霸四十年，正在尋求第七任之連任，檢方在投票前四個月提起公訴，難免遭受「企圖影響選情」的政治解讀（後來史帝文斯確實以四千票之差敗給對手）。

但如果檢察官在實質面與程序面都經得起考驗，這種政治抹黑通常一下子就煙消雲散。然不幸的是，本案出手的不只是被告。

首先是承審法官 Sullivan 在陪審團於二〇〇八年十月底裁決被告有罪後，遲不進行「量刑程序」，而專注審理被告所聲請的「改判無罪」與「重新審判」程序，讓被告爭取到詳細檢視檢方證據的機會。接著在二〇〇八年十二月初，突有一位參與偵辦的聯邦調查局安克拉治辦公室調查員 Chad Joy 寫了一封檢舉信給司法部，細數檢方辦案過程的種種不當。

有鑑於此封檢舉信屬「有利於被告的證據」，美國司法部即主動陳報給法院。不料，Sullivan 法官竟然諭令檢方將該尚未經查證的檢舉信一字不刪的交給辯方，另將塗銷若干文字的版本公開給大眾。這種裁定等於是奉送絕佳的炒作材料給被告與名嘴，難怪安克拉治日報聲稱這是承審法官送給史帝文斯的最佳聖誕禮物。

檢方的不幸不止於此。二〇〇九年二月政黨輪替後接任的新檢察官團隊，不但未盡「接棒續跑」的職責，反而回過頭來花了兩個月的時間找出數則舊團隊未陳報給法院的偵查筆錄，交由新上任的司法部長 Eric Holder 公開承認檢方隱匿有利於被告的證據，並向社會道歉，再主動聲請法官駁回檢方的起訴。這種做法讓舊檢察官團隊完全無辯解機會，也讓 Sullivan 法官進一步撤銷史帝文斯的有罪裁決，並指定特別檢察官追查舊團隊有無涉犯藐視法庭罪。

Sullivan 法官與 Holder 部長這些措施當然獲得「維護人權」與「展現高度自省能力」的掌聲。但正如美國若干法界人士所指出者，排除掉爭議性證據，本案仍有明顯的犯罪事實，例如史帝文斯收受廠商交付的一張價值兩千七百美元的電動按摩椅，七年來並未申報。故本案如由檢方另行起訴，新組陪審團重新審判，被告定罪之機會仍然很高，但 Holder 部長卻以「史帝文斯年事已高」（八十五歲）爲由表示檢方不再另行起訴。

依照美國法律，檢察官在證據揭示方面的瑕疵，頂多造成該次審判無效，檢方可以再次起訴，但本件美國司法部長卻不讓檢察官有第二次機會，難免讓人有「犧牲部屬，換取美譽」的聯想。

（2009/5/23發表）

後記

美國司法部下重手後，承辦史帝文斯案的聯邦檢察官團隨之陷入黑暗世界，其中一名年僅三十七歲的檢察官 Nicholas Marsh 在二〇一〇年九月二十四日受不了壓力，以自殺結束其生命。

但另外兩名檢察官 Bottini 與 Goeke 堅持爲自己之清白而戰，他們二人均遭受美國司法部施以懲戒，分別被停職四十天與十五天，但他們表示不服，向行政法院提出申訴。此訴訟一直持續到二〇一三年四月五日，行政法院判決推翻美國司法部對 Bottini 與 Goeke 之懲戒，承審法官 Gutman 指出美國司法部對檢察官行爲不當之認定有誤，算是還該二位檢察官清白。

至於史帝文斯，則在二〇〇八年輸掉選舉後，於二〇一〇年九月九日因墜機意外死亡。

檢察官辦案十大禁忌

檢察官偵查中所面臨的狀況千變萬化，如何在遵守刑事訴訟法之外，另注意職業倫理的要求，確實是一大考驗，就連我本人最近也被捲入爭議風暴（前年偵辦陳總統夫婦國務機要費案時，至桃園鴻禧山莊訊問證人李前總統完畢後，留在該處用餐並與其聊天，有無違反檢察官守則）。

檢察官有哪些作爲會被視爲有違職業倫理呢？美國德州檢察官有所謂「辦案十大禁忌」（top ten list of disciplinary rule situations），頗值得我們參考，其中多項禁忌在我國也曾被拿來做爲指責檢察官的理由（但不一定成立）。

一、隱匿對被告有利的證據：我國南迴搞軌案之檢方在起訴李泰安時，有無隱匿死者陳氏紅琛體內並未驗出蛇毒的事實，即屬此類爭議。

二、對外不當發言：承辦檢察官打電話至談話性節目，針對名嘴之指控提出辯解，是否妥當，即屬此類爭議。此規則尚包括不得在法庭外公開對被告人格做評價，我國日前有檢察官在演話劇時，以被告做爲揶揄對象，是否妥當，即屬此類爭議。

三、片面與法官談論案情（未知會辯護人）：此規則在我國應僅對公訴檢察官適用，因偵查檢察官在聲請搜索票與監聽票，是不可能通知被告律師到場的。

四、對未達起訴門檻（unsupported by probable cause）的案件，強行起訴或威脅起訴：日前我國偵訊光碟風波中，有檢察官向共同被告出言：「你會死的很難看」，是否構成「威脅起訴」？依此規則，若檢察官手中確有被告犯罪之相當證據，應不構成。

五、使用虛假的證據：我國馬英九特別費案審理過程中，被告辯護人指控承辦檢察官僞造證人筆錄，即屬此類爭議。

六、於選任辯護人不在場時，直接與被告談話：我國扁案偵查中，有被告自願請律師離開偵訊室，再與檢察官談話（辯護人當時亦接受此事），是否妥當，即屬此類爭議。

七、對重要事項向法官做不實報告：我國扁案辯護人指稱檢察官在聲請羈押時，向法官做不實陳述致陳前總統被羈押，即屬此類爭議。

八、對有利於被告之證人，以威脅追訴或其他不正方法阻止其出庭做證。

九、判決後對陪審員做騷擾式的評價：此問題在我國應是指檢察官不得在判決後不當指責承審法官。

十、因義憤塡膺而忘卻檢察官的目標應是實現正義而不是打贏官司：我國高捷案之被告指責檢察官是爲了平息泰勞大火案的眾怒，才提起公訴，即屬此類爭議。

美國德州刑事訴訟法明文規定檢察官的首要任務「不是將被告定罪，而是實現正義」（not to convict, but to see that justice is done），與我國刑事訴訟法第二條「實施刑事訴訟程序之公務員，就該管案件，應於被告有利及不利之情形，一律注意」，均是檢察官職業倫理的最高指導原則。

（2009/4/5發表）

偵查不公開的好處

偵查不公開的第一個好處，當然是保護當事人之人權。但如果這個好處還不足以說服辦案人員遵守此規則，我可再舉出六個好處。

第一，避免外界有過高的期待。案情曝光後，民眾絕對不會以現狀為滿足，對於「涉案層級」與「貪污數額」，會有「向上發展」的預期。若結案結果僅止於外界已知之範圍，民眾反會指責辦案人員「吃案」、「抓小不抓大」，而抹煞辦案人員一切之努力。

第二，避免偵查作為被預告而喪失正當性。偵查內容曝光後，因偵查作為有一定之模式，名嘴要押寶預告實是十拿九穩。若是政治人物預告，則更是重傷司法，辦案之正當性就在「媒體指導辦案」或「政治指導司法」之譏諷中喪失殆盡。

第三，避免勾串滅證。對案情最了解的人就是被告與其共犯，這些人只要有隻字片語，就能猜出檢警的偵查方向與所握證據。偵查內容曝光後，等於是證據提前揭示，而給予涉嫌人與重要證人勾串滅證之機會。

第四，提高突破心防的機率。偵訊時「嫌犯不知辦案人員已掌握多少證據」是突破心防最重要的因素，偵查內容曝光後，這種「官方優勢」等於拱手讓人，狡滑的被告與重要證人於應訊時早已做好心理建設，要突破心防取得自白與證詞的機率自然大大降低。

第五，避免製造藉口給對方反撲。現在之被告已不像過去「逆來順受」，而是隨時等待檢警犯錯，再伺機反撲（不是訴諸媒體就是到處陳情告狀）。檢警最容易被抓到把柄的就是「違反偵查不公開」（所以有時候是被告故意洩漏偵訊內容再指控檢警洩密）。偵查內容曝光後，等於是雙手奉送子彈給對方射擊自己。

第六，累積結案時的爆發力。檢察官的起訴代表國家對被告之非難，這種非難本應是檢察官所獨占。但若案情提前曝光，名嘴與政客即跳出取代檢察官起訴並進行公審。檢察官的結案書類淪落爲談話性節目的會議紀錄，了無新意，甚至於「精采度」不如預期，受傷的當然是司法。

辦案人員若在了解前述偵查不公開的六大好處後，仍然有故意洩漏偵查內容之行爲時，其原因基本上有：（一）渴望成名而炫耀自己之偵查成果。（二）耐不住媒體之激將法，亟於證明檢警已有作爲。（三）礙於個人與媒體之交情。（四）製造社會壓力逼迫被告妥協。（五）個人政治意識形態作祟。（六）逢迎上意。

所謂「知的權利」（right to know）與「犯罪偵查」（criminal investigation）本質上就是互相衝突的，例如犯罪現場封鎖時，不僅一般民眾不得進入，連媒體亦是被排斥在外。國家賦與檢察官犯罪調查權的目的，並不是在提供八卦素材給媒體炒作。違反偵查不公開，不僅傷害人權，更會傷害司法。

（2009/1/11發表）

律師也應遵守偵查不公開

洗錢案所引發的偵查事項外洩風波，最須檢討的當然是檢察官等辦案人員，但事實上這幾年來律師界違反偵查不公開的事例，也是層出不窮。

嫌犯或被告在面對警察與檢察官之偵訊時，一因法律知識不足，二因處於封閉狀態，確實是會發生自由意志被壓抑，或事實被扭曲的狀況。所以從二十世紀中葉以來，辯護律師制度在各文明國家，便逐漸從審判庭被引進偵訊室（偵查庭）。

我國亦於一九八二年王迎先命案之後，將刑訴二十七條原規定「被告於起訴後，得隨時選任辯護人」改爲「被告得隨時選任辯護人。犯罪嫌疑人受司法警察官或司法警察調查者，亦同」。

但國家邀請辯護律師在偵查階段進入偵訊室，就等於把國家機密（偵查事項）交給律師分享，律師即應共負保密之責。故一九八二年修法時，在刑訴二四五條有關偵查不公開的規定加入一項：「辯護人因偵查中執行職務所知悉之事項，不得洩漏。」違反者即有成立刑法第一三二條第三項之非公務員洩密罪之可能。

近年來有兩位律師涉嫌違反偵查不公開原則，被檢察官以洩密罪提起公訴。第一個案例是二〇〇一年黃姓立委疑遭仙人跳案件偵查時，被告之辯護人李姓律師涉嫌對媒體洩漏偵訊內容，經台北地檢署提起公訴。後來高等法院於二〇〇五年判決無罪確定，主要理由是在李律師對外發表談話之前，相同之偵訊內容已有其他媒體報導，故已無祕密可言。

第二個案例是二〇〇六年台北地檢署檢察官在桃園國際機場拘提中國信託金控公司財務長，並向法院聲請羈押時，辯護人吳姓律師涉嫌於開完聲押庭後，向守候在外的公司法務長洩漏台北地檢即將搜索公司之偵查祕密，致該公司人員趕在搜索前將相關事證藏匿湮滅。案經台北地檢署以洩密罪起訴，高等法院於二〇〇八年七月判決無罪確定，主要理由是：吳律師僅透露「法官有在問搜索之事」，至於實際是否會搜索以及何時會搜索，是公司法務長聽到此訊息後自行下專業判斷，故吳律師之洩密犯行尚無法證明。

此二案件雖均以證據不足爲由判決無罪，但都肯定辯護律師洩漏因執行業務而得知的偵查祕密，在法律上確實會構成洩密罪。

除了刑事責任外，另有專業倫理之規範。例如偵查中之筆錄與錄音光碟，律師在檢察官起訴之後，若將影印本與拷貝交給媒體公開登載播放，不僅傷害到當事人之隱私，且會影響法院之審判空間，縱使不成立洩密罪，也是違反律師倫理。

我國律師倫理規範第二十條規定：「律師應協助法院維持司法尊嚴及實現司法正義，並與司法機關共負法治責任。」其內涵之一就是律師也應該遵守偵查不公開原則。

（2009/2/15發表）

律師的保密義務

律師的保密義務可大別爲公領域與私領域，前者指律師應與辦案人員同受「偵查不公開」原則之拘束，後者則指律師不得無故對外洩漏客戶（委任人）的私人祕密。

律師在公領域保密義務之法源，是刑事訴訟法的「律師在場權」，由於律師於辦案人員偵訊嫌犯或被告時在場，得以知悉犯罪調查機關的偵查祕密（屬國家機密），故被法律賦與保密義務，從而被納入刑法第一百三十二條第三項的「非公務員洩漏國防以外祕密罪」的規範對象，最高可處一年有期徒刑。

律師私領域的保密義務範圍有多大？則屬一個較複雜的問題，我國文獻對此較少討論，必須借鏡外國法制。

美國法制下，律師對客戶負保密責任的第一個範圍來自證據法則所規定的「律師拒證特權」（the attorney-client privilege），亦即，律師執行業務時與客戶間之一切溝通內容，對外均應保密。第二個範圍則來自律師倫理法則，例如「美國律師公會職業行爲模範準則」1.6 條（Rule 1.6, ABA Model Rules of Professional Conduct），其範圍大於前者，凡是律師在委任期間所得知的任何客戶祕密均包括之，換言之，不限於客戶本人向律師說出者，其他人向律師說出者亦包含之。

與例而言，律師在接受某甲委任處理車禍刑事案件過程中，從客戶多嘴的司機口中，得知某甲可能快破產。此種消息雖不屬「律師拒證特權」之範圍（因爲不是從客戶本人口中講出來的），但卻是屬於倫理規範 Rule.6 的範圍，所以仍然要保密。

美國律師的保密義務並非絕對，其例外如下：（一）客戶本人同意時；（二）爲執行業務而徵詢其他律師之法律意見時；（三）法律明文授權或法院命令時（但如是前述之第一範圍，連法院也不得命令律師揭露）；（四）律師與客戶間發生爭訟而有揭露之必要時；（五）客戶預備犯他罪，或有其他危害生命或身體之狀況時。

律師不僅對現任客戶的祕密應保密，對前任客戶（the former client）與洽談中之未來客戶（the prospective client），同樣負有保密責任。

我國的律師拒證特權範圍，刑事訴訟法的用語爲「因業務所知悉有關他人祕密之事項」，並未限定「消息來源是否爲客戶本人」，故應包括前述美國法的第一與第二範圍。至於我國之「律師倫理規範」，其第三十三條之用語則爲「律師對於受任事件內容應嚴守祕密，不得洩漏」，限定在「受任事件內容」，反而比拒證特權的範圍還小，是與美國不同之處。

我國律師違反私領域的保密義務時，所應負的刑事責任規定在刑法第三百十六條之洩漏業務上知悉他人祕密罪，最高可處一年有期徒刑。如果除了洩密外，另有不法利益的意圖，則有可能成立刑法第三百四十二條的背信罪，最高可處五年有期徒刑。

（2009/3/29發表）

第七篇

關說風波案的是與非

〈前言〉

細看關說風波案的修法過程，眞令人憂心台灣是一個「只有立場，沒有是非」的社會。人們只能在「反馬挺王或挺馬反王」、「反黃挺曾或挺黃反曾」間做立場選擇，民眾所聽到的只是「水門事件」、「現代東廠」、「一票（案）吃到飽」等口號式的評論，沒人在乎眞正的是非對錯。

爲了立場，一向標榜人權的律師團體可以無視「無罪推定」原則，在法院判決前就鐵口直斷特偵組是違法監聽；爲了立場，立法院可以無視「利益衝突」法則，讓身涉爭議的立委本人公然在立法院質詢對造並提案修法；而部分學者也在「反馬挺王」的微妙情結下，刻意淡化關說之惡。我們原來冀望具有司法機關性質的檢察官評鑑委員會能在社會激情中保持冷靜，查明眞相，但結果兩件決議書出爐，只有聳動標題，沒有實際眞相。在此氛圍下，檢察總長個人的個案疏失被渲染成全體檢察官的長期錯誤，然後檢察官就莫名其妙的被集體繳械了。

教訓總長與教育檢察官

要達到司法改革效果，改一百個法條，不如淘汰一個司法官，而檢察官評鑑委員會與法官評鑑委員會的決議書，就是鍛造司法官人格最重要的基本教材。可惜的是，最近出爐的兩份檢評會決議書，只專注於教訓一個檢察總長，而放過教育全國一千兩百個檢察官的機會，實令人不解。

簡單來講，此兩份決議書應該清楚地告訴全體檢察官兩件事，一是檢察官在偵查刑事案件時發現高階檢察長官有關說案件之嫌時，應如何處理；一是檢察官在面對檢察長官「轉達」立法委員的關說時，應如何處理。但我們看到決議書後，對於為何重罰「辦關說」的檢察總長（送監察院，建議撤職），是半知半解。對於為何輕放「關說」的檢察長官（不送監察院，建議警告），則是完全不解。

所謂「半知半解」，是指檢評會建議剝奪黃世銘總長的檢察官身分，其理由除了「不應該報告總統」以外，到底有無包括「違法監聽」？檢評會決議書雖然標題下的是「違法浮濫監聽」，但仔細看內容，卻只是「監聽本案時聽到另外一件犯罪案件，未先行分案即跨案監聽」。然而實務上監聽販毒時聽到另犯賣槍，或監聽某甲犯罪時聽到某乙犯罪後，使用同一偵查案號繼續監聽者比比皆是。重點應在於每一個月「續監聽」時，有無在聲請書上載明涉嫌之新犯罪人與新犯罪事實，若有，法官又准許了，就不是所謂的「無票監聽」或「夾帶監聽」，有何違法浮濫可言？

決議書另一標題下的是「輕率監聽立法院總機」，但仔細看內容，卻是「誤聽」（誤以爲該節費電話號碼是立法委員助理之手機號碼），並不是「故意」，而且根本沒聽到任何通話內容。在人頭手機氾濫的我國，檢警對手機號碼實際使用者之研判難免有誤，故重點應在於事先有無注意盡查證之能事。況且，縱使檢評會認定該誤聽須有人負責，何以除承辦檢察官外，連檢察長也要負責？此決議書是不是認爲只要承辦檢察官對於監聽號碼有所誤判，其直屬檢察長就應撤職查辦？

最重要的是，本案外界一直質疑特偵組是否從數年前即對多數立法委員進行非法監聽並持續報告總統。檢評會對此點有無進行調查，結果又是如何？均未向國人交代。決議書應不同於新聞報導，不能只下標題，沒有內容。

關於「完全不解」部分，陳守煌檢察長一再辯稱其僅是在行使檢察一體的指揮權，並非關說案件。可是依據二〇一一年七月立法院制訂的法官法第九十二條第二項，檢察長官之指揮監督命令，涉及強制處分權之行使、犯罪事實之認定或法律之適用者，「其命令應以書面附理由爲之」。陳檢察長如果眞的是在正當行使檢察一體之指揮權，何以不留下書面以示負責？而林秀濤檢察官又何以未要求檢察長關於不上訴之「建議」應以書面爲之？這種明顯違反法定程序的重大瑕疵，檢評會決議書竟然隻字不提。

決議書還有一段令人完全不解的論述：「除王〇〇院長係以個人身分就系爭柯〇〇案件

向陳○○檢察長有所請求外，並無事證足以認定王○○院長有利用其立法院長之權勢或身分對陳○○檢察長施加壓力，不能遽謂陳○○檢察長有受政治力或其他不當外力之介入。」什麼時候關說案件變成是要「施加壓力」了？拜託就不是關說了嗎？更何況沒有施加壓力就這麼配合民意代表，豈不更喪失檢察官應有的風骨與司法中立性？如果說黃總長因爲面見總統就是不適任的檢察官，何以陳檢察長連監察院都不用移送？

對於辦關說者爲何要重罰與關說者爲何要輕放，如果不說清楚，全國檢察官就只能學到兩件事：第一，立法委員關說案件時若無施壓，就不是政治介入，不要大驚小怪。第二，監聽立法委員就是濫權輕率，不要惹火上身。檢評會除了教訓檢察總長外，到底想不想教育全國檢察官？

（2014/1/7發表）

後記

司法案件關說如果涉及金錢，是有可能變成刑事案件。被關說的法官或檢察官如果收紅包，不論有無做出違背職務的行爲，都成立貪污治罪條例的收賄罪，而送紅包的關說者亦成立同條例的行賄罪，這兩種罪都是可以合法監聽之重罪。所以對於關說案能不能上線監聽，就要看是否「有事實足認」有行賄與收賄罪之嫌疑，更具體而言，就是「有無事實足認涉及金錢之嫌疑」。

所以本件關說風波案，其監聽是否違法，重點應是特偵組於二〇一二年五月十六日向法官聲請擴線監聽時，到底有無查到「不明資金」？特偵組到底是憑什麼「事實」讓法官相信此件有涉及金錢之嫌？有無僞造證據矇騙法官？

但二〇一三年十二月十四日出爐的檢察官評鑑委員會評議書，對此點竟未加以說明，反而以所謂「一案吃到飽」之理由，認定本件是違法監聽。

然以往實務在監聽時另發展到其他案件，都未另外分一件「他」字案，只在聲請監聽書另外分一個「續監」字號，等到要起訴或不起訴時，才正式簽分一個「偵」字號。監聽合不合法，怎可能與行政上的分案方式扯上關係？退一步言之，縱使未另外分一個案號是違法，那也在這次修法之後才是如此，基於「法律不溯及既往」原則，特偵組在兩年前未另外分案，亦無違法可言。

黃世銘總長的錯誤，如果依證據僅能認定在「後半段」發生，例如，執行監聽時未及早發現掛錯線、確定未涉及刑責時過早向總統報告、以記者會舉發關說案有失公平、提供過多的通訊監察內容給媒體、對於有無監聽立法院總機前後說詞不一危機處理不當等等，檢評會就應將懲戒事由限縮在「後半段」，而不是硬將「前半段」亦視爲違法監聽，導致不少民眾繼續相信名嘴之指控，認爲特偵組自始即對立法委員進行政治偵防監聽，全國檢察官也都是濫行監聽與濫調通聯紀錄，從而爲立法院報復式修法鋪路，實令人痛心！

總長凸槌，大樹倒楣

黃世銘檢察總長查出關說案後面見總統報告案情，引發「九月政爭」，到底有無犯罪法院尚未查明，立法院已揮刀修改《監聽法》，但政黨協商結果，此刀卻是砍向製造紙漿的大樹，除了將原本聲請書與監聽票之用紙量增加數十倍以外，並無任何實質意義。

立法院向外界說此次修法最大成就是剷除以往「一票吃到飽」惡習，但此「一票吃到飽」到底指何？若是指法院准許針對嫌犯之一個號碼監聽後，檢警查出該人另有一個號碼，還是以同一張監聽票對該新號碼繼續監聽，那就是天大的污衊，因爲檢警從來沒這麼做過，法官也不會允許，大家還是會另外向法院聲請一張載有該新號碼的監聽票。

若所謂「一票吃到飽」是指法院准許針對某一嫌犯監聽後，檢警查出另有一名共犯，還是以同一張監聽票針對該新嫌犯的電話繼續監聽，那也是天大污衊，因爲檢警從來沒這麼做過，法官也不會允許，大家還是會另外向法院聲請一張載有該新嫌犯電話號碼的監聽票。

最後，如果所謂的「一票吃到飽」，是指檢警在前述兩種情況下聲請監聽新號碼時，並未另外簽分一個「他」字案號，那就是事實，但這種做法應稱之爲「一案吃到飽」，並非「一票吃到飽」。

那「一案吃到飽」是否就會違反人權呢？監聽票聲請書本來就有犯罪人一覽表與犯罪事實說明欄，所以將多人或多罪寫在同一聲請書，只要法官能夠清楚分辨，逐一審核，就不會造成違法的「夾帶監聽」。事實上檢察官的起訴書與法官的判決書，不也都是將同一人犯數罪或數人共犯一罪寫在一起嗎？難道這麼做全都違反人權嗎？

販毒案與電話詐欺案嫌犯動輒數十人以上，其電話號碼更是一人多機，每週數換。在新法所謂「一票一罪一人」之原則下，檢警就必須先寫簽呈分數十案號裝訂整卷，然後寫數十張聲請書，所有附件全部影印數十份，法官也是要寫數十張監聽票，這個月審票的法官與下個月審票的法官換人時，全部都要重來。幾個月下來，地球到底會多倒下多少棵大樹？

總長縱使犯錯，與全體檢警有何關係？與山中大樹又有何關係？

（2014/1/15發表）

後記

「一票吃到飽」這個名詞，非常容易讓民眾誤以爲我國檢警可以用一張監聽票，從原來監聽對象一人無限擴張監聽到其所有親朋好友，但這只有在美國才有可能，我國根本不可能有此情形。

這種「一票吃到飽」的監聽票，在美國稱之爲「遊走監聽」（roving wiretap），是針對毒販或黑社會組織成員每天換不同手機而由立法者設計出來的對策。原因是如果要求檢警每次在嫌犯換手機或通訊方式時，就要馬上回來向法官聲請另一張監聽票（參 18U.S.C.§2518

(11)(a) and(b)），根本緩不濟急，等檢警拿到新的監聽票時，嫌犯又換手機了。所以美國聯邦法在一九八八年修訂監聽法時，授權法官可以針對「人」而不是針對「號碼」核發監聽票。本來這種「遊走監聽票」是用在特殊刑案，所以對人權的侵犯範圍還不大，但到了九一一事件之後，二〇〇一年愛國者法案將此種監聽票擴展到反恐監聽，而且從「人」擴張到「對象」，所牽涉之人數才急速擴張致引起人權團體抗議。

但我國並沒有這種制度，在毒販頻換手機的情形下，我國檢警仍然每天疲於奔命在機房與法院之間，有新嫌犯或新號碼出現時，另外緊急聲請一張監聽票。如今卻因爲媒體誇大使用「一票吃到飽」之名詞，讓國內有人指稱一張監聽票等於監聽一百人，以這種「美國式」的計算方式評價我國實務，使人欲哭無淚，不知從何說起。

此外，修法期間國內有多位學者質疑我國監聽電話的號碼超過其他先進國家甚多。惟此問題須追究我國一案監聽多數號碼之案件之案由爲何？若是毒品案件，則有其特別國情。我國人頭手機與大陸手機氾濫，尤其毒販更是一人多機，所以一個毒品案件監聽下來多達數百線是家常便飯。

總之，我國監聽案件是否過多，是可以檢討改進，但問題絕對不是出在一票吃到飽或一案吃到飽。這次監聽修法關於強制分案部分，眞的是無的放矢，朝空中胡亂放箭。

禁一案吃到飽，為關說鋪路？

關說風波案所引發的監聽修法最令人百思不解的是，爲何立法院一再強調「一案吃到飽」的可惡，必欲去之而後快？表面理由是保障人權，但爲何用一個案號查與用兩個案號查，會有天大差別，卻始終說不出口，到底眞正原因何在？

以往檢警調若能從公共工程災難案追出官商勾結案，社會都是一片叫好，從沒人指責他們爲何從甲案查到乙案時，不先簽分案，而「一案吃到飽」。以往法官宣判後，若在有罪判決書中指出審理結果，發現被告另涉更大貪汙案而依職權移送檢方偵辦，社會也是一片叫好，從沒人指責法官爲何從甲案查到乙案，而「一案吃到飽」。跨案查出更大弊端，以往是英雄，如今爲何是狗熊？

此次特偵組是從法官涉嫌貪汙案，查到立法委員涉嫌關說案，再查到檢察高層涉嫌關說案。事後立法院從檢評會與監察院的調查報告得知這三個案件都是使用「特他字第六十一號」一個案號偵查，才發現原來這些案件之監聽票都是向同一位「專案法官」聲請獲准。立法院可能驚訝竟有法官如此「大膽」長期核准監聽立法委員，但又不能干涉司法獨立，只好另找理由說一切都是檢察官使用同一偵查案號造成的結果。

但事實上監聽票是每個月都要聲請一次，只要檢察官在「續監」聲請書上確實載明本案另有發展，法官就沒有被騙。而且因爲是由同一位法官審核，對於至今所得證據是否充分，有無擴線監聽必要之判斷，更能精確，此道理立法院不可能不知，何以仍要強渡關山以法律迫令檢方以後「查出更大咖時，一定要另外分案」呢？我們只能做如下推論，此舉至少有兩個「好處」。

第一個「好處」就是風險分散，另外分一個案號，就代表由另外一位法官審核監聽票，那就有可能被駁回，而躲過一劫。

第二個「好處」就是爲關說鋪路，因爲一人一案結果，這些不聽話的檢察官就不能再用「綽號○○等貪汙集團」之案由，來瞞騙檢察高層他們其實要辦大官。內行人都知道，越多案件上的行政管考，越容易讓上級不當干預的黑手伸進司法。

檢察官並不是反對改革，只是我們要搞清楚，如果黃世銘總長與特偵組有犯錯，他們眞正的錯誤到底在哪裡，我們再針對該些錯誤徹底改革。一案吃到飽眞的是在踐踏人權嗎？

（2014/1/17發表）

後記

關說案爭議期間除了「一票吃到飽」、「一案吃到飽」之名詞被提出以外，另有人主張應禁止「一官核到飽」（即監聽票到期後聲請延期時，應更換另一位法官審核，而不能由同一位法官審核，以達眞正的客觀中立）。此種主張固有其道理，但事實上前一次監聽所獲資料是否眞正是該月份之新資料，是否足以認定犯罪仍在進行，有無繼續監聽之必要，由原審核法官來續審，應是比較能進入狀況了解眞相。所以美國紐約州刑訴法 S700.40 就明文規定續監聽原則上應向「原核發法官」（the issuing judge）聲請，而我國有部分法院實務亦是如此。故「一官核到飽」並未違反人權，是否要禁止應是見仁見智。

檢察一體的帝王條款

檢察官評鑑委員會日前公布關說案評鑑結果，認定高檢署陳檢察長與林檢察官確有接受關說，卻決議無送懲戒必要。其中最令人不解的是，檢評會對於高檢署檢察長行使檢察一體指揮權時為何不以書面為之，竟未進行任何探討

基於以往經驗，檢察長官假檢察一體之名行關說之實最險惡之處，在於舉證不易，事後調查常淪於各說各話。所以早在一九九八年十月檢察官改革協會即推出「檢察一體陽光法案」，主張檢察長官對於檢察官之所有指揮監督命令，均應以書面為之，以示負責，並利於事後調查，此構想並經立法院第三屆第六會期正式提案納為法院組織法修正草案。

法務部長亦於同年十一月頒布「檢察一體制度透明化實施方案」，明訂檢察長官之命令，

應「先口頭，後書面」。至二〇一一年七月立法院制訂法官法時，更在第九十二條第二項明定檢察長官之命令，涉及強制處分權之行使、犯罪事實之認定或法律之適用者「其命令應以書面附理由爲之」，拋棄以往「先口頭，後書面」之折衷方式，而採取絕對書面主義。至此，書面主義已是檢察一體的帝王條款，然檢評會竟對此原則隻字不提，更遑論對違反者追究責任。

事實上，書面主義是面對檢察長官「轉達關說」最符合人性的設計。長官轉達關說並不等於不當干預，因爲民眾透過民意代表向檢察長官「陳情」時，有時確實是承辦檢察官有所疏忽或偏差。在書面主義之下，檢察長官如果認爲關說內容有理，就直接下條子做具體指示，並載明時間地點以示負責，承辦檢察官若不接受，亦得以書面表示意見。

本件陳守煌檢察長接到立法院長的電話後，在未看到承辦檢察官的「收受裁判送閱簿」及判決書之前，就先約見林秀濤檢察官建議不要上訴，當時林檢察官已經看到判決書了嗎？本件之所以不上訴，到底是因爲法律上的確信？或因爲政治人物之關說？

這些關鍵點之所以變成各說各話的羅生門，就是因爲陳檢察長未遵守法官法規定以書面行使檢察一體指揮權，而林檢察官雖然心中有所疑惑，又沒勇氣請檢察長以書面爲之。如此嚴重的程序違法，檢評會竟然輕輕放過，怎不令人扼腕呢？

對於黃總長的是非對錯，我們或許有機會可以從法院判決去進一步了解，但對於接受關說者，因爲檢評會之輕率結案，我們只能眼睜睜地看著書面主義隨風而逝。朔風野大，不勝寒兮！

（2014/1/9發表）

後記

只要太陽還是從東邊昇起，就會有人向檢察官關說案件，所以檢察官族群思索「如何面對關說」，比思索「如何消滅關說」重要。

檢察長官關說與一般親友關說有很大的不同。第一，親友對檢察官並無案件指揮權，而檢察長官是可以直接把檢察官叫到辦公室詢問案情。第二，承辦檢察官如果還要面臨升遷問題，檢察長官是可以成事，也可以敗事。第三，承辦檢察官如果已無升遷問題，但早年可能曾受檢察長官「提拔」，如今不得不還人情債。以上三種壓力，都很有可能改變檢察官對案件原來的法律上確信（例如起訴改爲不起訴，或上訴改爲不上訴），而影響司法公正性。

所以面對親友關說，檢察官只要「立場堅定，態度和緩」，應可單獨應付過關，但面對檢察長官之關說，則需要有制度上之設計，讓檢察官手上有一張牌足以對應，現行法官法第九十二條的書面主義及第九十三條的「換人辦請求權」就是爲此而設。依據前者，檢察長官之命令必須以書面爲之，以供日後公評。依據後者，承辦檢察官無法接受檢察長官之命令時，得請求長官將案件收取自辦或改分其他檢察官承辦，以維護檢察官的姓名權（避免被迫使用自己名義依長官意旨結案）。

介乎檢察長官關說與親友關說之間者，則是法界同輩（其他檢察官與法官）關說，此種關說的壓力有時也會改變承辦檢察官本來之法律上確信。當然，「立場堅定，態度和緩」也應足以對應，但在制度上是有一帖猛藥可下，而且院方已經採行，就是吹哨子條款。法官倫理規範第二十六條規定：「法官執行職務時，知悉其他法官、檢察官或律師確有違反其倫理規範之行爲時，應通知該法官、檢察官所屬職務監督權人或律師公會。」如果檢察官倫理也納入此條，檢察官受到檢察長官或法界同輩關說而不舉發時，自己也會因違反檢察官倫理而被送懲戒。

昔日法界前輩常規勸後輩，「應以平常心面對關說」，雖然過於鄉愿，但仍有兩點可取之處。第一，關說內容有時在提醒檢察官辦理案件是否有所疏失或偏差，例如檢察官在相驗案件命令強制解剖屍體，家屬託人關說盼能免除，如果客觀上該案只要化驗血液有無毒物即可排除他殺嫌疑，檢察官是可以商請法醫限縮解剖範圍。第二，檢察官受到關說後，不要爲了要證明自己清白或鐵面無私，將本來判定不起訴之案件改爲起訴，仍應依本來之法律上確信結案。

深切期望檢察官評鑑委員會來日再次審議關說案件時，能做更細緻的討論，並具體描繪出明確的行爲準則讓全國檢察官有所遵循。

調取電話通聯不應有過高門檻

此次監聽修法，對檢察官調取通聯紀錄設了兩個門檻限制：一個是罪名必須達「最重本刑三年以上」；另個是必須「有事實足認」有必要性與關連性。這兩個門檻日後恐會爭議不斷。

美國聯邦最高法院在一九七九年的 Simth 案判定以「描筆記錄器」（pen register）同步截取電話通聯紀錄並未侵害人民「合理的隱私期待」，所以並不構成「搜索」，除非法律有特別規定，並不需要經法院核可。後來在人權團體的推動下，聯邦法與部分州法雖有規定須經法院核可，但門檻都非常低，例如聯邦之 18 U.S.C. §3122, 3123 規定檢警僅須釋明通聯「與正在調查的刑案有關連性」法院即「應核發許可」，並未設「罪名」與「有事實足認」之門檻。而對於既存於電信公司之電話通聯，依聯邦法 18 U.S.C.§2073(c)(2) 則僅以「行政傳票」（administrative subpoena）即可調取，並無庸法官事先同意。

實務上，通聯可以用來「入人於罪」，也可以用來「還人清白」，例如被指控在台北當面出言恐嚇被害人之被告辯稱案發時他人在高雄，此時檢察官通常會調取被告手機之通聯紀錄，來查明其當天信號收發基地台是在台北或高雄。有時檢察官是調被害人的手機通聯來查證被告之辯解，例如男女朋友吵架，女方指控男方摔壞其手機，但若女方之手機在吵架後還有與他人通話多次的通聯紀錄，檢察官就要好好查明何以手機被摔壞還能夠與他人通話了。

這就是「科學辦案」，這就是「物證重於人證」。但此次修法之後，以上二例檢察官竟然不能調取通聯紀錄，縱使向法院聲請，也會被駁回。因爲此二例之恐嚇危安罪與毀損罪之最重本刑，都只有兩年有期徒刑。

其次，「有事實足認」之要件，在刑事訴訟法上是使用在逮捕、羈押與搜索，屬相當高的門檻，比警察盤查的門檻還高。例如檢察官在相驗時，從屍體本身並未能確定是「他殺」，但陳屍所在地卻是在大眾交通工具無法到達的偏遠山區，此時檢察官通常會調取死者最後一天的通聯紀錄，查明其與那些人聯絡，有無叫車，再從該計程車司機之所見所聞確定死者之死因。

但依據新法，本案例的檢察官並不能用「殺人罪」來依職權調取通聯，因爲是否他殺都尚未確定，哪裡來的殺人罪？而檢察官如果向法院聲請准許，法官一定會問「有事實足認」的「事實」在哪裡？檢察官可能會答不出來，因爲此時檢察官只是憑「辦案經驗與邏輯」，並不是憑「事實」。法官如果駁回，新法又規定「不得聲明不服」，死者豈非死得不明不白？就此草率結案的檢察官晚上睡得著覺嗎？

據報導此次特偵組曾誤聽立法院總機與林秀濤檢察官女兒之手機，有經驗的辦案人員聽到此事第一個反應都是「爲什麼沒有先調通聯來分析」？因爲，若有先看通聯，就會發現一個月通話次數上萬，絕對是總機而不是個人手機；若有看通聯，就會看出使用林檢察官名義申請的手機，白天基地台的位置並不是在重慶南路一段高檢署所在地，而是在其女兒之學校。

所以此次事件檢討結果，應該是要「加強檢察官電話通聯分析的能力」，但立法院卻導出「檢察官濫調通聯侵犯人權」的結論。更矛盾的是，修法後，司法警察調取通聯並沒有罪名的限制，也沒有「有事實足認」門檻的限制。此種改法讓人不禁高度懷疑此次修法有針對性：竟然還有檢察官敢偵辦立法委員，馴化不成，乾脆集體繳械！

（2014/1投稿未獲刊登）

後記

我國刑案調查廣爲調取電話通聯紀錄的先驅案件是一九九三年尹清楓命案，案發當天尹清楓上校本來要過大直橋到台北市區與涂太太見面，卻接到一通不明電話而改到內湖路來來豆漿店，至該處即被人駕走而浮屍東海。當時警、憲與反情報總隊即大量調取電話通聯追查尹上校最後幾天之見面對象，逐一清查是否與凶案有關。然因當年之通聯紀錄資料並未如今日完備，致無法查出最後一通是何人來電，而未能破案。因筆者曾參與該案之外圍案件偵查（軍機洩密案與海測艦貪瀆案），所以首次見識到電話通聯在刑案調查之重要性。

第二個運用電話通聯分析之社會矚目案件，就是一九九六年八月廖學廣立委之狗籠案。廖委員深夜在住家遭人蒙眼綁走後，歹徒在半途車上打了一通手機回報說「好朋友現跟我們在一起」。案發後筆者於八月十九日到廖委員家製作筆錄，依其聽覺嗅覺與觸覺詳細問明其被綁後從汐止到林口之確實路線，刑事警察局幹員取得該筆錄後，依該路線調取沿線所有基地台之通話紀錄，經分析過濾數千對象後，終於破案。從這個案件，筆者進一步從警方學習到了分析通聯的基本概念。

到了二〇〇五年股市禿鷹案，筆者對通聯分析已有若干心得，故在第一次搜索後即親自調取數萬通聯進行分析，經日以繼夜之努力，終於整理出犯罪集團之人脈金脈，再經由數次搜索而查獲公務人員勾結禿鷹集團之犯罪事實。

此次關說風波後，國內學者以統計數字指稱我國檢警濫行調取電話通聯，筆者不知其數據何來。但以廖學廣立委案件為例，沿線調取所有基地台一小時內之通聯，其筆數至少數千甚至上萬，但，這是濫行調取嗎？不這麼做能夠破案嗎？

另以股市禿鷹案為例，要從電話通聯分析出一個股市操作者的人脈與金脈，必須調取其數月之通聯，再排出通話次數前數十名的排行榜，過濾可疑人頭戶或金主後，還要再調取該數人之數月通聯做第二層甚或第三層的分析，才能摸清楚其人脈與金脈，一個案件下來所調取筆數當然是上萬筆，但如不這麼做能夠破案嗎？

指責警方濫行調取電話通聯更是令人匪夷所思，警察調取電話通聯必須繳費給電信業者（申登人基本資料一筆五元，單向通聯一頁二十元，雙方通聯一頁一百元），所以警方有其嚴格內規，各分局偵查員調取通聯要寫簽呈，調八天以內之通聯由分局判核，超過八天則要報到縣警察局之刑警大隊判核。在此層層節制之下，警方哪有濫調通聯的可能？況曾經做過通聯分析的檢警都知道這種工作是最傷眼睛與腦力的苦工，誰會閒來無事調通聯取樂？

在人頭手機泛濫的我國，人頭手機資料庫的建立亦是犯罪調查機關必做的基礎工程。新竹地檢署在筆者參與下，已在近兩年逐步進立起所有吸毒者與販毒者之手機號碼資料庫，故當一個吸毒者供出其上源之手機號碼時，辨案人員馬上可以調取該號碼之通聯紀錄，再從資料庫分析其通話對象有無出現吸毒者之號碼，出現越多者，該號碼確實用來販毒之可能性就越高，進而做爲監聽之理由依據。故地區販毒網路人脈圖之繪製，非大量調取電話通聯實無從完成。

通聯分析是科學辦案的實踐，是物證優於人證的具體表現。從王迎先命案以來，我們不是不斷要求員警不要先抓人再找證據嗎？爲何當員警欲從電話通聯找出證據再抓人時，立法院卻以侵犯人權指責他們呢？我們要逼員警走回刑求的老路嗎？

最後，筆者在本文中說，調取通聯可以用來「還人清白」，可用筆者本人之親身經驗做例子。

筆者於二〇一〇年在新竹地檢任職公訴檢察官（專責蒞庭）時，有一個被告被偵查檢察官起訴三件竊案，法官開庭時，被告坦承其中二件，但堅決否認另外之第三件。問題是有一名少年犯在警局與少年法庭均坦承與被告（成年人）共犯該第三件竊案，所以被告之否認實難判定其可信度。筆者當庭請法官改期續審，下庭後筆者發現竊案時間雖然已經過六個月，無法調取被告手機之電話通聯，但被告在案發期間，剛好另涉販毒品曾被苗栗地檢署依法監聽過。筆者立即函調該次監聽資料分析通聯（監聽譯文會註明手機基地台位置），發現被告坦承犯罪之二件竊盜發生日期其手機基地台位置確有在新竹出現，但否認之該件則否，足認被告應非空言否認（監聽譯文本身並未提及竊盜）。筆者因而聲請法官傳喚被害人與該名少年犯到庭做證，經當庭詰問被害人，才知道其警局所述「犯罪時間」其實是「報案期間」（是被害人出國五十天，返國之後發現遭竊而到派出所報案之日期），眞正竊案時間依其鄰居之轉述（聽到異聲天亮時看到大門半掩），應是在報案日期前半個月左右，所以該少年所述有與被告共犯竊案之日期即顯然與事實不符（該少年亦當庭證稱因案件與共犯太多，記不清了）。經筆者當庭核對被告資料，發現該竊案眞正發生之日期前後，被告其實另案被羈押在苗栗看守所共計十六天，且其進出看守所之前後幾天，手機基地台位置亦不在新竹。筆者下庭後即取得原起訴檢察官同意，針對該第三件竊盜以罪嫌不足爲由撤回起訴。

此案例給我們的另一個啓示是，二〇一四年一月通訊保障監察法修訂時在第十八條之一規定他案監聽資料不得作爲本案證據，有無包括對被告有利之證據？例如本案苗栗地檢的他案（毒品案）之監聽證據就是對被告本案（竊盜案）之有利證據，依據新法，不就不能用來還人清白了嗎？

別給檢察官撞牆條文

此次監聽修法立法院震撼社會的大動作之一，就是規定合法監聽本案時偶然聽到其他不相關案件之犯罪證據，不能用來證明該其他犯行，除非該犯行本來就是可以監聽的重罪，而且要在七天內報請法官核可，此舉應是改過頭了。

一九九六年檢調在監聽警察收賄包庇電玩業者周人蔘之貪污案時，偶然聽到洪姓主任檢察官打電話給周某，通知其所營電玩店即將被搜索，法院後來依據此段錄音判決該主任檢察官洩密罪。此次修法後，因洪主任之通風報信與原來警察之貪污案有無「關連性」頗有爭議，且洩密罪亦非原來可以監聽的重罪，在今天可能會被判無罪。

監聽重罪偶然所獲輕罪之證據，到底有無證據能力？在美國也曾發生爭議（美國的聯邦監聽法與我國一樣，也是規定對列舉之重罪才能監聽）。雖然美國聯邦最高法院至今尚未直接對此表示意見，但聯邦第五、第一與第二上訴巡迴法院都先後採肯定說。例如一九八九年的 John Doe 案本來在監聽紐約長島地區操控石油銷售的組織犯罪，結果聽到原本不可以監聽的逃稅罪，法院還是認可檢察官可以使用監聽資料起訴逃稅罪。

對此問題，我國最高法院近年來也是採肯定說，但立法院仍一意孤行，強採否定說，等於是用立法推翻最高法院的見解。

當然，立法委員會說，新修訂的通保法第十八條之一有規定在例外情形下，監聽重罪所獲輕罪證據仍可使用。但該條文設有兩道關卡，第一是輕罪與重罪間要有「關連性」，光是這點，檢辯之間就可以吵翻天。第二道關卡是要在「發現後七日內」補行陳報法院認可（此關卡在偶然聽到其他重罪時亦有適用），此「發現」到底是指何？假設某主任檢察官在一月一日打電話向電玩老闆說「我明天去你的永和店泡茶」，調查員在一月五日將此段錄音譯成文字，三個月後檢調才搞清楚要去哪一家店泡茶就是「當天要搜索那一家店」的暗語。那所謂「發現時」到底是指一月一日，一月五日，還是四月五日？檢辯又要吵翻天了。

更重要的是，逼迫檢警過早向法官聲請輕罪證據之認可，極有可能洩漏正在監聽重罪的偵查祕密。

美國聯邦法 18 U.S.C. §2517 雖然也規定監聽所獲他案證據在使用前須經法官認可，但其法條用語是「應在切實可行時儘速聲請之」，並沒有天數的限制，而給予檢警寬廣的裁量空間。

如果立法委員眞正要的是「監聽時聽到立法委員關說，不能當做證據」，就請直接明講。否則給人感覺是，先把檢察官用水泥牆團團圍住，聽到檢察官在裡面喊「爲了社會公平正義開個例外之門吧」，立法委員就拿起油漆在牆上畫了一個門，此時檢察官衝過去開門，當然只有一種結果：撞牆碰壁！

（2014/1/26發表）

後記

美國法院與我國最高法院爲何會判定監聽時聽到他案（非本案）之犯罪證據時，可以用來追訴該他案呢？主要是比照「附帶扣押」。

所謂附帶扣押，我國規定在刑事訴訟法第一百三十七條第一項：「檢察官、檢察事務官、司法警察官或司法警察執行搜索或扣押時，發現本案應扣押之物爲搜索票所未記載者，亦得扣押之。」依此規定，檢警在搜索毒品案件時，如果發現槍枝，是可以「附帶」扣押，當做將來追訴槍械案的證據，惟必須在搜索後三日內陳報法院核准（同條第二項規定）。

美國法律並未規定搜索時附帶扣押的證據在使用前須經法院同意，那爲何監聽時附帶扣押的錄音在使用前，則特別規定要經法院同意呢？理由是監聽對人權之侵犯大於搜索，所以法院必須查明二事：（一）檢警是否一開始就明知「本案」不可能成立犯罪，只是假裝查本案來欺騙法官核發監聽票，以便藉機監聽他案。（二）檢警之所以會聽到他案證據，是否因爲在執行本案監聽時未遵守「最小侵害原則」所致。

其次，我國法律既然規定搜索時之附帶扣押必須在三日內陳報法院，那爲何本次修法規定監聽時之「附帶錄音」必須在發現後七日之內陳報法院，筆者會反對呢？理由有二：一是搜索時之附帶扣押所扣得者是「物」，其是否屬違禁物或犯罪證據是一目了然，故其起算時點非常清楚。但監聽所聽到的是「對話」，該段話絕大部分是「暗語」或「片段、語意不明」，檢警必須再核對其他證據才能確定是否是犯罪證據，所以其起算時點即無法像附帶扣押那麼容易確定。第二個理由是，搜索一經執行後，檢警的偵查行動就曝光了，所以硬性規定檢警在三天內必須陳報法院並不會洩漏偵查祕密。但監聽就不一樣了，執行本案監聽時，也許在本案之犯罪證據還未蒐證齊全時就聽到了他案證據，這時如果硬性規定檢警必須在七日內陳報法院，豈不是提早將監聽行動曝光了？所以美國聯邦法才會規定「應在切實可行時儘速聲請之」（shall be made as soon as practicable），並沒有天數的限制，以便檢警在本案蒐證完備甚或結案之後，才陳報法院，讓本案與他案都能順利追訴，才是兼顧人權與治安的明智之舉。

〔附印前增列〕

平行偵查與檢察官的司法屬性

太陽花學運落幕後，有部分國人呼籲不要對學生們「進行司法追殺」。但刑事訴訟法明文規定檢察官「知有犯罪嫌疑者，應即開始偵查」，面對此「應」字，檢察官何去何從？

第一個難題當然是，有無憲法層次的阻卻違法事由？至今「言論自由」、「公民不服從」與「抵抗權」都已經被提出來，正反意見都有。類似事件在美國也是爭論不休，例如威斯康辛州從二〇一一年三月起，有一群異議人士組成「歌唱聯盟」，多次占領州議會圓頂大廳（非議事廳）在內輪流唱歌，抗議州政府的勞工待遇政策。該活動至今已有上百人被逮捕，部分被起訴。但警方移送所依據的行政命令（議會院區集會超過二十人者須經許可），在今年二月被法官宣告違憲無效，檢方已提起上訴中。事實上，在經濟不對等日益嚴重的狀況下，人民因對代議政治與政黨政治喪失信心，而占領公家或財團機構逼迫當局直接與人民對談，已是全球化之現象。檢察官面對此深層之集體民怨，自應「手握寶劍，心存憲法」，不宜以「中華民國只有一套法律」做立即反應。

接下來是程序上的問題，如果此事件涉及人民的憲法權利，是否即表示檢察官不應該進行偵查？這問題的答案其實很簡單：不做偵查，如何確定被告是在行使憲法上的權利？況所謂公民不服從，本就是以故意違反特定法律的方式進行抗議，所以從逮捕留置到訊問移送，本就是抗議者所得預期之犧牲祭典，而檢警依法行事，與是否贊同抗議者之訴求並不相關。但在台北地檢對清大學生魏揚聲請羈押遭法院駁回後，一群法律學者卻強烈指責檢察官「行政化」與「工具化」，並使用「整肅異己、殺一儆百」等文字，很容易被解讀爲只要檢察官有任何偵查作爲，就是配合執政當局行事，難怪會引發不少反彈。

然令人遺憾的是檢察官協會對學者批評的反駁聲明。該聲明在辯護檢察官偵查作爲的正當性後，竟加上一段「學生對國家政策可以有不同意見，但不能以暴力攻占立法院、進入行政院，破壞議事設施和公物，癱瘓國會運作，這種行爲已經觸法」，這已經從「偵查作爲」跳到「偵查結論」了，在還沒有偵查終結前就憑新聞報導公開對具體個案下結論，豈不喪失了檢察官應有的客觀性與中立性？難怪此聲明在檢方內部亦被嚴厲批判。

由上可知，在此眾說紛紜的時刻，惟有堅持「中立性」才能突顯出檢察官的司法屬性，亦即，台北地檢應對學生與警察做平行偵查。檢方既然握有整個學運過程的蒐證錄影帶，對於學生有無不法犯行與警察有無非法暴力，即應同步進行相同強度的偵查作爲。並且在對外說明偵辦進度時，亦應做等量程度的揭露，更應避免在偵查中即對任何一方做出法律上或道德上的評價。

司法不容被人懷疑，不僅實質上要公正，而且要做到表面上看起來就是公正，平行偵查是贏得全民對檢察官信任的第一步。

（2014/4/15發表）

國家圖書館出版品預行編目資料

執法所思：陳瑞仁檢察官的司改札記／陳瑞仁 著. -- 初版. -- 台北市 ：
商周出版, 城邦文化出版：家庭傳媒城邦分公司發行；
2014.04　面：　公分.（人與法律：70）
ISBN 978-986-272-365-4（平裝）

1. 司法制度　2. 文集

589.07　　102006831

人與法律 70
執法所思：陳瑞仁檢察官的司改札記

作　　　者／陳瑞仁
責 任 編 輯／陳玳妮
版　　　權／翁靜如

行 銷 業 務／李衍逸、黃崇華
總　編　輯／楊如玉
總　經　理／彭之琬
發　行　人／何飛鵬
法 律 顧 問／台英國際商務法律事務所　羅明通律師
出　　　版／商周出版
城邦文化事業股份有限公司
台北市中山區民生東路二段141號9樓
電話：(02) 2500-7008 傳眞：(02) 2500-7759
E-mail：bwp.service@cite.com.tw
Blog：http://bwp25007008.pixnet.net/blog
發　　　行／英屬蓋曼群島商家庭傳媒股份有限公司城邦分公司
台北市中山區民生東路二段141號2樓
書虫客服服務專線：02-25007718・02-25007719
24小時傳眞服務：02-25001990・02-25001991
服務時間：週一至週五09:30-12:00・13:30-17:00
郵撥帳號：19863813　戶名：書虫股份有限公司
讀者服務信箱E-mail：service@readingclub.com.tw
歡迎光臨城邦讀書花園　網址：www.cite.com.tw
香港發行所／城邦（香港）出版集團有限公司
香港灣仔駱克道193號東超商業中心1樓
電話：(852) 25086231　傳眞：(852) 25789337
馬新發行所／城邦(馬新)出版集團【Cité (M) Sdn. Bhd. (458372U)】
41, Jalan Radin Anum, Bandar Baru Sri Petaling,
57000 Kuala Lumpur, Malaysia
電話：(603)90578822　傳眞：(603) 90576622

封 面 設 計／高偉哲
排　　　版／新鑫電腦排版工作室
印　　　刷／韋懋印刷實業有限公司
總　經　銷／高見文化行銷股份有限公司 電話：(02) 26689005
傳眞：(02) 26689790　客服專線：0800-055-365

■2014年4月29日初版
■2017年11月8日初版2.3 刷
定價 350元

Printed in Taiwan
城邦讀書花園
www.cite.com.tw

ISBN　978-986-272-365-4